Red Bay • • L'Anse aux Meadows

Saint-Jean /St. John's •

Plaisance /Placentia •

Gulf of St. Lawrence/ Golfe du Saint-Laurent

Lac Mistassini

Rupert House /Fort Saint-Jacques •

Saguenay River

Lac Saint-Jean

St. John River

Louisbourg •

Port La Joie •

Fort Gaspereau •
Québec •
Fort Beauséjour •

Canso •

Fort Lawrence •

Trois-Rivières •

Fort Naxouat •

Halifax •

Fort La Tour (Fort Saint-Jean) •

Bay of Fundy

Port Royal /Annapolis Royal •

scamingue •
Outaouais River
Montréal •

Fort Pentagoet •

Marie •

Lake Champlain

Fort La Présentation •

Fort Saint-Frédéric (Point-à-la-Chevelure) •

Fort Permaquid •

Fort Frontenac •

Fort No. Four •

Saratoga •

Boston ○

Fort Rouillé (Toronto) •
Lake Ontario

Plymouth ○

Fort Oswego •

Hudson River

Fort Niagara •

Albany ○

Lake Erie

Fort Massachusetts •

Fort Presqu'isle •

New York ○

Fort Le Boeuf •

Fort Machault •

mis II •

Fort Duqesne •

Monongahela River

Fort Necessity •

Williamsburg ○

Jamestown ○

In Search of
the Western Sea

À la recherche
de la mer de l'Ouest

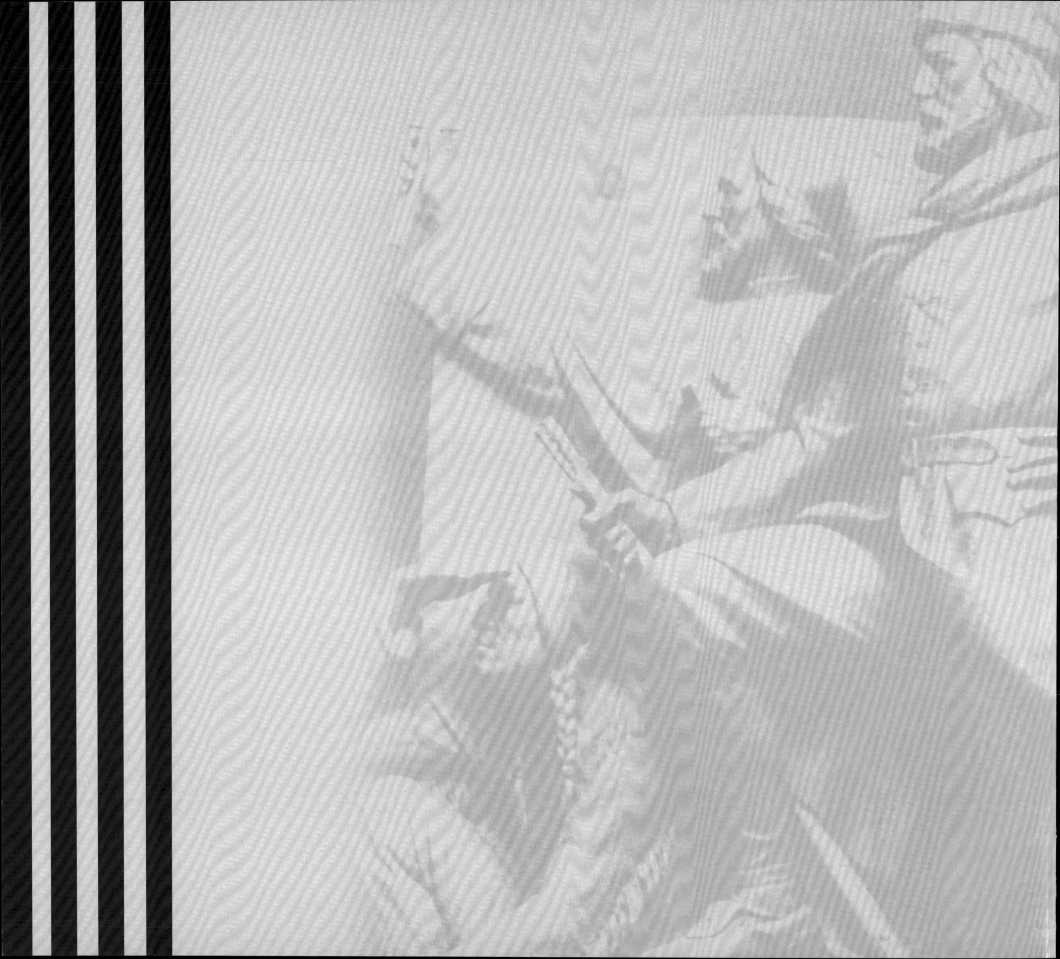

In Search of the Western Sea
Selected Journals of La Vérendrye

À la recherche de la mer de l'Ouest
Mémoires choisis de La Vérendrye

Sous la direction de/Edited by Denis Combet

Textes français établis par Denis Combet, Emmanuel Hérique et Lise Gaboury-Diallo

Translations into English by Alan MacDonell and Constance Cartmill

GREAT PLAINS
PUBLICATIONS

LES ÉDITIONS DU
BLÉ

Great Plains Publications
3 – 161 Stafford Street
Winnipeg, MB R3M 2W9
www.greatplains.mb.ca

Great Plains Publications gratefully acknowledges the financial
support provided for its publishing program by the Government of
Canada through the Book Publishing Industry Development Program
(BPIDP), The Canada Council, and the Manitoba Arts Council.

Design & Typography by Gallant Design Ltd.
Original Illustrations by René Lanthier
Printed in Canada by Friesens

**NATIONAL LIBRARY OF CANADA
CATALOGUING IN PUBLICATION DATA**

La Vérendrye, Pierre Gaultier de Varennes et de, 1685 – 1749.
    In search of the western sea = À la recherche de la mer de l'Ouest

Text in English and French.

ISBN 1-894283-24-4 (Great Plains Pub.).
ISBN 2-921347-67-9 (Éditions du Blé)

1. La Vérendrye, Pierre Gaultier de Varennes et de, 1685-1749–Diaries.
2. La Vérendrye, Pierre Gaultier de Varennes et de, 1685-1749 –
Correspondence. 3. Northwest, Canadian–Discovery and exploration–French. I. Combet, Denis P. (Denis Paul), 1955- II. Title.
III Title: À la recherche de la mer de l'Ouest.

FC3211.1.L39A3 2001   971.01'8'092   C2001-910925-3E
F1060.7.L38 2001

Les Éditions du Blé
340, boulevard Provencher
Saint-Boniface (Manitoba) R2H 0G7

Les Éditions du Blé bénéficient du soutien financier du Conseil des
Arts du Canada et du Conseil des Arts du Manitoba dans le cadre
de leur programme de soutien à l'édition. À l'un et à l'autre, la
première maison d'édition francophone de l'Ouest canadien
exprime sa reconnaissance.

Conception graphique et mise en pages : Gallant Design Ltd.
Peintures originales par René Lanthier
Imprimé au Canada par Friesens

**DONNÉES DE CATALOGAGE AVANT PUBLICATION
DE LA BIBLIOTHÈQUE NATIONALE DU CANADA**

La Vérendrye, Pierre Gaultier de Varennes et de, 1685 – 1749.
    In search of the western sea = À la recherche de la mer de l'Ouest

Texte en anglais et en français.

ISBN 1-894283-24-4 (Great Plains Pub.).
ISBN 2-921347-67-9 (Éditions du Blé)

1. La Vérendrye, Pierre Gaultier de Varennes et de, 1685-1749–
Journaux intimes. 2. La Vérendrye, Pierre Gaultier de Varennes et
de, 1685-1749–Correspondance. 3. Nord-Ouest canadien–Découverte
et exploration françaises. I. Combet, Denis P. (Denis Paul), 1955-
II. Titre. III. Titre : À la recherche de la mer de l'Ouest.

FC3211.1.L39A3 2001   971.01'8'092   C2001-910925-3F
F1060.7.L38 2001

to the builders of our future
may they be inspired by the builders of our past

aux bâtisseurs de notre avenir
qu'ils puissent être inspirés des bâtisseurs de notre passé

THE WINNIPEG FOUNDATION
Celebrating 80 years of community service
Au service de la communauté depuis 80 ans

COLLÈGE UNIVERSITAIRE DE SAINT-BONIFACE
La première université de langue française de l'Ouest canadien
Western Canada's foremost French language university

Table des matières

Introduction

Table of Contents

Préface

En 1731, Pierre Gaultier de Varennes et de La Vérendrye, son neveu et ses quatre fils — six Canadiens de naissance — quittèrent la Nouvelle-France à la recherche de la mer de l'Ouest. Pour atteindre cette chimère garante des richesses de l'Orient, ils devaient aller au-delà de la vallée du Saint-Laurent, le coin d'Amérique qui les a vus naître. Une fois au-delà de la ligne de partage des eaux séparant le bassin des Grands Lacs de celui de la baie d'Hudson, ils étaient essentiellement en terre inconnue de l'Europe et de ses colonies nord-américaines.

Établissant avec les Amérindiens qu'ils rencontrèrent des rapports de confiance et des liens commerciaux, nos six explorateurs canadiens furent les premiers occidentaux à pénétrer, à partir de l'Est, les vastes terres intérieures du Nord-Ouest canadien. Fort Rouge, Fort La Reine, Fort Dauphin sont des toponymes français que les La Vérendrye ajoutèrent aux toponymes amérindiens tels que Assiniboine, Winnipeg, Paskoya et Manitoba. Ce sont ces noms de lieux, toujours bien connus aujourd'hui, que ces premiers explorateurs notèrent dans leurs journaux et placèrent sur leurs premières cartes géographiques.

Plusieurs de ces journaux, lettres et cartes géographiques sont publiés dans ce livre, grâce au travail passionné du professeur Denis Combet et de son équipe. *À la recherche de la mer de l'Ouest*, qui présente pour la première fois ces récits en français et en anglais modernes, permet au lecteur et à la lectrice de revivre la grande aventure du clan La Vérendrye.

En lisant ces textes originaux, on accompagne Pierre Gaultier de Varennes et de La Vérendrye descendant la rivière Winnipeg et remontant la rivière Rouge avec trois de ses fils — Jean-Baptiste, Pierre et François — et leur cousin La Jemerais. On marche volontiers avec son cadet le Chevalier Louis-Joseph au pays des Mandanes pour finalement se rendre compte que la mer de l'Ouest, si elle existe, est au-delà des imposantes montagnes Rocheuses.

Les récits présentés dans ce volume doivent être avant tout lus pour leur plaisir littéraire et les aventures assez extraordinaires qui s'en dégagent. Ils sont aussi des documents d'importance historique pour l'Ouest canadien. Ils mettent en lumière la mentalité de La Vérendrye, ses vues en ce qui concerne la traite des fourrures, sa politique envers les Anglais de la baie d'Hudson et surtout ses liens avec les premiers habitants.

Pour établir les textes en français moderne, l'équipe a utilisé les manuscrits autographes des Archives nationales de Paris et des Archives nationales du Canada. Le fonds Antoine-Champagne dont les précieuses recherches ne seront jamais assez louangées a aussi été consulté aux archives de la Société historique de Saint-Boniface. La modernisation des textes permettra de toucher un plus grand public qui ignore peut-être cette famille de grands explorateurs canadiens. La traduction anglaise va dans le même sens.

Pour mener à bonne fin un tel projet, des remerciements s'imposent. Merci donc à la *Winnipeg Foundation* et Rick Frost, au Collège universitaire de Saint-Boniface et David Dandeneau, sans qui ce projet n'aurait jamais été possible. Merci aussi aux membres de l'équipe qui ont travaillé à l'établissement et à la traduction des textes : Denis Combet, Emmanuel Hérique, Alan MacDonell, Constance Cartmill et Lise Gaboury-Diallo. Merci enfin à Bob Coutts, André Fauchon et Alfred Fortier pour leurs précieux conseils et l'aide qu'ils ont apportée tout au long de ce projet.

Preface

In 1731 Pierre Gaultier de Varennes et de La Vérendrye, his nephew, and four sons — all six Canadian-born and raised — set out from New France in search of the Western Sea. To reach this chimera that guaranteed access to the riches of the Orient, they had to go far beyond the St. Lawrence River, the river that shaped the land of their birth. Once they crossed the continental divide and moved into the Hudson Bay watershed, they were in unknown territory to Europeans.

Establishing mutual trust and commercial links with the Aboriginal peoples that they met, the six Canadian explorers were the first white men to travel from the east into the vast interior of the Canadian north-west. Fort Rouge, Fort La Reine, Fort Dauphin are just a few of the French place names that the La Vérendryes added to native names such as Assiniboine, Winnipeg, Paskoya and Manitoba. It was these names, so familiar to us now, that the intrepid explorers first jotted in their journals and letters and placed on their first maps.

Many of these journals, letters and maps are published in this new book, a work of passion undertaken by Prof. Denis Combet and his team. *In Search of the Western Sea*, which presents this material in modern French and English for the first time, allows the reader to relive the great adventure of the La Vérendrye clan. By reading the original texts, the reader now can join Pierre Gaultier de Varennes et de La Vérendrye as he paddles down the Winnipeg River and up the Red with his sons Jean-Baptiste, Pierre, François and their cousin La Jemerais. The reader can march with his youngest son Chevalier Louis-Joseph to Mandan country only to discover that the mythical Western Sea, if it does exist, is beyond the imposing Rocky Mountains.

The accounts presented in this volume should be read first of all for the pleasure of reviewing the rather extraordinary adventures they contain. They are also documents of important historical significance to western Canada. They highlight La Vérendrye's thinking, his views on the fur trade, his strategy with respect to the English on Hudson Bay, and especially his relations with the First Nations.

The original manuscripts in the National Archives in Paris and the National Archives in Ottawa were consulted to establish the texts into modern French and English. The Antoine-Champagne Collection, deposited at the Société historique de Saint-Boniface archives by the late Father Champagne, whose research cannot be too highly praised, was also consulted. By modernising the texts, it is hoped that they will be more accessible to the general public. The English translation follows this same philosophy.

A project of this type cannot be successfully done without the help of many people. Thanks go to the Winnipeg Foundation and its executive director Rick Frost, the Collège universitaire de Saint-Boniface and its director of the Development Office David Dandeneau, the editorial team who compiled and translated the texts: Denis Combet, Emmanuel Hérique, Alan MacDonell, Constance Cartmill and Lise Gaboury-Diallo; and finally, for their advice and help throughout the project: Bob Coutts, André Fauchon and Alfred Fortier.

Introduction

I. Les textes de La Vérendrye

Les journaux-mémoires de La Vérendrye rapportent l'événementiel au jour le jour. Ils sont à la fois récit d'aventures et rapport militaire puisque l'auteur écrit à un ou plusieurs supérieurs pour leur rendre compte de ses actions et de ses découvertes. Le genre exige donc l'effacement du narrateur devant sa matière, surtout quand il décrit les nouveaux territoires et les nouveaux peuples, mais de temps à autre, conscient de l'importance de son rôle d'explorateur, l'auteur met en valeur son moi.

Au-delà des descriptions et informations de tout ordre qui nouent le lecteur à l'exotisme des expériences et des aventures se déployant au fil des récits, nous décelons aussi un discours plus sérieux : les journaux-mémoires se transforment par instants en documents juridiques qui s'appliquent à contrer le regard accusateur des autorités de la cour et de la Nouvelle-France. Une voix marquée par la sincérité de n'avoir pas manqué à son devoir émerge d'entre les lignes; une destinée se dessine à nos yeux.

Descriptions d'espaces inconnus et de nouveaux peuples, mise en valeur d'un moi héroïque, et enfin apologie de soi, tous ces discours se retrouvent de long en large dans les textes retenus pour cette édition.

Le premier texte, qui correspond au départ de l'aventure de l'Ouest, écrit par le père Nicolas Degonnor et La Vérendrye, est présenté dans son intégralité. Ici, c'est le dialogue entre les premiers habitants et les Européens qui semble propulser le projet sur la voie de la réussite. Il est question d'espoir et d'enthousiasme provoqués par un rêve encore détaché des enjeux politiques et économiques à venir. Ce récit répond, en contraste, au texte de clôture de Jacques Legardeur de Saint-Pierre, chargé de l'incompréhension qui existe entre les Amérindiens et les Français, et marqué par l'impossibilité de découvrir la mer de l'Ouest.

Entre ces deux récits charnières, nous parcourons les diverses époques de l'aventure de l'Ouest, chacune correspondant aux multiples facettes de la rencontre entre deux mondes : mélanges de beauté, d'ambiguïté et de drame. Le journal de 1733-1734 traite des premiers gestes, des premières alliances entre les deux mondes. Le mémoire de 1736-1737 est celui de la douleur et de l'échec, signe de fermeture donc. Les journaux de 1738-1739 et 1742-1743 décrivent des territoires qui abritent des nations amicales, où la mer de l'Ouest est

impossible à saisir. Les voyages se font en va-et-vient, du côté de la confluence des rivières Rouge et Assiniboine, au cœur du pays Mandane et en vue des Rocheuses. Le ton qui anime le mémoire de 1744 est celui de l'aveu maîtrisé et de l'apologie de La Vérendrye. Ce récit coïncide avec le retrait définitif de l'explorateur qui montre à l'occasion qu'il n'a pas démérité.

Pour ce qui est de l'établissement des textes, nous avons tout simplement modernisé l'orthographe tout en gardant la syntaxe originale, sauf en quelques endroits qui demandaient des changements pour la clarification du sens. Nous fournissons aussi une nouvelle traduction anglaise de ces textes. Pour certains mots qui prêtaient à la polémique, nous avons dû faire des choix que justifiait l'époque du XVIIIᵉ siècle et ses mentalités particulières, complexes et éloignées dans les temps, mais que nous devons respecter pour la réalité qu'elles représentent. Le mot « Sauvage » par exemple — que nous avons traduit en anglais comme « Indian » — à l'époque classique, avait plusieurs significations. Voici ce que Furetière écrit : « se dit des hommes errans, qui sont sans habitations réglées, sans religion, sans lois, et sans

■ La Vérendrye as depicted by Manitoba artist Pauline Boutal.

■ La Vérendrye, d'après l'artiste manitobaine Pauline Boutal.

Les Fils Natifs de Saint-Boniface

Introduction

I. La Vérendrye's Texts

The journals of Pierre Gaultier de Varennes et de La Vérendrye give a day by day account of events over a period of almost two decades of explorations. They are both adventure stories and military reports since the author writes to one or several of his superiors to give an account of his actions and discoveries. The genre requires that the narrator be objective, especially when describing new territories and new peoples. However, from time to time, ever-conscious of the importance of his role as an explorer, the author brings himself to the forefront.

Beyond the descriptions and information that the author conveys through the exotic experiences and adventures which take place as the narrative unfolds, the reader can also detect a far more serious discourse: the journals or memoirs are also occasionally transformed into "legal documents" which counter the vision usually offered by the accusing eye of the authorities of the Court and of New France. As one man's destiny unravels before our eyes, what we read between the lines are the words of a man who sincerely believed he was doing his duty.

The descriptions of unknown lands and new peoples, the vindication of the heroic personae, and finally the apologetics of the self, all these types of discourse can be found in the excerpts chosen for this edition. The first text presented coincides with the beginning of the La Vérendrye adventure in the West and is written by Father Degonnor and La Vérendrye. Here the dialogue between the First Nations and the Europeans seems destined to launch the project on a journey of success. Hope and enthusiasm are nourished by a dream still untainted by the political and economic stakes that will become more apparent. The text stands markedly in contrast to the closing piece in which Legardeur de Saint-Pierre reveals the incomprehension that exists between the First Nations and the French, highlighting the impossibility of discovering the Western Sea.

Between these two key texts, we follow the diverse moments of the adventures in the West, each one corresponding to the multiple facets of the meeting between two worlds, a mixture of beauty, ambiguity and drama. The journal of 1733-1734 evokes the first gestures made, the first alliances created between two worlds. The memoirs of 1736-1737 show the suffering and hardship leading to failure, a foreshadowing of the end to come. The

Service historique de la
Marine-Vincennes, Recueil 67, n° 10

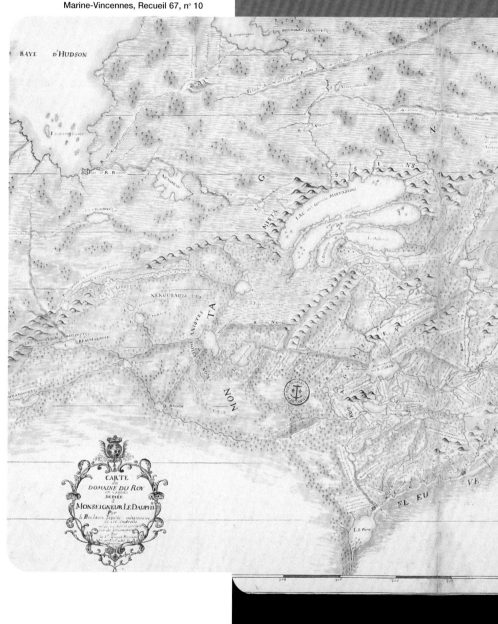

police ». En d'autres mots, le Sauvage est un homme qui vit à l'écart de la cité, indépendamment des lois de la société, sans religion catholique. Il est donc aussi un homme libre, un être de la nature, et pour Jean-Jacques Rousseau et le baron Louis-Armand de la Hontan, il existait un bon sauvage opposé à l'homme civilisé corrompu. Ce mot fait aussi valoir les intentions d'assimilation que les Européens eurent sur la destinée d'une civilisation. Il est donc là pour nous rappeler ce genre de sentiment de supériorité d'un peuple sur un autre, que ce soit sur le plan spirituel ou social. Ainsi, l'esclavage et l'accaparement des terres sont autant d'éléments dramatiques que nous devons condamner parce qu'ils ont existé, et malheureusement existent toujours de nos jours. Les textes de La Vérendrye doivent en effet être perçus comme des témoignages historiques qui, en plus de refléter la complexité d'une période, en bien comme en mal, devraient nous aider à mieux comprendre le passé.

Notons que du mot sauvage se dégage une autre réalité, plus humaine, née de la rencontre entre les deux mondes, et donc de l'influence que les deux civilisations eurent l'une sur l'autre. Si les premiers habitants ne purent se faire à la nouvelle forme de société proposée par les Européens — et dans ce sens l'intention d'assimiler les Amérindiens échoua —, le contraire se produisit. Afin de vivre en dehors des contraintes rigides de la société catholique de la Nouvelle-France, de nombreux jeunes colons préférèrent la vie plus « sauvage » des coureurs des bois et des autochtones.

Chaque chapitre est précédé par une introduction qui vise à faire ressortir les faits importants de la période abordée. La rubrique intitulée « perspective » insiste sur un aspect de la rencontre entre les deux mondes. Enfin, les morceaux choisis des journaux des différents auteurs sont séparés par quelques lignes résumant les parties retranchées. Un glossaire pour les mots qui ont un sens spécial au XVIIIe siècle est publié en annexe. Plusieurs des textes sont accompagnés de cartes, ces signes d'espaces contraints, inséparables des mots qui délimitent à l'infini cette autre représentation qu'est le texte. À l'instar de la carte quadrillée de tracés et de lignes qu'il faut suivre afin d'arriver au but, les mots du découvreur sont ici les guides qui nous mènent à sa suite au fil de ses découvertes. C'est sa représentation du réel sur la carte du texte que nous découvrirons.

...l'esclavage et l'accaparement des terres sont autant d'éléments dramatiques que nous devons condamner parce qu'ils ont existé, et malheureusement existent toujours.

> ...in order to escape the rigid constraints imposed by the Catholic society of New France, many young settlers preferred the more 'savage' life of the *coureurs des bois* and of the Aboriginals.

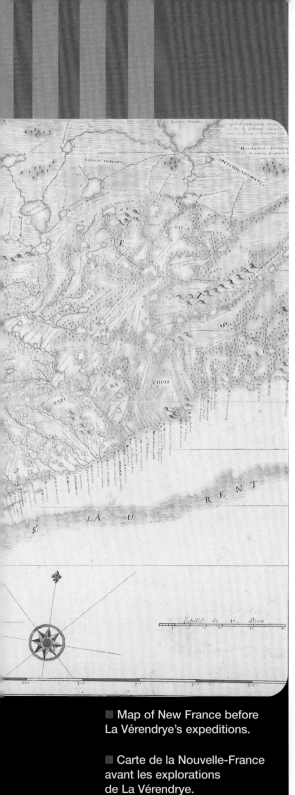

■ Map of New France before La Vérendrye's expeditions.

■ Carte de la Nouvelle-France avant les explorations de La Vérendrye.

journals of 1738-1739 and 1742-1743 describe the exploration of lands where friendly nations live and where the Western Sea seems increasingly difficult to find. Travels are undertaken from the Forks of the Assiniboine and Red Rivers into the heart of Mandan territory, to the south and west. Finally, the tone in the 1744 memoirs is that of a controlled confession and is La Vérendrye's final defence. This text corresponds to the moment when he makes definite his retreat as an explorer.

As for the presentation of these texts, we have undertaken to modernize the French spelling of the original version while respecting the syntax where possible. Certain adjustments have been made where it was deemed necessary for comprehension. We have also provided a new English translation of the texts. As for certain controversial words, we have tried to maintain the complex and particular mind frame of the 18th century, and to respect the language of the era which expresses a reality sometimes difficult to translate. For example, during the period of French classicism, the word 'Sauvage' — which we have translated in the English version as 'Indian' — had several meanings. Furetière writes that *Sauvage* "can be said of a wandering, nomadic man, who is without fixed lodgings, without religion, without laws and without police." In other words, the *Sauvage* is a man who lives outside of an urban setting, independent of European social structures and the Catholic religion. Thus, he is also a free man of nature; indeed, for philosopher Jean-Jacques Rousseau, the 'noble savage' was the

opposite of the corrupt, civilized man. This word also lays bare the intent of the Europeans to assimilate an entire civilization. It is a reminder of the sentiment of superiority of one people over another, be that on a spiritual or social level. Slavery and the confiscation of lands from the Aboriginal peoples were some of the historical realities which today are considered unacceptable. La Vérendrye's texts should be read as historical accounts that not only reveal the complexity of an era, but also help us to better understand the errors of the past.

It is interesting to note that the word 'Sauvage' conjures up another more human reality, related to the encounter of the two worlds and thus evocative of the influences shared between the two civilizations. The Aboriginal peoples would not conform to the new social structures imposed by the Europeans, and in this sense the assimilation of the First Nations peoples was a failure — indeed the opposite happened: in order to escape the rigid constraints imposed by the Catholic society of New France, many young settlers preferred the more 'savage' life of the *coureurs des bois* and of the Aboriginals. These people eventually blended into a new people we now call Métis.

Each chapter begins with an introduction highlighting important events occurring during the particular period being covered. Under the heading "Perspective" relevant aspects linked to the meeting of two worlds are emphasized. Finally the excerpts selected from the various authors and memoirs are preceded by a few sentences

summarizing any parts of the texts which we have opted not to include.

A glossary listing words having a special meaning during the 18th century can be found at the end of the volume. As well, all the texts are illustrated with both contemporary and modern maps: these symbols of space confined to paper are inseparable from the words which make up the other form of representation found in the text. Just as the map is marked out in squares and lines which we must follow to reach our goal, so are the explorer's words helping guide us in his discovereries. It is La Vérendrye's unique representation of reality that we will now follow.

II. Le mythe de la mer de l'Ouest

Pierre Gaultier de Varennes et de La Vérendrye recevait de la cour de France en 1731 l'autorisation de partir de Montréal en direction du lac Ouinipigon (Winnipeg) pour y fonder les postes de l'Ouest, c'est-à-dire s'allier aux autochtones, organiser le commerce de la traite des fourrures afin de rivaliser avec les Anglais de la baie d'Hudson et surtout, découvrir la mer de l'Ouest.

La mer de l'Ouest que l'on identifiait aussi au Pacifique, à la mer du Sud et au détroit d'Anian, se trouvait selon certaines cartes de l'époque au centre de l'Amérique du Nord. La carte du géographe du roi et de l'Académie des Sciences, Guillaume Delisle, présentée à la cour de France en 1717, décrit une mer intérieure qui s'avance jusqu'aux pays des Assiniboines et des Sioux en direction de l'est. Cette mer presque triangulaire s'ouvrait en un petit passage du côté du Pacifique. Le cartographe avait aussi pris soin de dessiner la rivière de l'Ouest qu'il suffisait de suivre pour arriver à l'océan. L'existence de cette mer qui occupait une partie importante du continent, aurait permis d'atteindre avec une plus grande rapidité l'Orient tant convoité. Sachant que le golfe de la Californie, ou mer Vermeille, se joignait avec l'océan Pacifique, les autorités françaises étaient persuadées de l'existence d'un autre golfe plus haut, tout comme elles

envisageaient encore plus au nord la possibilité d'un passage du Nord-Ouest.

Cette idée remontait aux premières découvertes du Nouveau Monde. De tout temps, surtout depuis les grandes découvertes de la Renaissance, les nations européennes s'étaient lancées à l'ouest pour atteindre les Indes et le commerce des épices. En 1492, Christophe Colomb, soutenu par l'Espagne, débarquait aux Antilles en choisissant la direction de l'ouest. La découverte des différentes parties des Amériques, de l'Atlantique au Pacifique, par Vasco Nuñez Balboa, Vasco de Gama et Ferdinand Magellan se fit toujours dans le but de trouver un passage vers l'Orient.

En 1497, l'Angleterre, soucieuse de participer aux découvertes entamées par les Portugais et les Espagnols, envoya Jean Cabot vers les « terres neuves ». Giovanni da Verrazzano découvrit, au nom du roi de France, François 1er, la partie nord du continent américain en remontant la côte, de la Floride à Terre-Neuve. Ce voyage sera suivi de ceux de Jacques Cartier qui s'installera dans la région du Saint-Laurent. Il donna à ces terres le nom de Nouvelle-France. Au début du XVIIe siècle, Samuel de Champlain occupa de nouveau ce pays avec comme intentions de fonder une colonie, d'organiser le commerce des fourrures et de s'avancer dans les territoires inconnus tout en

■ La Vérendrye probably observed several speculative maps that showed a possible Western Sea in unexplored portions of western North America.

■ Homme de son époque, La Vérendrye croyait, comme les cartographes français, que la mer de l'Ouest existait dans les parties inexplorées de l'Amérique du Nord.

II. THE MYTH OF THE WESTERN SEA

Pierre Gaultier de Varennes et de La Vérendrye was authorized by the French Royal Court in 1731 to travel from Montréal towards Lake Ouinipigon (Winnipeg) in order to establish trading posts in the West. At the same time, he was to create alliances with the First Nations, organize the fur trade — to compete with the English from Hudson Bay — and, most importantly, discover a route to the Western Sea.

This Western Sea, also referred to as the Pacific, the Southern Sea or the Strait of Anian, was located, according to the limited maps from that period, in the Mid-West of North America. In 1717, the official geographer of the French king and of the Academy of Sciences, Guillaume, presented the court with a map showing an interior sea advancing from the East into Assiniboine and Sioux territory. This sea opens into a small passage leading towards the Pacific. The cartographer was also careful to draw the Western river which would lead to the ocean. The existence of this sea, which occupied a large part of the continent, would have made it possible to reach the Orient more quickly. Knowing that the California Gulf or the Vermillion Sea flowed into the Pacific Ocean, French authorities were persuaded that there existed another gulf, farther north, just as they envisaged the

possibility of a North-West passage even farther north.

This idea can be traced to the first discoveries of the New World. For a long time, especially since the great discoveries of the Renaissance, the European nations headed West to reach India for the spice trade. In 1492 Christopher Columbus, sponsored by the Spanish court, landed in the Antilles. The discovery of different parts of the Americas, from the Atlantic to the Pacific, by Vasco Nuñez Balbao, Vasco de Gama and Ferdinand Magellan, was always undertaken with the objective of discovering a passage towards the Orient.

In 1497, England, anxious to participate in the discoveries made by the Portuguese and Spanish, sent John Cabot towards these 'new found lands'. Giovanni da Verrazano discovered, in the name of the French King François I, the northern part of the American continent, as he went up the Florida coast towards Newfoundland. This trip was to be followed by those undertaken by Jacques Cartier, who created settlements in the St. Lawrence region. He named this region New France. At the beginning of the 17th century, Samuel de Champlain occupied this land again with the intention of founding a colony, organizing fur trade and further exploring this unknown territory in order to find a passage to the

...il fut question de mettre en place trois postes du Nord, point de départ de la recherche de la mer de l'Ouest.

tâchant de trouver un passage vers la fameuse mer de l'Ouest. Cette politique qui permettait de rivaliser avec les autres nations européennes (l'Angleterre et l'Espagne) sera suivie peu ou prou par tous les administrateurs de la Nouvelle-France.

Dans la première moitié du XVIIᵉ siècle, la poussée des jésuites et des coureurs des bois dans les Pays d'en haut permit l'occupation des Grands Lacs et la découverte de nouvelles routes vers le centre du continent. L'arrivée de Louis Jolliet et du père jésuite Jacques Marquette dans le pays des Illinois en 1673 encouragea d'autres découvertes.

Ainsi, en 1682, René-Robert Cavelier de La Salle prit possession de la Louisiane au nom du roi de France, et il trouva, durant son deuxième voyage, l'embouchure du Mississippi. Pierre Le Moyne d'Iberville y accosta en 1698 pour fonder une colonie et durant les prochaines années, malgré la pression anglaise et espagnole, l'expansion se développa le long du Mississippi. Par contre, du point de vue géographique, la découverte de cette partie de l'Amérique du Nord démontrait que le Mississippi atteignait le golfe du Mexique et non la mer de l'Ouest.

Tout un mouvement de découvertes se fit aussi vers le centre-ouest du continent. Entre 1712 et 1718, Étienne de Véniard de Bourgmond remonta le Missouri et, à peu près à la même époque, Pierre Antoine Mallet et son frère Paul se rapprochèrent des montagnes Rocheuses par le centre-ouest en voyageant à l'ouest du Mississippi.

Enfin, en 1713, après le Traité d'Utrecht, la France remettait à l'Angleterre les postes de la baie d'Hudson qu'elle détenait depuis l'expédition de Pierre Le Moyne d'Iberville en 1697. Afin de compenser cette perte, il fut question de mettre en place trois postes du Nord, point de départ de la recherche de la mer de l'Ouest. C'est cette décision politique qui déclencha l'aventure de l'Ouest et l'odyssée des La Vérendrye.

> ...the possibility of establishing three northern posts was considered — these posts being future staging points for the French-sponsored search for the Western Sea.

famous Western Sea. This policy allowed the French to compete with other European nations (England and Spain) and was more or less to be followed by all the administrators of New France.

In the first half of the 17th century, the increasing presence of Jesuit missionaries and *coureurs des bois* in the *Pays d'en haut* facilitated settlement in the Great Lakes regions and the discovery of new routes towards the centre of the continent. The arrival, in 1673, of Louis Jolliet and of the Jesuit Father Jacques Marquette in the land of the Illinois led to more new discoveries. Thus, in 1682, Cavelier de La Salle took possession of Louisiana in the name of the King of France and, during his second trip, he found the mouth of the Mississippi. Pierre Le Moyne d'Iberville landed there in 1698 to establish a colony and during the following years, despite the pressures exerted by the English and the Portuguese, the colony continued to flourish along the Mississippi. However, from a geographical point of view, the discovery of this part of North America

established that the Mississippi reached the Gulf of Mexico, rather than the Western Sea.

Another series of discoveries was also being made in the continental Mid-West. Between 1712 and 1718, Étienne Véniard de Bourgmont travelled up the Missouri and at about the same time, Pierre Antoine and Paul Mallet got closer to the southern Rocky Mountains from the Mid-West by travelling west of the Mississippi.

Finally, in 1713, after the Treaty of Utrecht, France handed over to England the posts at Hudson Bay, posts it had held since Pierre Le Moyne d'Iberville's northern expedition in 1697. In order to compensate for this loss, the French considered the possibility of establishing three northern posts which would be future staging points for the French-sponsored search for the Western Sea. This political decision would become the key factor in launching the odyssey of the La Vérendryes and their adventures in the West.

Musée du Québec

■ Gaspard-Joseph Chaussegros de Léry, son of Gaspard Chaussegros de Léry followed in his father's footsteps by becoming an engineer in New France.

■ Gaspard-Joseph Chaussegros de Léry, fils de Gaspard Chaussegros de Léry, suivit les traces de son père en devenant sous-ingénieur en Nouvelle-France.

En 1727, La Vérendrye s'associait à son frère, Jacques-René, afin de faire la traite des fourrures dans le poste du Nord à Kaministiquia.

III. LES LA VÉRENDRYE : SEIGNEURS DE LA NOUVELLE-FRANCE

Pierre Gaultier de Varennes et de La Vérendrye est né à Trois-Rivières, au Canada, le 17 novembre 1685. Il convient de retracer le parcours de cet officier qui appartenait à la classe seigneuriale canadienne, fière et indépendante, sur qui la colonie avait dû s'appuyer à maintes reprises dans les instants difficiles contre les Iroquois et les Anglais.

Les ancêtres de La Vérendrye venaient de la province d'Anjou en France. Nous les trouvons implantés dans cette région dès le XVIe siècle sous le nom de Gaultier. Plusieurs membres de cette famille bourgeoise occupèrent des postes importants dans la ville d'Angers et à la cour de France aux XVIe et XVIIe siècles, mais ils n'appartenaient pas à la noblesse.

Pierre était le plus jeune des fils de René Gaultier de Varennes qui avait débarqué en Nouvelle-France en 1666 en tant que lieutenant dans le régiment de Carignan-Salières. Comme tous les soldats ou les habitants qui avaient rendu des services à la colonie par leur bravoure, René Gaultier de Varennes était devenu un seigneur et donc appartenait à la nouvelle noblesse du pays, mais il n'était pas de noblesse de sang comme en France. En Nouvelle-France, même si les officiers étaient d'origine roturière ou appartenaient à la bourgeoisie, ils avaient droit au titre de noble.

Contrairement à son père qui occupa le poste de gouverneur de Trois-Rivières, Pierre n'obtint aucune fonction administrative. Ses premières années furent consacrées à la carrière militaire. À l'instar de tous les fils de la classe seigneuriale qui passèrent par le métier des armes, La Vérendrye fut inscrit dans l'école militaire réservée aux cadets-gentilhommes du Canada.

Les détails nous manquent sur la formation de ces cadets, mais ils étaient sans doute encadrés par un officier d'expérience qui leur enseignait la théorie et les techniques militaires, voire la pratique du combat durant des expéditions sur le territoire. Les séminaires s'occupaient de l'enseignement de la lecture, de l'écriture, de la religion, comment dessiner une carte, garder un journal, et effectuer des premiers soins. On sait que le jeune La Vérendrye passa quelques années à la nouvelle Académie navale de Sainte-Marie à Montréal.

Formé à la spartiate tout en subissant une éducation de base, le jeune cadet fut rapidement préparé à la défense de la colonie. C'est ainsi que La Vérendrye prit part à la Guerre de la Succession d'Espagne, en Nouvelle-Angleterre (1704), à Terre-Neuve (1705) et en Europe où il fut blessé assez grièvement à la bataille de Malplaquet (1709). Il était alors lieutenant du régiment de Bretagne, mais comme ce nouveau grade signifiait un plus grand train de vie, il préféra revenir au Canada.

À son retour de France, il se maria à Marie-Anne Dandonneau Du Sablé avec qui il s'était fiancé cinq ans plus tôt. Le jeune couple des La Vérendrye s'installa sur l'Île aux Vaches, une de leurs propriétés, et vécut des produits agricoles et des rentes de leurs seigneuries pendant les quinze prochaines années. Plus important, La Vérendrye essaya de profiter de la traite des fourrures du poste de La Gabelle sur la rivière Saint-Maurice, comme son père l'avait déjà fait avant lui. Mais comme ce dernier, il en tira très peu de bénéfices. Cet homme, voué à la carrière des armes, avait de la difficulté à gérer ses affaires, et c'est sans doute sur le champ de bataille qu'il aurait le mieux réussi.

En 1727, La Vérendrye s'associait à son frère, Jacques-René, afin de faire la traite des fourrures dans le poste du Nord à Kaministiquia. La vie de Pierre Gaultier de Varennes et de La Vérendrye devait changer à tout jamais, et il devait entraîner dans son aventure ses quatre fils, Jean-Baptiste, Pierre, François et Louis-Joseph.

III. The La Vérendrye Family: Seigneurs of New France

Pierre Gaultier de Varennes et de La Vérendrye was born on the 17th of November, 1685, in Trois-Rivières, Canada. It is important to retrace the journey of this officer who belonged to a proud and independent Canadian aristocracy, on whom the colony depended several times during difficult moments encountered with the Iroquois and the English.

La Vérendrye's ancestors came from the French province of Anjou. The family can be traced to this region as far back as the 16th century under the name of Gaultier. Several members of this bourgeois family held important positions in the city of Angers and in the French Court during the 16th and 17th centuries; however they did not belong to the nobility.

Pierre was the youngest son of René Gaultier de Varennes, a lieutenant in the Carignan-Salières regiment, who landed in New France in 1666. Like all the soldiers or habitants who had rendered services to the colony with their bravery, René Gaultier de Varennes had become a seigneur and thus belonged to the new aristocracy of the country, which was not the hereditary nobility of France. In New France, even if the officers were not of noble birth or belonged to the bourgeoisie, they had a right to titles of aristocracy.

In contrast to his father, who held the position of Governor of Trois-Rivières, Pierre did not obtain an administrative position. His younger years were devoted to the military. Following the example of all the sons of the seignorial class who took up the profession of arms, La Vérendrye was enrolled in the military school reserved for the *cadets-gentilhommes* of Canada.

Details are missing on the education these cadets received, but they were undoubtedly led by an experienced officer who taught them theory and military strategy, and probably gave them practical training during expeditions in the field. The subjects taught in these seminars included reading, writing, religion, map making, keeping a journal and first aid. We know that the young La Vérendrye spent a few years at the new *Académie navale de Sainte-Marie* in Montréal.

With a spartan training, while at the same time receiving an education in the basics, the young cadet was rapidly being made ready to defend the colony. This explains why La Vérendrye took part in the Spanish war of succession in New England (1704), in Newfoundland (1705) and in Europe where he was quite badly wounded at the battle of Malplaquet (1709). At the time he was lieutenant of the regiment of Britanny; however this new promotion meant a more expensive lifestyle and so he preferred coming back to Canada.

Upon his return from France, he married Marie-Anne Dandonneau Du Sablé with whom he had become engaged five years earlier. The young La Vérendrye couple settled on the Île aux Vaches, one of their properties, and they lived off the produce from their land and the pensions of their seigneuries during the next fifteen years. More importantly, La Vérendrye tried to benefit from the fur trade at the Gabelle post on the Saint-Maurice River, just as his father had done before him. But like his father, he would not benefit greatly from it. This man, destined for a military career, had difficulty managing his affairs and would probably have had more success on the battlefield.

In 1727, La Vérendrye and his brother Jacques-René became associates in the fur trade in the northern post of Kaministiquia. From then on, the life of Pierre Gaultier de Varennes et de La Vérendrye would change forever, and his four sons Jean-Baptiste, Pierre, Louis-Joseph and François would also take part in his new adventure.

In 1727, La Vérendrye and his brother Jacques-René became associates in the fur trade in the northern post of Kaministiquia. From then on, the life of Pierre Gaultier de Varennes et de La Vérendrye would change forever...

IV. La Nouvelle-France et la traite des fourrures au XVIIIe siècle : les commandants de postes et les marchands

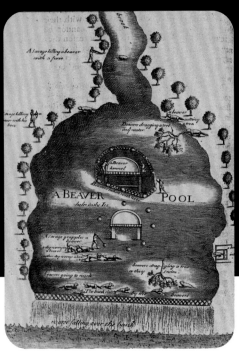

La vente des fourrures fut le fleuron de l'économie de la Nouvelle-France tout au long de son existence. De 1729 à 1748, période qui correspond à la présence de La Vérendrye dans l'Ouest, le commerce des fourrures connut une assez bonne stabilité. En 1739, il correspondait à 70 % de la valeur des exportations. Depuis le début du siècle, la Compagnie des Indes avait le monopole des exportations des fourrures. Par son intermédiaire, les pelleteries étaient envoyées aux marchands de La Rochelle qui les distribuaient à leur tour en France. En retour, la Compagnie assurait l'approvisionnement de la colonie d'une façon régulière.

À cette époque, les frontières des espaces de la traite s'élargirent progressivement avec la création de nouveaux forts, surtout du côté de l'Ouest. Comment s'effectuait l'exploitation des postes? Tout d'abord, le gouverneur de la Nouvelle-France accordait des permis de traite ou congés aux différentes personnes qui allaient s'occuper des postes et du commerce, à savoir le commandant et les marchands. C'est eux qui recrutaient les engagés, les voyageurs, voire les soldats.

Quel était le rôle des engagés? Ils devaient pagayer et transporter le matériel lors de la traversée des portages, chasser et s'affairer à d'autres tâches liées à la traite et à la découverte. Ils pouvaient être interprète, forgeron, taillandier, voire médecin. Parmi ces engagés nous comptions des soldats, car l'encadrement militaire était primordial dans l'organisation d'une telle expédition.

Soulignons que le commandant d'un poste, officier dans les troupes franches de la Marine, était souvent associé à des marchands qui fournissaient le matériel de traite. Ils formaient alors une ou plusieurs sociétés. Généralement, le marchand ou bourgeois restait à Montréal d'où il négociait les affaires de la société. Il avait la fonction de gérant, mais il pouvait aussi être un marchand-voyageur et participer à la traite sur place, dans les postes. L'officier s'occupait de l'exploration et des tâches militaires : construction des postes, alliances avec les Amérindiens. Il est vrai que La Vérendrye obtint en plusieurs occasions le monopole de la traite.

Le voyage dans les Pays d'en haut n'était pas de tout repos. Les portages étaient nombreux et difficiles, on y perdait des hommes et des fournitures dont les prix, à cause du long trajet, étaient exorbitants. Le moindre désastre, et les associés et les sociétés

subissaient de lourdes pertes, comme il en fut le cas dans les postes de l'Ouest. On construisait des postes sur les voies navigables, qui en plus de protéger les Français, servaient aussi à la traite et aux cérémonies qui suivaient : festins, danses, traités.

Pour ce qui est du commerce même, les Français s'intéressaient surtout au castor gras, à la grande surprise des autochtones d'ailleurs, car les traiteurs leur achetaient leurs vieilles robes de castor. Le castor gras, qui provenait du contact des poils de l'animal avec le corps des Amérindiens enduits de graisse d'ours, facilitait le travail des chapeliers. Dans le nord-ouest ontarien, les Français firent surtout du commerce avec les Monsonis, les Cris et les Assiniboines.

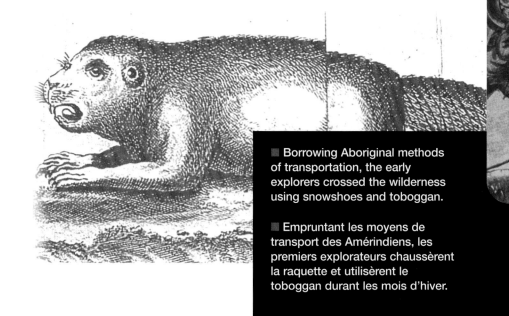

IV. The Fur Trade in New France in the 18th Century: Post Commandants and Merchants

For as long as New France existed, the fur trade was the engine of its economy. From 1729 to 1748, the period corresponding to La Vérendrye's presence in the West, the fur trade was quite stable. In 1739 it constituted 70 percent of the value of all exports. In fact, the *Compagnie des Indes* had the monopoly on fur exports since the beginning of the century. Through its intermediary, the pelts were sent to merchants in La Rochelle who then distributed them in France. In exchange, the company regularly sent provisions to the colony.

At this time, the frontiers of the fur trade regions were progressively growing with the establishment of new forts, especially in the West. How were these posts being exploited? First of all, the Governor of New France distributed trade permits or *congés* to various people working in the posts or involved in the trade, that is to say the commandant and the merchants. They were the ones who recruited the *engagés* and *voyageurs*, as well as the soldiers.

And what exactly was the *engagé's* role? He had to paddle and transport materials during the portages and crossings; he hunted and undertook other tasks related to trade and exploration. He could also be an interpreter, a blacksmith, a tool maker, or perhaps even a doctor. Among the *engagés*, there were several soldiers, since military training was essential in the organization of this type of mission.

It should be noted that the commandant of a post was an officer of the *troupes franches de la Marine* and was often an associate of the merchants who furnished trade goods. Together they would then create one or several *sociétés*. Generally the merchant or bourgeois would remain in Montréal from where he would manage the affairs of the *société*. He assumed the role of manager but could also act as merchant-voyageur and take part in the trading at the posts. The officer assumed the responsabilities of exploration as well as military functions such as building forts and establishing alliances with the First Nations peoples. It is true that on several occasions La Vérendrye obtained a monopoly on the fur trade.

The journey into the *Pays d'en haut* was not an easy one. The portages were numerous and difficult. There was always the danger of losing men or provisions which, because of the great distances covered, were of extraordinary value. At the slightest setback, the associates and the *société* could suffer great losses, which often happened to be the case with the posts in the West. Built near navigable routes, the posts were used not only to protect the French but also to trade with Aboriginal tribes. They were also used for ceremonies which took place after the trading: namely, feasting, dancing and treaty signing.

As for the trade itself, the French were mostly interested in greasy beaver pelts, much to the surprise of the Natives because the traders would actually buy their old beaver robes. In fact, greasy beaver, created when the animal fur comes into contact with the Native's skin coated with bear grease, made French hatters' work much easier. In the Western Sea posts of what is now North-Western Ontario, the French traded mostly with the Monsonis, the Crees and the Assiniboines.

PAM/APM

V. LES TERRES DES CRIS ET DES ASSINIBOINES : LA RENCONTRE DE DEUX MONDES

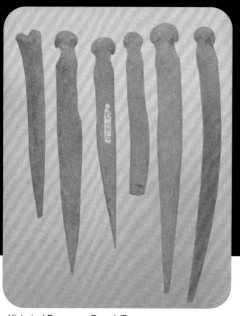

Historical Resources Branch/Ressources historiques Manitoba

Les vastes territoires des plaines furent souvent le théâtre de conflits entre les Amérindiens. Les nations de langues siouse et algonquine étaient des ennemies de longue date, bien avant que La Vérendrye ne pénètre dans l'Ouest. Un fait qu'il faut souligner, c'est que la guerre qui sévissait depuis très longtemps dans la région qui s'étire du lac à la Pluie au lac Winnipeg, opposait les Sioux (Dakota) aux Cris, aux Monsonis et aux Assiniboines. Ces derniers, pourtant de langue siouse, s'étaient alliés aux Cris durant la seconde moitié du XVIIe siècle. En effet, au moment où, après 1670, la guerre entre les Cris et les Sioux s'intensifia, les Assiniboines entretenaient des relations commerciales avec de nombreuses tribus dont les Cris. Cette nation, qui nourrissait depuis longtemps des liens serrés avec les Anglais de la baie d'Hudson, bénéficiait d'un armement supérieur, car ses guerriers possédaient des armes à feu.

Les Assiniboines, pour des raisons commerciales et politiques, firent donc la paix avec les Cris et, à partir de cette période, ils profitèrent de leurs liens commerciaux avec les Anglais de la baie d'Hudson. De 1689 à 1694, on parle de 420 armes à feu données chaque année aux Assiniboines et aux Cris pour leurs fourrures. Mais durant l'occupation de la baie d'Hudson par les Français, surtout de 1697 à 1713, les fournitures n'arrivèrent pas régulièrement. Le voyageur Jérémie qui commandait à la baie affirme que, de 1708 à 1712, la France ne leur envoya aucun secours. Le résultat fut

non seulement désastreux pour la traite, mais comme les Assiniboines et les Cris dépendaient des armes à feu et de la poudre, et qu'ils avaient perdu l'usage des arcs et des flèches, ils furent à la merci de leurs ennemis.

Quand les Anglais s'installèrent de nouveau à la baie d'Hudson, après le Traité d'Utrecht (1713), les Cris et les Assiniboines reprirent progressivement le contrôle de la région. Après 1721, profitant de leur situation géographique favorable, ils achetaient les fourrures d'autres nations telles que les Gros-Ventres, les Sangs et les Pieds-Noirs, à qui ils revendaient des objets usagés plus chers, dont des armes à feu. De fait, au moment où La Vérendrye arriva dans l'Ouest, les Cris et les Assiniboines étaient d'habiles traiteurs qui contrôlaient les territoires, et surtout qui traitaient à leur avantage. Il est certain qu'au XVIIIe siècle, les autochtones, qui bénéficiaient d'expérience dans leurs échanges avec les Anglais et les Français, étaient devenus conscients du bienfait d'avoir deux forces rivales avec qui traiter.

D'autres faits méritent d'être soulignés. Des coureurs des bois, traiteurs hors-la-loi de la Nouvelle-France, s'allièrent avec des Sioux (Dakota) qui occupaient la région du lac à la Pluie vers 1717, dans le but d'affaiblir les Anglais de la baie d'Hudson et du fort Albany. Leurs nombreuses attaques eurent comme conséquences de repousser les Assiniboines plus à l'ouest et de détourner certaines nations du commerce avec les Anglais. En 1732, un journal de York Factory nous

renseigne que les Cris Esturgeons, craignant les coureurs des bois, sont allés traiter avec eux. Dans une lettre qu'il écrit au Comité de Londres le 17 août 1732, Thomas McCliesh, le gouverneur de la baie d'Hudson, mentionne que les nations amérindiennes vont commercer chez les Français par crainte de représailles.

Quand en 1732, le neveu de La Vérendrye, Christophe Dufrost de La Jemerais, exprima aux Cris son désir de rentrer en commerce avec les Assiniboines, il apprit que ce peuple avait peur d'être mangé par les Français et les Sioux. La force politique des autochtones et leur organisation en matière commerciale, la présence des Anglais dont les marchandises étaient de meilleure qualité et moins chères, tout comme les méfaits des coureurs des bois indépendants, furent des difficultés que La Vérendrye allait avoir à contourner pour réussir. ❧

Quand les Anglais s'installèrent de nouveau à la baie d'Hudson, après le Traité d'Utrecht (1713), les Cris et les Assiniboines reprirent progressivement le contrôle de la région.

V. THE LAND OF THE CREES AND OF THE ASSINIBOINES: MEETING OF TWO WORLDS

The vast plains territories were often the scene of conflicts between different tribes of native peoples. The nations speaking Sioux and Algonquin languages were longstanding enemies, long before La Vérendrye arrived in the West. One has to take into account that war had been raging for a very long time in the region stretching from Rainy Lake to Lake Winnipeg, and the Sioux (Dakota) opposed the Crees, the Monsonis and the Assiniboines. The latter spoke the Sioux language but had been the Crees' allies during the second half of the 17th century. In fact, after 1670, at the time that the war between the Crees and the Sioux intensified, the Assiniboines maintained commercial links with several Algonquin tribes, such as the Crees. This nation, which had maintained strong ties with the English from Hudson Bay, possessed superior weapons since its warriors used firearms obtained from the English.

For commercial and political reasons, the Assiniboines made peace with the Crees, and from that time onwards, benefited from their commercial ties with the English from Hudson Bay. From 1689 to 1694, around 420 firearms were given yearly to the Assiniboines and the Crees in exchange for their furs. But when the French occupied the post at Hudson Bay, especially from 1697 to 1713, provisions did not arrive regularly. The *voyageur* Jérémie who commanded the post at the Bay states that from 1708 to 1712, France did not send any help. The result was disastrous for trade as well as for the Assiniboines and the Crees who depended on firearms and gunpowder. Since they no longer used bows and arrows, they were increasingly at the mercy of their enemies.

When the English settled again in Hudson Bay, after the Treaty of Utrecht (1714), the Crees and the Assiniboines progressively retook control of the region. After 1721, the Crees and the Assiniboines, taking advantage of their favourable geographical situation, bought furs from the other nations such as the *Gros-Ventres*, the *Sangs* (Bloods), and the *Pieds-Noirs* (Blackfeet), to whom they resold used objects, such as firearms, at a higher price. Indeed, at the time La Vérendrye arrived in the West, the Crees and the Assiniboines were astute traders who controlled the region and who were especially able to trade to their advantage. It is certain that during the 18th century, the First Nations benefited from their experiences in trading with the English and the French, and became aware of the advantages of pitting one rival force against the other.

Other factors should also be noted. Around 1717, a number of *coureurs des bois*, engaged in their own trade, became the allies of the Sioux (Dakota) — who occupied the Rainy Lake region — in order to destabilize the English at Hudson Bay and at Fort Albany. Their numerous attacks resulted in the Assiniboines being pushed farther west as several other nations were discouraged from trading with the English. In 1732, a journal from York Factory reveals that the Sturgeon Crees, fearing the *coureurs des bois*, went to trade with them. In a letter written to the London Committee of the HBC on August 17, 1732, Thomas McCliesh, the Governor of Hudson Bay, mentions that the Aboriginal nations were about to trade with the French out of fear of reprisals.

In 1732, when La Vérendrye's nephew La Jemerais told the Crees that he wished to trade with the Assiniboines, he learned that this nation was afraid of being eaten by the French and the Sioux. La Vérendrye had to overcome a number of difficulties in order to succeed: the political strength of the Aboriginal tribes and their organization in matters of trade, the presence of the English whose merchandise was of better quality and less expensive, along with the misdeeds of the *coureurs des bois* who traded independently. 🌑

Historical Resources Branch/Ressources historiques Manitoba

■ Archaeological digs in the Lockport (Manitoba) area have shown that Aboriginal tribes practised agriculture before the arrival of Europeans.

■ Des fouilles archéologiques dans la région de Lockport (Manitoba) ont démontré que les Amérindiens avaient cultivé du maïs bien avant l'arrivée des Européens dans l'Ouest.

CHAPTER ONE

AUCHAGAH'S MAP

CHAPITRE UN

LA CARTE D'AUCHAGAH

En 1717, le régent Philippe II, duc d'Orléans, et le Conseil de la Marine composé de l'intendant Michel Bégon et de Philippe de Rigaud de Vaudreuil, décidaient de fonder trois postes au nord du lac Supérieur afin de faciliter la recherche de la mer de l'Ouest tout en maintenant une présence politique et commerciale près de la baie d'Hudson. Certes, Daniel Greysolon Dulhut, en 1683, avait renforcé dans le Nord-Ouest la position française du côté du lac Nipigon et de Kaministiquia, mais on en était resté là. On sait aussi qu'en 1688, le voyageur Jacques de Noyon réussit à atteindre le lac à la Pluie, mais il s'agissait d'un effort isolé.

■ Map known as Auchagah's map, 1727, with varying scales copied from the ones drawn by Auchagah, Tachigis, White Marten and others on birchbark. The map uses four differing scales, becoming progressively smaller to the west.

■ Carte dite d'Auchagah, 1727. Carte à échelle variable copiée de trois cartes préparées par les Amérindiens Auchagah, Tachigis, La Marte Blanche et autres sur des écorces de bouleau. La carte comprend 4 différentes échelles de grandeur, diminuant progressivement d'est en ouest.

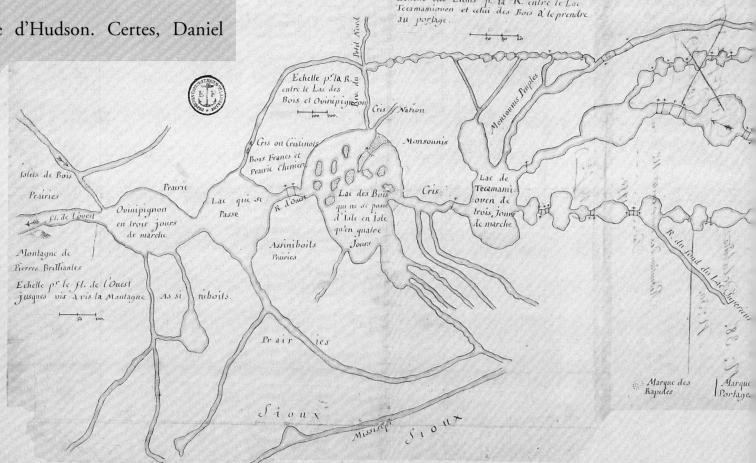

I

In 1717 the Regent Philippe II, Duke of Orléans, along with the *Conseil de la Marine*, made up of Indendant Michel Bégon and Philippe de Vaudreuil, decided to establish three posts to the north of Lake Superior in order to facilitate the search for the Western Sea, while at the same time maintaining a political and commercial presence near Hudson Bay. Admittedly, Daniel Greysolon Dulhut, in 1683, had reinforced the French position towards Lake Nipigon and Kaministiquia, but nothing more had been done. It is known as well that in 1688 the *voyageur* De Noyon managed to reach Rainy Lake, but this was an isolated effort.

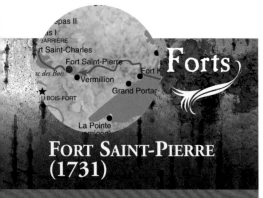

Forts

FORT SAINT-PIERRE (1731)

Nommé en l'honneur de Pierre Gaultier de Varennes, sieur de La Vérendrye, le fort Saint-Pierre fut construit par son neveu Christophe Dufrost de La Jemerais, et son fils, Jean-Baptiste La Vérendrye, à l'extrémité occidentale du lac à la Pluie, à l'embouchure de la rivière à la Pluie, sans doute sur la pointe de terre qui porte aujourd'hui le nom de Pither's Point à Fort Frances (Ontario). Le lac à la Pluie était connu du temps de La Vérendrye sous le nom de Tekamamiouen. « Le Sieur de La Vérendrye qui a entrepris cette découverte, a fait un établissement sur le Lac de Tekamamiouen. Il y a bâti un fort qui a deux portes opposées. Le côté intérieur mesure 50 pieds avec deux bastions. Il y a deux corps de bâtiments composés de deux chambres à doubles cheminées. Ces bâtiments sont entourés d'un chemin en ronde de 7 pieds de large. L'on a pratiqué dans un des bastions un magasin et une poudrière. Et les pieux sont doublés et ont treize pieds hors de terre. » (Rapport à Beauharnois, non signé, 28 juillet 1731.)

Suite aux recommandations de la cour, Zacharie Robutel de la Noue établit le poste de Kaministiquia en 1717. En 1725, Jacques-René Gaultier de Varennes, l'aîné des La Vérendrye, devint le nouveau commandant. Son frère Pierre Gaultier de La Vérendrye, son second, lui succéda de 1727 à 1728. C'est durant cette année qu'il communiqua avec plusieurs Cris qui lui indiquèrent l'existence d'un grand lac dont l'une des rivières descendait au sud dans une mer inconnue. La Vérendrye, qui sans doute rêvait de la découverte de la mer de l'Ouest, se mit à espérer.

Un autre poste avait été créé chez les Sioux sur la rivière Sainte-Croix pour éviter la jalousie de cette nation. En 1727, René Boucher de La Perrière, accompagné par les pères Michel Guignas et Nicolas-Flavien Degonnor, avait construit le fort Beauharnois près du lac Pépin, dans le Haut-Mississippi. Mais l'hostilité des Sioux qui s'allièrent aux Renards en révolte poussa les Français à abandonner le poste et à remonter vers Montréal. C'est à Michillimakinac que Degonnor rencontra La Vérendrye qui ramenait ses fourrures. Le père jésuite lui fit part de ses résultats peu encourageants, mais quand l'officier lui rapporta ce que les Amérindiens lui avaient dit, il décida de l'appuyer. C'est cette rencontre qui donna véritablement naissance aux postes de l'Ouest et à l'aventure des La Vérendrye.

Charles de La Boische de Beauharnois, le gouverneur de la Nouvelle-France, accueillit le mémoire que les deux hommes lui présentaient avec enthousiasme et en fit part au ministre de la Marine, Jean-Frédéric Phélypaux de Maurepas. Ce dernier accepta le projet et, en mai 1731, un document officiel arrivait à Québec, qui permit au sieur de La Vérendrye d'entreprendre ses explorations. Le découvreur avait tout pour réussir, du moins sa formation militaire et son expérience avec les premiers habitants l'avaient en quelque sorte préparé aux incertitudes et aux dangers d'une telle expédition.

PERSPECTIVE

Le texte qui suit correspond à la rencontre entre La Vérendrye et Degonnor. Les deux hommes composèrent le mémoire ensemble. La Vérendrye le signa. Le ton est ici optimiste, les descriptions sont exotiques, le père missionnaire essaye de convaincre Beauharnois, gouverneur de la Nouvelle-France, de la logique du plan de La Vérendrye. Malgré le ton supérieur du père jésuite, les autochtones sont dépeints d'une manière assez positive. De fait, nous pouvons voir aussi une rencontre heureuse entre les deux mondes : les témoignages des premiers habitants sont comme une invitation au voyage dans des territoires inconnus. Le discours oral est ici matière à la représentation d'une géographie incertaine où l'imaginaire a sa part de réalité.

Dans le second passage, la carte que le Cri Auchagah va dessiner sur une écorce de bouleau à l'aide de charbon est comme un pacte de confiance entre les deux peuples. Mais les intentions du colonisateur sont trompeuses, car son plan à long terme est de s'accaparer les territoires des premiers habitants.

La carte qui évoque le monde libre de l'autochtone est à la fois signe d'ouverture et de fermeture : ouverture car elle permettra de mener l'Européen sur les territoires amérindiens; et fermeture du monde libre du premier habitant, car en présentant son monde à l'explorateur, il expose son mode de vie à un changement radical. Paroles et gestes se posent ici en symbole du drame violent que fut la rencontre entre les deux mondes.

La carte qui évoque le monde libre de l'autochtone est à la fois signe d'ouverture et de fermeture : ouverture car elle permettra de mener l'Européen sur les territoires amérindiens; et fermeture du monde libre du premier habitant...

Following the recommendations of the Court, Zacharie Robutel de la Noue established the post of Kaministiquia in 1717. In 1725 Jacques-René Gaultier de Varennes, the elder of the La Vérendryes, became the new commandant. His brother Pierre Gaultier de La Vérendrye, his second in command, was to be his successor from 1727 to 1728. It is during this year that he came in contact with several Crees who indicated to him the existence of a great lake, one of whose rivers flowed to the sea. La Vérendrye, who without doubt dreamed of the discovery of the Western Sea, started to hope.

In order to prevent the Sioux from becoming resentful, another post had been established in their lands on the St. Croix River. In 1727 René Boucher de La Perrière, accompanied by Fathers Michel Guignas and Nicolas-Flavien Degonnor, built Fort Beauharnois near Lake Pépin, on the Upper Mississippi. But the hostility of the Sioux, who had become the allies of the Foxes in revolt, forced the French to abandon the post and go back to Montréal. In Michillimakinac, Degonnor met La Vérendrye who was returning with furs. The Jesuit Father conveyed his not very encouraging news to him, but when this officer reported to him what the Amerindians had told him, the Jesuit decided to give him his support. This meeting was at the origin of the creation of the posts in the West and the La Vérendryes' adventure.

Charles de La Boische de Beauharnois, Governor of New France, received with enthusiasm the memoir of the two men and communicated it to the Minister of Marine, Jean-Frédéric Phélypaux de Maurepas. The latter accepted and in May 1731 an official document arrived at Québec, permitting Sieur de La Vérendrye to undertake his enterprise. The explorer had everything needed to succeed; at the very least his military background and his experience with the First Nations had prepared him for the vicissitudes and the dangers of such an expedition.

PERSPECTIVE

The text presented here coincides with the encounter between La Vérendrye and Degonnor. The two men composed the memoir together, the explorer signed it. The tone throughout is optimistic, and the descriptions exotic, as the missionary Father tries to convince Beauharnois, the Governor of New France, of the soundness of La Vérendrye's plan. In spite of the Jesuit Father's superior tone, the Natives are presented in a rather positive light. In fact, the encounter between the two worlds seems to be a positive one: the accounts of the first inhabitants can be read as an invitation to explore unknown territories. Imprecise geographical spaces are conveyed through speech as the imaginary blends into reality.

In the second passage, a pact of trust is struck between the two peoples when Auchagah the Cree draws a map on a piece of bark with a bit of charcoal. However, the colonizer's intentions are dubious for his long-term plan is to take control of the Aboriginals' land.

The map constitutes an opening through which the Aboriginal people will lead the Europeans to their territories. But it also constitutes the closing of the new world on its first inhabitants: by representing his world to the European, the Aboriginal is exposing his way of life to radical change. The words and actions of the two representatives forge an eloquent symbol of the violent drama that was the encounter between these two worlds.

The map constitutes an opening through which the Aboriginal people will lead the Europeans to their territories.

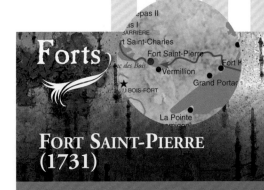

Forts

FORT SAINT-PIERRE (1731)

Named after Pierre Gaultier de Varennes, Sieur de La Vérendrye, Fort Saint-Pierre was built by La Vérendrye's nephew Christophe Dufrost de La Jemerais and his son, Jean-Baptiste La Vérendrye, on the western bank of Rainy Lake, at the mouth of Rainy River, probably on what is known today as Pither's Point in Fort Frances (Ontario). Rainy Lake was known in La Vérendye's time as Tekamamiouen. "The Sieur de La Vérendrye who has undertaken this discovery has made an establishment on Lake Tekamamiouen where he has built a fort with two gates on opposite sides. The interior length of the side is fifty feet with two bastions. There are two main buildings each composed of two rooms with double chimneys. Around these buildings is a road seven feet wide. In one of the bastions a storehouse and a powder magazine have been made. And there is a double row of stakes, thirteen feet out of the ground." (Report to Beauharnois, unsigned, 29 July 1731.)

LE JOURNAL

■ Relation de la découverte d'une grande rivière qui a flux et reflux et qui courant à l'ouest du lac Supérieur par le nord peut beaucoup servir à la découverte de la mer de l'Ouest, présentée par le père Degonnor, jésuite, missionnaire des Sioux.

À monsieur le marquis de Beauharnois, chevalier de l'ordre royal et militaire de Saint-Louis, gouverneur du Canada et commandant général pour le roi en la Nouvelle-France.

Monsieur,

Je m'en retournais pour bien des raisons que je ne puis pas dire ici du pays des Sioux où mes supérieurs m'envoyèrent l'an passé sous vos favorables auspices. J'étais déjà arrivé depuis plusieurs jours à Michillimakinac et prêt à descendre (si la Providence n'en eût disposé autrement), avec le chagrin néanmoins de n'avoir pu rien apprendre malgré tous mes soins dans le voyage que j'ai fait qui pût satisfaire votre attente ni celle de la cour au sujet de la découverte de la mer de l'Ouest qu'on avait principalement en vue en faisant l'établissement du poste des Sioux, lorsque par le plus grand hasard et en même temps le plus grand bonheur du monde j'ai rencontré monsieur de La Vérendrye revenant du nord, qui ayant su de moi que je descendais jusqu'à Québec et que je pourrais aller plus loin m'a confié pour vous les présenter, les mémoires qu'il a pris sur le rapport de plusieurs Sauvages et qui, à ce que j'espère, vous feront plaisir parce

qu'ils paraissent propres à remplir parfaitement les vues que votre sagesse avait eues en suivant les intentions de la cour dans l'établissement que l'on a fait aux Sioux.

Je vais sans plus tarder exposer à vos yeux ces mémoires sur lesquels votre pénétration qui est des plus grandes jugera ce qu'on en doit penser et ce qu'on peut espérer pour la découverte d'une mer que plusieurs nations de l'Europe cherchent depuis longtemps avec bien des peines et des dépenses jusqu'ici fort inutiles.

Voici donc, pour ne pas abuser plus longtemps de votre patience, ce qui m'a été communiqué par monsieur de La Vérendrye, officier dans les troupes du détachement de la Marine en Canada, enseigne d'une compagnie et commandant sous vos ordres au lac Nipigon dans le nord du lac Supérieur.

Voici, dis-je, ce qu'il a recueilli des témoignages non suspects de son poste et d'ailleurs.

Le nommé Pako, Sauvage de nation, habitué aux environs de la rivière de Kaministiquia, s'étant trouvé l'an passé au lac Nipigon, a raconté au dit sieur de La Vérendrye qu'étant parti de son village pour aller en guerre, il prit son chemin vers le soleil couchant et arriva en peu de jours à la hauteur des terres où il trouva un grand lac qui a trois décharges, l'une qui va au nord et conduit jusqu'à la mer. C'est par là, dit-il, que les Cristinaux et les Assiniboines vont en traite chez les Anglais qui sont à la baie d'Hudson; l'autre court au sud et se

rend au fleuve du Mississippi. La troisième, qui est la plus grande, descend droit au soleil couchant. La beauté de celle-ci nous engagea, dit-il, mes gens et moi, de la suivre. Il est vrai que bientôt après, nous trouvâmes tant de cascades et de chutes d'eau qu'elle nous aurait rebutés si après un jour et demi de marche nous n'en eussions trouvé la fin; ce qui les encouragea, dit-il ensuite, à continuer leur route, c'est qu'ils ne virent plus ni savanes ni sapinages

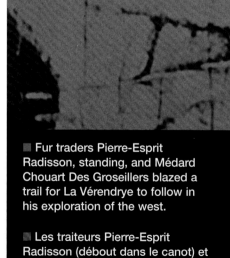

■ Fur traders Pierre-Esprit Radisson, standing, and Médard Chouart Des Groseillers blazed a trail for La Vérendrye to follow in his exploration of the west.

■ Les traiteurs Pierre-Esprit Radisson (debout dans le canot) et Médard Chouart Des Groseillers indiquèrent aux futurs explorateurs comme La Vérendrye la route à suivre jusqu'au lac Supérieur.

The Journal

Account of the discovery of a great river which ebbs and flows and which, as it runs to the west of Lake Superior through the north, may be of great service in the discovery of the Western Sea, presented by Father Degonnor, Jesuit and missionary to the Sioux.

To Monsieur le Marquis de Beauharnois, Knight of the Royal Military Order of Saint-Louis, Governor of Canada and Commandant General for the King in New France.

Monsieur:

For many reasons which I cannot go into at this time, I was returning from Sioux country, where my superiors sent me last year with your blessing. I had already arrived several days before at Michillimakinac and, if Providence had not decided otherwise, was ready to continue. However it was with great regret, since, despite my best efforts, I had been unable to learn anything during my voyage to satisfy your hopes and those of the Court concerning the discovery of the Western Sea, which was the principal goal of the establishment of the post in Sioux country. It was at this time that by the greatest luck and the happiest coincidence I encountered M. de La Vérendrye returning from the north. When I told him that I was going as far as Québec and that I could go even farther, he entrusted me with the memoirs that he has recorded, based on the reports of several Indians, so that I could present them to you. I hope that they please you, as they seem to fulfil perfectly your wise intentions in following the aims of the Court, in the establishment that was achieved in Sioux country.

I will now show you these memoirs without further delay. Your most penetrating intelligence will judge their merit and what might be hoped for concerning the discovery of a sea that many European nations have been seeking for a long time, at great expense and hardship which up until now have been quite useless.

So as not to abuse your patience, here now is what was communicated to me

> "When I told him that I was going as far as Québec and that I could be going further still, he entrusted me with the memoirs that he has recorded, based on the reports of several Indians, so that I could present them to you."

PAM/APM

comme dans leur pays. Avec cela une belle rivière qui allait toujours en s'élargissant de plus en plus, fort profonde, ayant sur ses deux bords une belle grève de sable et au-dessus de grandes prairies pleines de toutes sortes de bêtes et parsemées çà et là de distance en distance de plusieurs bouquets de bois abondants en plusieurs espèces de fruits bons à manger. Le deuxième jour de leur marche, il dit qu'ils arrivèrent à un village fort nombreux de Sauvages habitués et cabanés près de ladite rivière, avec lesquels ils firent connaissance et amitié. Après avoir fait chez eux quelque séjour, ils continuèrent leur route sur les assurances qu'on leur donna que toutes les nations de ces contrées étaient en paix. En effet, ils passèrent tranquillement par plusieurs villages fort nombreux, et descendirent toujours ladite rivière jusqu'à ce qu'ils arrivèrent au flux et au reflux, ce qui les étonna si fort de voir tous les jours hausser et baisser les eaux, qu'ils n'osèrent passer outre et prirent dès lors la résolution de s'en retourner, d'autant plus que les Sauvages de ces quartiers-là ne purent point leur faire connaître qu'il fût possible d'aller plus loin, du moins en canot dont ils ne font aucun usage. Tout ce qu'ils purent en tirer par signes ou par gestes, c'est que quelques-uns de leurs ancêtres avaient autrefois été par terre jusqu'à la vue d'un grand lac où il y a quantité de villages et dont l'eau est si mauvaise qu'il est impossible d'en boire, ce qui leur ayant donné occasion de goûter celle de ladite rivière dans son flux et son reflux, il rapporte qu'ils ne la trouvèrent point bonne.

Ils apprirent de plus de ces gens-là que le chemin pour aller à ce grand lac par terre était fort difficile et fort long, sans compter les risques qui sont à courir de la part des nations inconnues par lesquelles il faut passer. On demanda ici à celui qui parlait si cette rivière était bien large dans l'endroit de son flux et reflux, à quoi il répondit qu'on aurait de la peine à entendre un coup de fusil d'un bout à l'autre. Puis il ajouta tout de suite que les derniers villages d'où il a relâché avec ses gens sont cabanés de terre, faute de bois qui est si rare qu'ils sont obligés de se chauffer de fiente de bêtes, que d'ailleurs ils ont la commodité des chevaux avec lesquels ils labourent leurs champs.

De plus, que tous les hommes qu'ils ont vus en ce pays-là sont forts et robustes, que le climat où ils habitent est beau et qu'ils ont quantité de grains. Ils ont aussi, dit-il, quantité de mines, mais surtout une dont ils font grand cas. Voici ce qu'ils lui ont raconté à ce sujet : qu'il y a une source dont l'eau est rougeâtre, qu'en la faisant bouillir elle teint en couleur d'or et semblable à celle du bord qu'avait à son chapeau l'officier à qui le susdit Sauvage disait ce qu'on lui avait rapporté, de plus que cette source forme une petite rivière qui roule et rejette sur ses bords un sable de la même couleur que ledit bord de chapeau et que ce qu'il y a de particulier,

Cours des Rivieres, et fleuve, courant a l'Ouest du nord du Lac superieur Suivant la cav...
par le sauvage Ochagac, et autres, Reduite, dans celle cy sur une mesme echelle, il paroit ...
fleuve de L'ouest ou les Sauvages Disent qu'ils ont trouvé plus bas que la montagne de pier...
Brillante, l'eau mauvaise à Boire et le flux, et reflux, cet endroit Se rend vers L'entrée decou...
par Martin d'aguilar, Suivant ce qui est marqué Dans la carte, de M. de Lisle premier Ge...
du Roy faite en 1722, où J'ay marqué sur une feuille vollante, Lesdites Rivieres, et f...
Sy ce sauvage et autres, ont creusé juste, il est certain que la Riviere ou plutost ...

An extended version of the map known as Auchagah's map, 1727, transformed onto a single scale.

Une variante de la carte dite d'Auchagah, 1727, dressée suivant une même échelle de grandeur.

by M. de la Vérendrye, officer in the troops of the Marine detachment in Canada, ensign of a company and commandant under your orders at Lake Nipigon to the north of Lake Superior.

Here are, I repeat, the reliable accounts he gathered from his post and from elsewhere.

The Native called Pako, who is familiar with the region of the Kaministiquia River and who was at Lake Nipigon last year, told Sieur de La Vérendrye that when he left his village to go on the war path, he followed a route leading towards the setting sun and in a few days reached a height of land. There he found a lake having three outlets, one of which flows north and empties into the sea. He says that this is the route that the Crees and the Assiniboines take to trade with the English at Hudson Bay. Another runs south and joins the Mississippi River. The third, the largest of the three, flows directly towards the setting sun. The beauty of this river, he said, enticed my men and me to follow it. It is true that soon after we found so many rapids and waterfalls that we would have turned back if we hadn't come to the end of them after another day and half's journey. What encouraged them to continue their journey, he went on, was that they no longer saw any of the muskeg or coniferous forests of their own country. They also had before them a great river which grew wider and wider as it descended; its waters ran deep and was lined with beautiful sand beaches. Above these were great plains full of wildlife with,

here and there, in the distance, many little thickets full of delicious fruits. On the second day of their journey, he said, they came upon a very large settlement of Indians living in lodges near this river. They befriended them, and after staying with them a while they continued on their journey, having been assured that the nations of these regions were at peace. And, in fact, they travelled without incident through several large villages and kept following the river until they came to the region of its ebb and flow. It astonished them so much to see the waters rise and fall every day that they dared go no further, and resolved to turn back, especially since the Indians of these regions were unable to assure them that it was possible to go any further, at least by canoe, which they themselves do not use. All they could learn, through signs or gestures, was that long ago, some of their ancestors had gone overland to within sight of a great lake where there are many villages and whose water is so bad that it is impossible to drink. This gave them the idea to taste the river water at the point of its ebb and flow; they report that they didn't find it good to drink at all.

They also learned from these people that the way overland to this great lake was long and difficult. In addition there are dangers to be feared from the unknown nations along the way. At this point we asked the man talking to us if the river was very wide where it ebbed and flowed, to which he answered that one would have great difficulty hearing a musket shot from

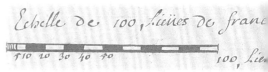

Forts

LE GRAND PORTAGE (1731)

Sur la rive sud-ouest du lac Supérieur, près de l'embouchure de la Nantouagan (rivière aux Tourtes ou Pigeon River), les hommes de La Vérendrye se mutinèrent le 26 août 1731, devant la longueur et la difficulté du portage. La Vérendrye mit alors quelques hommes à améliorer la route et dut leur construire une maison. Bien que La Vérendrye mentionne en 1734 le fort Saint-Pierre comme lieu de halte et de rassemblement des canots et des échanges entre l'Est et l'Ouest, c'est au Grand Portage que les canots se rencontrent et que les échanges se font entre les fourrures et marchandises de traite. En 1737-1738, le Grand Portage était déjà un entrepôt et un lieu de rencontre importants. Après la Conquête, le Grand Portage devint l'entrepôt principal de la Compagnie du Nord-Ouest. Au début des années 1800, le gouvernement américain perçoit un droit de douane de 20 à 25 cents sur chaque ballot passant par le Grand Portage. Les traiteurs canadiens rétablissent donc la route de Kaministiquia et le Fort William est érigé.

c'est qu'il est beaucoup plus fin et plus pesant que le sable commun. On lui parla aussi de deux lacs dont on lui dit quelque chose d'assez singulier. Le premier est fort grand et cependant, quelque temps qu'il fasse, quelque vent qui souffle, jamais il n'est agité, jamais on n'y voit de lames. La surface de ses eaux est toujours couverte d'une espèce d'huile ou graisse, qui empêche les Sauvages d'en boire et qui leur fait naître mille idées chimériques ou superstitieuses. Le second est assez petit et ressemble plutôt à un grand marais qu'à un lac. Ce qu'il a de particulier, c'est que les eaux en sont empoisonnées, de sorte que tous les animaux à qui il arrive d'en boire en meurent presque sur-le-champ.

Un autre Sauvage nommé Petit Jour a raconté au sieur de La Vérendrye les mêmes choses presque avec les mêmes circonstances. Deux autres en ont fait autant sans être interrogés non plus que les précédents, qui ne se mirent à raconter tout ce qui est rapporté ci-dessus qu'à l'occasion du récit qu'on faisait un jour devant eux des pays que ledit sieur de La Vérendrye avait vus.

Il est bon de remarquer que ces quatre Sauvages ne pouvaient guère s'être communiqué les uns aux autres ce qu'ils ont raconté, étant fort éloignés les uns des autres et que, tandis que les uns avouent que ce flux et reflux les avait fort étonnés et même obligés à relâcher, un autre assure que cela ne lui avait fait aucune impression parce qu'il avait vu la même chose à la baie d'Hudson où il avait vu la mer. Et comme

on lui disait d'expliquer comment se faisait le flux et le reflux dans cette grande rivière, il répondit assez brusquement : « Qu'est-il besoin de vous expliquer cela davantage, puisque je vous ai déjà dit que c'était tout de même qu'à la mer. »

Un de ces quatre Sauvages nommé Petit Homme rapporte en particulier qu'étant dans un des derniers villages qu'il avait vu en descendant cette rivière, on lui avait fait entendre qu'à huit jours de marche plus loin, il y avait une nation de petits hommes dont la stature ne passait pas trois pieds et une autre nation ensuite qui, à ce qu'il croit, parle comme les Français. Étant pour lors interrogé s'ils étaient blancs ou noirs, il répondit qu'il ne s'en était pas informé. Il ajouta qu'on lui avait aussi fait de grandes exclamations sur une petite montagne de pierres luisantes qu'il dit être fort redoutée et par conséquent fort respectée des Sauvages du pays. Il ne faut pas omettre qu'un de ces quatre Sauvages avait déjà raconté à un autre Français par manière d'entretien tout ce qu'il savait, et c'est de ce Français appelé le sieur de Godefroy que ledit sieur de La Vérendrye l'a appris aussi par manière d'entretien sans lui faire connaître ce qu'il savait déjà des trois autres Sauvages qui lui avaient parlé. D'où il s'ensuit que tout ce qu'on vient de rapporter n'a point été arraché à force d'interrogations de la bouche des Sauvages, ce qui rend les choses qu'ils ont dites plus que vraisemblables. Ce n'est pas qu'il n'y ait toujours à se défier des Sauvages qui, étant fort oisifs et ne sachant

à quoi passer le temps, l'emploient assez souvent à inventer des faussetés qu'ils racontent ensuite comme les plus grandes vérités avec la dernière effronterie. On les écoute et on ne leur dit jamais non, parce qu'on serait méprisé si on le faisait et on passerait pour n'avoir point d'esprit, mais on ne les croit pas pour cela. On a raison en bien des rencontres, mais aussi quelquefois on a tort, parce que les Sauvages, même les plus grands menteurs, disent vrai quelquefois. Or, il semble que ce soit ici une de ces occasions où on ne puisse les soupçonner de tromper sans se faire soupçonner soi-même d'incrédulité excessive et d'aveuglement outré.

Voici les raisons qui me font parler de la sorte.

1. Ce sont différents Sauvages de différentes nations et différentes demeures qui ont fait leur rapport en différents temps et à différentes personnes, qui sont allés au même lieu par différents chemins et qui cependant s'accordent tous à dire la même chose, à savoir qu'ils ont vu une grande rivière avec flux et reflux.

2. Il est à observer qu'ils parlent d'eux-mêmes et, comme ils ont coutume de dire sans dessein, c'est-à-dire sans intérêt, ni même sans avoir été interrogés, ni qu'on leur ait donné occasion à dire toutes ces choses avec toutes ces circonstances.

3. De ces quatre témoins oculaires de ladite rivière, il y en a trois qui n'ont point vu

one side to the other. He added right away that in the last villages where he had stayed with his men the lodges were made of earth, given that there is so little wood that the Indians have to use animal dung to heat themselves; they also have the convenience of horses which they use to work their fields.

In addition, all the men they saw in this territory are strong and robust, the climate is good and they have a number of grains. He also said that they have several mines, but one especially which they prize. Here is what they told him: that there is a spring whose water is reddish and that boiling this water gives it a golden hue similar to that of the fringe of the officer's hat to whom the above Indian was recounting what had been reported to him. Furthermore, this spring gives rise to a small rolling river which leaves a sand on its banks the same colour as the hat fringe. What is unusual is that it is much finer and heavier than normal sand. He was also informed of two lakes about which he was told something rather unusual. The first one is quite large and yet, no matter what the weather and no matter how the wind blows, it is never disturbed, and one never sees waves. The surface is always covered by a sort of oil or grease, which prevents the Indians from drinking from it and which gives them many fanciful or superstitious ideas. The second one is rather small and more like a great marsh than a lake. What is odd about it is that its water is poisonous, so that all the animals that happen to drink from it die almost on the spot.

Another Indian named *Petit Jour* (Early Day) told Sieur de La Vérendrye the same things with almost the same details. Two others did the same, without being questioned any more than the first ones had been. They had only been prompted to recount all of the above by the story told them one day of the countries that the aforementioned Sieur de La Vérendrye had seen.

One should note that these four Indians could hardly have consulted with each other about what they told us, given that they lived far away from each other. Whereas some of them admitted that the river's ebb and flow had astonished them and made them come to a halt, another insists that this had not struck him at all as he had seen the same thing at Hudson Bay, where he had seen the sea. And when he was asked to explain the ebb and flow on this great river he replied rather curtly: "Why explain this to you any further since I've already told you that it's just the same as the sea."

One of the four Indians called *Petit Homme* (Little Man) reports that while in one of the last villages he had seen while going down this river, he had been made to understand that within eight days on foot there was a nation of small men no taller than three feet, and another nation after that which, he believes, speaks like the French. Questioned as to whether they were white or black, he answered that he hadn't inquired about that. He added that great exclamations had been made to him

about a mountain of shining stones, which according to him was greatly feared and therefore highly respected by the Indians of the surrounding country. Let us not forget that one of these four Indians had already told all he knew in an interview with another Frenchman, and that it's from the latter, whose name is Sieur de Godefroy, that the aforementioned Sieur de La Vérendrye learned of it, also in an interview, without telling him what he knew already from the three other Indians who had spoken to him. It follows from all this that the above report has not been pried from the Indians through interrogations, a fact which makes the things they've told us quite believable. That is not to say that one must not always be wary of the Indians who, being very idle and not knowing what to do with their time, spend it quite often making up stories that they tell afterwards with great impudence as if it were the absolute truth. You listen to them and you never contradict them because you would be looked down on if you did so and you would seem to have no wit at all, but this doesn't mean that you believe them. It is right not to do so in many cases but sometimes as well you can be wrong, as the Indians, even the biggest liars among them, sometimes tell the truth. The present occasion seems to be precisely one of those times when you cannot suspect them of tricking you without being suspected yourself of excessive skepticism and extreme blindness.

Forts

THE "GRAND PORTAGE" (1731)

On the south-east shore of Lake Superior, near the mouth of the Nantouagan (Pigeon River), La Vérendrye's men mutinied on 26 August 1731 because of the length and difficulty of the portage. La Vérendrye set several of his men to work at improving the route and had to build a house for these workers. In September 1734, La Vérendrye mentions that Fort Saint-Pierre is the area for the rendezvous of the canoes for the exchange of furs and merchandise. However, a little later, it is at Grand Portage that they meet and exchange. By 1737-1738, Grand Portage had become the meeting place and an important warehouse. Grand Portage became the principal warehouse of the North West Company after the Conquest. By the early 1800s, the American government started applying a duty of 20 to 25 cents per bundle going through Grand Portage. The Kaministiquia route was reestablished and Fort William built.

la mer, qui ne savaient peut-être pas même qu'à la mer il y eût flux et reflux. De là vient que trois de ces Sauvages furent si frappés de celui qu'ils remarquèrent dans cette grande rivière que cela seul les mit en crainte et les obligea à rebrousser chemin.

4. Celui d'entre eux qui a vu la mer assure que c'est tout de même qu'à la baie d'Hudson chez les Anglais où il avait été en traite plus d'une fois, et comme on lui disait d'expliquer comment se faisait ce flux et ce reflux dans cette grande rivière, il répondit d'un air brusque et fâché, contre la coutume des Sauvages : « Que me demandez-vous de plus, puisque je vous ai dit que c'était comme à la mer. »

5. Le premier dont nous avons parlé s'offre gratis à conduire les Français dans cette rivière, et malgré la peur qu'ont ordinairement ces gens-là des peuples étrangers et des nations qu'ils ne connaissent point, il s'engage d'aller partout avec les Français, sans se mettre en peine de ce qui peut arriver en son absence à sa famille. Quiconque sait l'incroyable attachement que les Sauvages ont pour leurs parents et pour leurs enfants voit combien il y a de générosité en celui-ci de s'offrir seul à aller partout où les Français voudront le mener. Il y en a un autre qui ne se plaint de sa vieillesse que parce qu'elle lui ravit l'occasion de faire voir aux Français en les conduisant, qu'il a dit vrai.

Voilà, Monsieur, ce qui a été rapporté au sieur de La Vérendrye, officier enseigne dans les troupes du détachement de la Marine qui sont en Canada, et que vous avez envoyé commandant au lac Nipigon où il a passé l'hiver. Il est retourné au nord dans le dessein de faire de nouveaux efforts pour avoir de nouvelles preuves de la vérité des choses qu'on lui a rapportées et pour disposer tout à l'exécution de l'entreprise, si on veut faire cette découverte.

■ Cree Chief Auchagah outlines on birchbark possible routes to the Western Sea.

■ Le chef cris Auchagah dessinant sur un morceau d'écorce de bouleau les trois rivières menant à la mer de l'Ouest.

Here are my reasons for saying this.

1. These are different Indians from different nations and from different regions who have made their report at different times and to different people; they went to the same place by different routes and yet all are in agreement on the same point: they have all seen a great river whose waters rise and fall.

2. It must be noted that they have spoken of their own free will, and are in the habit of speaking without thinking, in other words without ulterior motive, without even having been interrogated, or been given a reason to say all these things in such detail.

3. Of these four eye-witnesses of the aforementioned river, three of them have not seen the sea, and perhaps did not even know of the sea's ebb and flow. From this, it follows that three of these Indians were so surprised by what they saw at this great river that that alone struck fear into them and made them turn back.

4. The one who has actually seen the sea affirms that this was exactly the same at Hudson Bay where they had already been to trade with the English more than once, and when he was asked to explain the nature of these tides he answered in an abrupt and angry tone, which is uncharacteristic of the Indians: "What more can I tell you, since I've already told you that it was the same as the sea."

5. The first Indian of whom we've spoken has offered to lead the French to this river for no reward, and in spite of the fear that these people usually have of strange peoples and nations which they don't know, he promises to go anywhere with the French, with little worry for what might happen to his family during his absence. Anyone who knows the incredible loyalty and affection the Indians have for their families and children sees how generous this man's offer is to go wherever the French wish to go. There is another one who only complains of his old age because it prevents him from leading the French there, so that they can see that he has told the truth.

This, Monsieur, is what has been reported to Sieur de La Vérendrye, officer with the rank of ensign in the troops of the Marine detachment in Canada, and whom you have sent as commandant to Lake Nipigon, where he has spent the winter. He has returned to the North with the intention of renewing his efforts to find new evidence of the things reported to him; he wishes to make all possible preparations for carrying out the expedition, if this discovery is to be made.

This officer has the honour of being known to you, Monsieur, as an ensign in the troops of the Marine Detachment in Canada. His father was Governor of Trois-Rivières for twenty-two years. His older brother, captain in the Brittany regiment, was killed in Italy. He himself has served

Cet officier a l'honneur d'être connu de vous, Monsieur, pour un homme enseigne dans les troupes du détachement de la Marine qui sont en Canada. Son père a été gouverneur des Trois-Rivières pendant vingt-deux ans. Son frère aîné, capitaine dans le régiment de Bretagne, fut tué en Italie. Il a lui-même servi six ans avec honneur dans ce régiment en qualité de lieutenant. Il s'est trouvé à la bataille de Malplaquet où il reçut un coup de fusil au travers du corps, avec cinq coups de sabre, dont il porte encore les glorieuses cicatrices. Quoique fort jeune, il se voyait en passe de parvenir et faire son chemin, mais le bien et la fortune lui manquant, il demanda à venir en son pays continuer son service. On y consentit, mais on ne put lui accorder pour lors qu'une enseigne avec promesse de lui rendre son grade à la première occasion.

Sur ces entrefaites, ses protecteurs étant morts, il a été oublié, quoiqu'il soit depuis vingt ans et plus dans le service, sans qu'on puisse, grâce à Dieu, rien lui reprocher, sinon qu'il ne s'est pas rendu importun par ses demandes. Il semblerait bien juste que si la cour veut faire quelque entreprise sur les mémoires qu'il a fournis, on lui en donnât le commandement. Ses services passés, et en France et en Canada, ceux qu'il est en état de rendre à l'âge de quarante ans joints à ses blessures, et le temps depuis lequel il sert Sa Majesté lui faisant espérer d'ailleurs qu'on pensera à son avancement.

Cet officier, en recueillant ces témoignages, s'est persuadé avec beaucoup de raison que la découverte de cette rivière pourrait servir à celle de la mer de l'Ouest. En effet, je ne vois pas, supposé qu'on la puisse trouver, que rien puisse y mener plus droit qu'une rivière qui sort du pays du nord, qui prend son cours vers le soleil couchant, et qui enfin, environ à deux cents lieues de la hauteur des terres, commence d'avoir flux et reflux.

Malgré tout ce qu'on a dit jusqu'à présent qu'il fallait chercher la mer de l'Ouest par le pays des Sioux, bien des gens ont pensé que l'on réussirait mieux par celui des Cristinaux ou des Assiniboines qui sont au nord. Je penchais assez pour cette opinion avant d'aller aux Sioux, mais depuis que j'y ai été et que je me suis informé aux plus anciens Sauvages de tout ce qu'ils pouvaient savoir touchant les pays situés à l'ouest de leurs terres sans pouvoir rien découvrir, je ne balance plus du tout à m'attacher à l'opinion pour laquelle je me sentais déjà une grande inclination. On m'a assuré que monsieur Pachot, qui a péri dans le *Chameau* en revenant de France et sur qui l'on comptait le plus pour l'établissement qu'on voulait faire aux Sioux en vue de découvrir la mer de l'Ouest, avait souvent dit à ses amis qu'on ferait beaucoup mieux pour cette découverte d'aller établir un poste aux Assiniboines ou au fond du lac Supérieur chez les Cristinaux. C'est aussi le sentiment du révérend père Guignas, J., habile mathématicien, de qui j'ai ouï-dire bien

des fois que c'était une mer à boire que de chercher par les Sioux un chemin pour aller à la mer de l'Ouest, que s'il y en avait un, il était chez les Assiniboines ou au fond du lac Supérieur. Et voilà justement que cela s'accorde ou du moins s'approche beaucoup de ce que disent nos quatre Sauvages de la route qu'il faut tenir pour aller à cette grande rivière qui a flux et reflux; car ils font entendre qu'on passe par le pays des Assiniboines, c'est-à-dire par les lieux qu'ils fréquentent en chasse ou autrement.

Ce que j'ai lu d'ailleurs dans la Relation de monsieur Bobé, prêtre des Missions Étrangères, ne contredit en rien ce que je viens de rapporter. Seulement il dit qu'il faut pour cette découverte remonter le Mississippi ou le Missouri jusqu'à leur source. Mais ce Monsieur-là paraît un peu trop se fier au rapport des simples voyageurs, qui savent à peine la plupart discerner l'orient et l'occident. On n'ignore pas aussi que ceux sur qui il se fonde le plus passent pour de grands hâbleurs, qui vous parlent hardiment des sources du Mississippi aussi inconnues que celles du Nil, eux qui n'ont guère été au-delà de la rivière Noire, ou qui sont tout au plus montés jusqu'à l'île Pelée, qui est encore à plus de soixante ou quatre-vingts lieues de cet endroit où plusieurs rivières se réunissant forment le grand fleuve de Mississippi.

Un vieux voyageur nommé Giguière, âgé de soixante-dix-sept ans mais encore

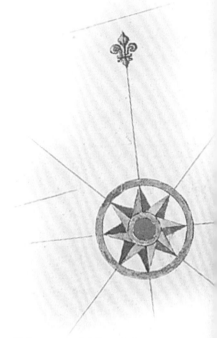

honourably for six years in this regiment at the rank of lieutenant. He was at the battle of Malplaquet, where he was wounded by a bullet and he received five sabre wounds whose glorious scars he still bears. Although quite young, he was in a position to advance and to make his way in life, but lacking fortune and luck he asked to be sent back to continue his service in his native country. He was granted this request, but at the time he was only given the rank of ensign, with the promise of having his former rank restored as soon as possible.

At this juncture, now that his protectors have passed away, he has been forgotten, even though he has served twenty years or more and has nothing with which to reproach himself, thanks be to God, other than not having made any unreasonable demands. It would seem very fitting that if the Court wishes to enter into any undertaking on the basis of the memoirs he has furnished, he should be given its command. His past service, both in France and in Canada, the services that he can still render at the age of forty, together with his wounds and the time spent in His Majesty's service, lead him to hope that his promotion will be considered.

This officer, through the gathering of these eyewitness accounts, is convinced, and with good reason, that the discovery of this river may very well lead to the discovery of the Western Sea. Indeed, I cannot see, if indeed its discovery is possible, how anything could lead to it more directly than a river which originates in the north country, which flows towards the setting sun, and finally, whose waters rise and fall about two hundred leagues from the height of land.

In spite of all that has been said up to now of how the Western Sea must be sought through Sioux country, many have thought that one would do better to go through the land of the Crees or the Assiniboines who are to the north. I was rather of this opinion before going to stay with the Sioux. But since I've been there, and since I've gathered information from the elders of all they might know concerning countries to the west of their lands, as I am unable to find out anything, I no longer hesitate to adopt the opinion that I was already inclined to hold. I was assured that M. Pachot, who died on the *Chameau* while returning from France, and on whom we were counting the most for the post we wished to create in Sioux country for the discovery of the Western Sea, had often told his friends that we would do better for this mission to try to establish a post in Assiniboine territory, or at the headwaters of Lake Superior in Cree territory. This was also the opinion of Reverend Father Guignas, J., an expert mathematician, whom I've heard say many times that to seek a route to the Western Sea through Sioux country was an insurmountable task. If there was such a route, it lay through Assiniboine country or at the headwaters of Lake Superior. And this concurs with, or at least comes very close to what our four Indians have said

about the route one must take to go to this great river which ebbs and flows. For they strongly suggest that one must go through Assinboine territory, in other words through country that they know from hunting or otherwise.

What I have read, in addition to the Account of Monsieur Bobé, priest in the Foreign Missions, does not contradict what I've just reported. However, he says that for this exploration, one must follow the Mississippi or the Missouri to their headwaters. But this gentleman seems to give too much credence to the reports of common *voyageurs*, who for the most part can hardly tell east from west. It is also known that those on whom he is relying the most are very boastful, and speak to you boldly of the sources of the Mississippi which are as unknown as those of the Nile, in as much as these people have not gone further than Black River, or have at best gone up to Pelée Island, which is more than sixty or eighty leagues from the spot where many rivers join to form the great Mississippi.

An old *voyageur* by the name of Giguière, seventy-seven years old but still spritely for his age, whom I have seen at times climb the highest and steepest mountains of the Mississippi and who proved to us last winter that he could still snowshoe and hunt deer, this man, who has lived the longest with the Sioux (fifteen years or more), living as they do from hunting, going to war with them and travelling with them, has often told me

"...how anything could lead to it more directly than a river which originates in the north country, which flows towards the setting sun..."

ÉTABLISSEMENT DE « LA BARRIÈRE » (1733)

Un lieu très fréquenté par les Cris, appelé « la Barrière aux Esturgeons » parce que ce poisson y était en abondance et que, selon l'habitude de plusieurs nations autochtones, ils y avaient établi une « barrière » ou barrage au travers d'un étranglement de la rivière pour la pêche à l'esturgeon. Jean-Baptiste La Vérendrye s'y installa provisoirement vers la fin de l'hiver 1732-1733 lorsque les glaces sur la rivière Winnipeg l'empêchèrent d'aller plus loin. « La Barrière » délimitait, à l'époque, le territoire dépendant du fort Saint-Charles. « La Barrière » se trouve à la sortie du lac Nutimik, à 3 km environ plus bas que la « Chute aux Esturgeons » ou « Sturgeon Falls » et à une égale distance de la décharge de la « Pichikoka » (rivière Whiteshell). La chute est presque disparue à la suite de la construction de la centrale hydroélectrique de Seven Sisters.

alerte pour son âge, que j'ai vu quelquefois grimper sur les montagnes les plus hautes et les plus escarpées du Mississippi, qui nous a fait voir cet hiver qu'il savait encore porter la raquette et poursuivre les cerfs et les chevreuils, cet homme, dis-je, qui a le plus habité parmi les Sioux, chez qui il a été quinze ans et plus, vivant comme eux de chasse, allant en guerre et en voyage avec eux, m'a dit bien des fois qu'il était allé à plus de trois cents lieues au-delà du pays des Sioux; qu'après avoir remonté le Mississippi jusqu'à l'endroit où plusieurs rivières concourent à former ce grand fleuve, il s'engagea avec ceux qui l'accompagnaient dans une de ces petites rivières d'où ils tombèrent en d'autres en faisant quelques portages, et qu'enfin, après un assez long espace de temps, ils arrivèrent à une fort grande, qui descendait, dit-il, vers l'ouest, mais il avoue qu'ils ne la suivirent pas bien loin, parce que la peur prit à ses gens avec l'envie de retourner chez eux. Cette grande rivière pourrait bien être dans son commencement celle dont nos Sauvages ont parlé.

Ainsi monsieur Bobé et d'autres faiseurs de relations auraient dans un sens raison de dire qu'on pourrait trouver le chemin à la mer de l'Ouest par les Sioux. Mais ce serait là le chemin de l'école, c'est-à-dire le plus long; et de plus je ne crois pas qu'il y ait à présent aux Sioux un seul homme qui ait fait ce chemin, ni qui fût en état de l'entreprendre, encore moins de le montrer.

Maintenant, qu'il me soit permis, Monsieur, avec tout le respect que je vous dois, de hasarder une réflexion que j'ai faite au sujet de cette grande rivière dont nos Sauvages ont parlé. Quand même cette rivière, supposé qu'elle ait comme on dit flux et reflux, ne conduirait pas à la mer de l'Ouest, il est certain qu'elle conduirait à la mer et par conséquent il me semble qu'il est curieux et louable de la suivre et de voir où elle va; quand on ne trouverait qu'une mer et des Sauvages, il est à croire qu'on ne s'en repentira pas et que peut-être il en reviendra de la gloire à la religion et à la France, à Dieu et au roi.

L'entreprise sera facile. L'officier que j'ai déjà cité l'embrassera volontiers et comme il connaît les Sauvages qui se sont offerts pour guider, et qu'il en est fort estimé et fort aimé, il paraît plus naturel qu'il en soit chargé que tout autre. Il ne demande pour cela sinon qu'il lui soit permis de prendre cent hommes de bonne volonté dans le pays. Il se fait fort d'en trouver plus s'il le fallait sans qu'il en coûte rien au roi pour leurs gages et il compte qu'ils seront plus que satisfaits si les magasins du roi leur fournissent des canots, des armes et des vivres pour quatre mois, parce qu'on l'a assuré qu'après ce temps-là ils arriveront, et même plus tôt, dans les pays abondant en toute sorte de bêtes et de fruits bons à manger où ils pourront hiverner pour en partir ensuite au petit printemps et aller faire la découverte de cette rivière jusqu'à la mer ou du moins jusqu'au flux et reflux et en apporter les

nouvelles encore plus sûres que celles qu'on a, quoiqu'elles soient circonstanciées de manière à ne laisser presque aucun doute.

On trouvera peut-être qu'il demande trop de monde pour cette entreprise parce que d'autres se sont offerts à en faire de pareilles avec la moitié moins, mais il croit que ce nombre d'hommes est nécessaire, parce qu'il ne s'agit pas, comme les autres prétendaient faire, de ne parcourir que les nations qui nous sont connues et amies, mais de traverser un pays étranger et de passer au travers de plusieurs peuples qui peut-être même, selon toutes les apparences, regarderont les Français comme des ennemis.

Du reste, ce nombre sera suffisant parce que ces gens-là, quelque nombreux qu'ils soient, n'ayant point d'armes à feu et n'en ayant peut-être jamais vues, s'enfuiront de peur au premier coup de fusil qu'ils entendront, ainsi qu'il arriva du temps de Hernán Cortés, lorsqu'il fit la conquête du Mexique. Après tout, si l'on juge même à propos de diminuer le nombre qu'il demande, ledit officier ne sera pas moins disposé à exécuter l'entreprise si on veut lui en donner la conduite. Il prend seulement la liberté de représenter que pour l'accréditer, et parmi les Sauvages et parmi les Français qui sont souvent plus difficiles à mener et à gouverner dans ce pays de colonie où, comme dans toutes les autres, ils se font un mérite de leur indépendance, il serait bon, et même nécessaire de l'honorer au moins du titre de lieutenant. Ce n'est pas

that he has gone more than three hundred leagues beyond Sioux country. After having gone up the Mississippi to the place where many rivers join to form this great river, he ventured onto one of these smaller rivers with those who were accompanying him, and from there, after a few portages, onto other rivers; and finally, after quite some time, they reached a very large river which, according to him, flowed to the west. He admits, however, that they didn't follow it very far, because his people were struck with fear and wished to return home. This great river might well be, at its source, the one about which our Indians have spoken.

Thus Monsieur Bobé and other authors of accounts would in a sense be right to say that one might find the way to the Western Sea through Sioux territory. But that would be the traditional route, in other words the longest one. Moreover, I don't think that there is presently among the Sioux a single man who has taken this route, nor one able to undertake it, let alone one who could serve as a guide.

May I now permit myself, Monsieur, with all due respect, to offer a thought of my own on the subject of this great river of which the Indians have spoken. Even supposing that this river does ebb and flow, if it doesn't lead to the Western Sea, it would certainly lead to the sea, and I think it would be interesting and commendable to follow it to see where it goes. Even if we were only to find another sea and some Indians, it is

unlikely that we would regret it, and perhaps it would add to the glory of the faith, and of France, God and the King.

The undertaking will be an easy one. The officer that I have already mentioned will accept it willingly, and as he knows the Indians who have offered to guide us, and as he is well respected and loved by them, it would seem natural that he be given the mission rather than someone else. To carry out this mission he only asks to be permitted to choose one hundred countrymen of good will. He is quite confident of finding more if necessary without any cost to the King for their wages. He believes they will be more than satisfied if the King's storehouses furnish them with canoes, weapons and supplies for four months, because he has been assured that after this period of time, and perhaps even sooner, they will find this country abounding in all kinds of wildlife and delicious fruits. There, they will be able to winter, and leave afterwards in early spring to explore this river as far as the sea, or at least as far as its ebb and flow, and bring back information even more reliable than that which we have now, although this information is detailed enough to leave little room for doubt.

It may appear that he is asking for too many men for this undertaking, since others have proposed similar ones with only half this number, but he feels that this many men are necessary because he is not, in this case, as others have tried to do,

going through only those friendly nations which are known to us. He must travel through unknown country and meet many nations who, realistically, may even regard the French as their enemies.

Furthermore, this number will be enough because these people, no matter how many of them there are, not having firearms and perhaps never having seen any, will take flight at the first musket shot they hear, as they did in the time of Hernán Cortés, when he conquered Mexico. And if, after all, it is found necessary to reduce the number of men that he is asking for, the aforementioned officer will be no less willing to accept the undertaking, if it is given to him. He merely takes the liberty of stating that to give him prestige among the Indians and among the French, who are often most difficult to command and to lead in this colony where, as in all the others, they take great pride in their independence, it would be a good idea, and even a necessary one, to honour him with at least the rank of lieutenant. This would not be asking for anything extraordinary, nor anything that couldn't be granted to him without anyone feeling offended or jealous, since he has already served in France at this rank, and since he has had the honour of bearing arms in His Majesty's service for twenty years.

If, as he hopes, he succeeds in making a discovery both useful and glorious for the crown and perhaps for the

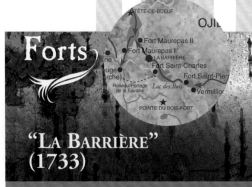

Forts

"LA BARRIÈRE" (1733)

An area frequented by the Cree, called "La Barrière aux Esturgeons" (Sturgeon Barrière) because the fish was abundant, the natives had built a barrier in the area at the narrowing of the river to catch sturgeon. Jean-Baptiste La Vérendrye spent some time there at the end of the winter of 1732-1733 because the ice on the Winnipeg River prevented him from proceeding. "La Barrière" in La Vérendrye's time was the limit of the territory of Fort Saint Charles. "La Barrière" is located at the exit of Nutimik Lake, approximately 3 km down from Sturgeon Falls and 3 km miles from the mouth of the "Pichikoka" of Whiteshell River. The falls have almost completely disappeared following the construction of the Seven Sisters hydroelectric station.

demander une chose fort extraordinaire ni qu'on ne puisse lui accorder, sans que personne ait droit de s'en formaliser ni d'en être jaloux, puisqu'il a servi déjà en France en cette qualité et qu'il a celui de porter l'épée au service de Sa Majesté depuis vingt-huit ans.

S'il réussit, comme il l'espère, à faire une découverte qui soit utile et glorieuse à la couronne et peut-être même à la religion, il se remet, pour la récompense de ses peines, qui ne seront pas médiocres, à la bonté du roi et de vous, Monsieur, qui le représentez si glorieusement dans ce pays et qui charmez tous les cœurs par la sagesse et la douceur de votre gouvernement.

Il ne me reste qu'à certifier à tous ceux qui liront ce mémoire que l'officier dont il fait si souvent mention a déclaré en signant un tout semblable, qu'il serait prêt, s'il en était besoin, d'assurer avec serment que tout ce qu'il contient est conforme à la plus pure et à la plus exacte vérité. ◯

Voici un extrait du deuxième mémoire que Beauharnois envoya à Maurepas le 25 octobre 1729, dans lequel nous trouvons d'autres informations. Nous apprenons que Tachigis, un chef cri, a dessiné une carte pour La Vérendrye. Mais c'est la carte du Cri Auchagah que l'ingénieur Chaussegros de Léry enverra à la cour de France en 1730.

...Rapport au guide, j'ai fait choix d'un nommé Auchagah, Sauvage de mon poste fort attaché à la nation française, le plus en état de guider le convoi et dont il n'y a pas lieu de craindre que l'on soit abandonné dans la route, lorsque je lui proposai de me conduire à la grande rivière de l'Ouest, il me répondit que j'étais maître de lui, et qu'il marcherait dès que je le voudrais, je lui donnai un collier par lequel selon la manière de parler, je saisis sa volonté à la mienne, lui disant qu'il eût à se tenir prêt pour le temps que j'aurais besoin de lui, et lui marquant la saison et l'année que je pourrais me trouver au Pays Plat à dessein d'aller faire la découverte de la mer de l'Ouest, si j'avais, Monsieur, l'honneur de recevoir vos ordres pour cela. Je lui fis ensuite des présents pour l'affectionner davantage et l'affermir dans ses promesses.

Outre cela, j'ai pris connaissance du chemin par différents Sauvages, tous rapportent la même chose, qu'il y a trois routes ou rivières qui conduisent à la grande rivière de l'Ouest. En conséquence, je me suis fait tracer la carte de ces trois rivières afin de pouvoir choisir le chemin le plus aisé. J'ai eu l'honneur, Monsieur, de vous envoyer cette carte telle qu'Auchagah me l'a tracée des trois rivières qui tombent dans le lac Supérieur, savoir celle qu'on nomme la rivière du fond du Lac, celle de Nantouagan et celle de Kaministiquia et les deux dernières sont celles où tout se trouve plus exactement marqué sur la carte, les lacs, les rapides, les portages, le côté dont il faut faire ces portages, les hauteurs des terres [...]

Beauharnois

faith as well, he will, as the reward for his troubles, which will not be negligible, trust in the generosity of the King and of yourself, Monsieur, who represent him so gloriously in this country and charm every heart with your wise and gentle rule.

It only remains to certify to all who read this memoir that the officer who has been mentioned in it so often has declared that in signing it he would be ready, if necessary, to solemnly swear that all it contains is in accordance with the purest and most exact truth. 🌑

Here is an exerpt from the second memoir that Beauharnois sent to Maurepas on October 25, 1729. In it we learn that Tachigis, a Cree chief, has drawn a map for La Vérendrye, however it is the map of the Cree Auchagah that the engineer Chaussegros de Léry will send to the French Court in 1730.

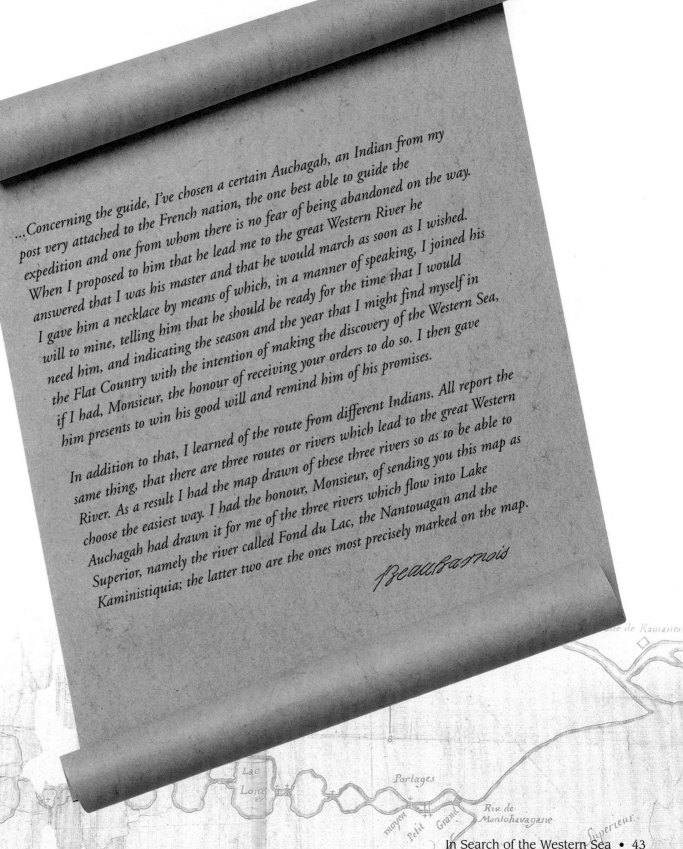

...Concerning the guide, I've chosen a certain Auchagah, an Indian from my post very attached to the French nation, the one best able to guide the expedition and one from whom there is no fear of being abandoned on the way. When I proposed to him that he lead me to the great Western River he answered that I was his master and that he would march as soon as I wished. I gave him a necklace by means of which, in a manner of speaking, I joined his will to mine, telling him that he should be ready for the time that I would need him, and indicating the season and the year that I might find myself in the Flat Country with the intention of making the discovery of the Western Sea, if I had, Monsieur, the honour of receiving your orders to do so. I then gave him presents to win his good will and remind him of his promises.

In addition to that, I learned of the route from different Indians. All report the same thing, that there are three routes or rivers which lead to the great Western River. As a result I had the map drawn of these three rivers so as to be able to choose the easiest way. I had the honour, Monsieur, of sending you this map as Auchagah had drawn it for me of the three rivers which flow into Lake Superior, namely the river called Fond du Lac, the Nantouagan and the Kaministiquia; the latter two are the ones most precisely marked on the map.

Beauharnois

Chapter Two
Towards the Western Sea

Chapitre deux
Vers la mer de l'Ouest

II

La cour ne donna à La Vérendrye que très peu d'argent (2 000 livres) pour l'achat du matériel destiné aux nations de la région du lac Winnipeg. Ne possédant pas le capital nécessaire à une entreprise d'une telle envergure, l'explorateur dut dès le départ faire des emprunts aux marchands de Montréal. Des sociétés se formèrent impliquant le commandant de l'expédition, Pierre Gaultier de Varennes et de La Vérendrye, son fils Jean-Baptiste, son neveu Christophe Dufrost de La Jemerais et des marchands ou autres personnes qui fournissaient le matériel de traite et les fonds nécessaires à l'expédition. Le découvreur, au même titre que ses associés, neuf en tout, obtenait le monopole de la traite des fourrures. Les profits comme les pertes seraient partagés selon l'importance des associés.

■ La Vérendrye set out by canoe from New France with fifty men and one missionary.

▨ La Vérendrye quitta la Nouvelle-France en canot avec 50 hommes et un missionnaire.

The Royal Court of France gave La Vérendrye only 2,000 *livres* for the purchase of goods for the Indian nations of the Lake Winnipeg region. Not being able to finance personally such an important expedition, the explorer was obliged from the outset to borrow from the Montreal merchants. *Sociétés* were formed involving the commandant of the expedition, Pierre Gaultier de Varennes et de La Vérendrye, his son Jean-Baptiste, his nephew La Jemerais, merchants and others who supplied trade goods and the necessary financing for the expedition. The explorer, as well as his associates, nine in all, obtained the monopoly on the fur trade. Profits and losses were to be shared among the associates, according to their importance.

NFB/ONF

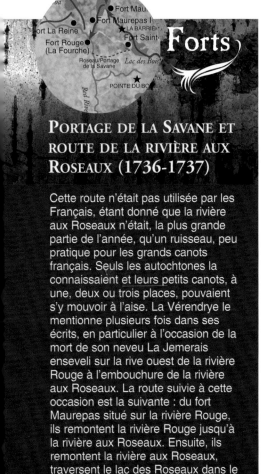

PORTAGE DE LA SAVANE ET ROUTE DE LA RIVIÈRE AUX ROSEAUX (1736-1737)

Cette route n'était pas utilisée par les Français, étant donné que la rivière aux Roseaux n'était, la plus grande partie de l'année, qu'un ruisseau, peu pratique pour les grands canots français. Seuls les autochtones la connaissaient et leurs petits canots, à une, deux ou trois places, pouvaient s'y mouvoir à l'aise. La Vérendrye le mentionne plusieurs fois dans ses écrits, en particulier à l'occasion de la mort de son neveu La Jemerais enseveli sur la rive ouest de la rivière Rouge à l'embouchure de la rivière aux Roseaux. La route suivie à cette occasion est la suivante : du fort Maurepas situé sur la rivière Rouge, ils remontent la rivière Rouge jusqu'à la rivière aux Roseaux. Ensuite, ils remontent la rivière aux Roseaux, traversent le lac des Roseaux dans le nord du Minnesota et continuent jusqu'à la rivière Sprague. Ils remontent la Sprague pendant quelques kilomètres, puis un petit ruisseau qui sort d'un marais ou savane d'une longueur et d'une largeur de 13 km environ. Ils longent la savane, tantôt tirant leurs canots à la corde, tantôt les portageant. Le nom de « Portage de la Savane » indique à la fois le lieu et l'opération. Ils empruntent un petit ruisseau, la rivière Reed, qui sort de la savane et aboutissent au lac des Bois, dans une grande baie appelée aujourd'hui Buffalo Bay.

Le 8 juin 1731, La Vérendrye quittait Montréal en compagnie de son neveu et second, La Jemerais, trois de ses fils, Jean-Baptiste, Pierre et François, quelques marchands-voyageurs et une cinquantaine d'engagés dont des soldats. Les canots se dirigèrent vers Michillimakinac puis vers le Grand Portage où plusieurs engagés, effrayés des difficultés à venir, se mutinèrent et refusèrent d'aller plus loin. Il fallut retourner vers Kaministiquia pour y passer l'hiver, mais les plus entreprenants, menés par Jean-Baptiste La Vérendrye et La Jemerais, atteignirent le lac à la Pluie en automne et y construisirent le fort Saint-Pierre.

Les deux groupes se réunirent de nouveau au printemps 1732 et ils élevèrent le fort Saint-Charles au lac des Bois. Durant l'année 1733-1734, l'explorateur organisa le commerce de la traite des fourrures tout en s'efforçant de contenir l'ardeur belliqueuse de ses nouveaux alliés, les Monsonis, les Cris et les Assiniboines qui fomentaient une attaque contre les Sauteux et les Sioux, eux aussi alliés des Français sur le Haut-Mississippi et sur le lac Supérieur. C'était sans compter sur les mentalités de ces nations, ennemis héréditaires depuis de longues années, et qui, maîtresses chez elles, n'entendaient pas recevoir de conseils du nouveau venu. En 1734, Jean-Baptiste La Vérendrye se dirigea du côté du lac Winnipeg où il édifia le fort Maurepas sur la rivière Rouge, près du lieu où se trouve maintenant la ville de Selkirk.

Force est de reconnaître que ces premières années, malgré la lenteur de la mise en place des postes — presque trois ans pour s'installer au lac des Bois — furent une belle réussite pour les Français. Un premier lien avait été fait, des alliances renforcées qui devaient poser les jalons à l'expansion de la colonie. La Vérendrye avait bien tenu sa promesse. Il suffisait à l'explorateur de confirmer cettre première réussite par d'autres exploits, du moins de progresser.

PERSPECTIVE

Le système d'alliance qui va se former entre les deux peuples est perçu par l'explorateur comme une source d'espoir et d'inquiétudes. Par exemple, les chefs cris et monsonis lui demandent comme gage d'alliance, et pour être témoin de leur bravoure, son fils aîné Jean-Baptiste. Certes, cette requête est un signe de sincérité de la part des premiers habitants envers les nouveaux venus, mais c'est aussi un geste symbolique : en demandant au fils du chef des Français de les accompagner à la guerre contre leurs ennemis, ils forgent une véritable relation basée sur une confiance mutuelle. De fait, La Vérendrye comprend bien l'importance politique et commerciale d'un tel geste et il est obligé d'accepter : il est entraîné, malgré ses craintes, dans le conflit de nations qui mènent véritablement le jeu.

C'est d'ailleurs la même chose sur le plan commercial, car si La Vérendrye tente de toutes ses forces de montrer à ses nouveaux alliés l'avantage de faire du commerce avec les Français, on sent bien que les Amérindiens n'hésiteront pas à aller chez les Anglais s'ils n'obtiennent pas à temps le matériel voulu.

Il n'empêche que l'arrivée des Français, leur méthode de commerce différente de celle des Anglais de la baie d'Hudson, sont autant d'éléments qui les incitent à considérer un lien sérieux avec les nouveaux visiteurs. Tout au long de la narration, nous ressentons l'énergie avec laquelle La Vérendrye organise ses postes. Mais c'est aussi sa prudence qui ressort, sa lucidité des événements tragiques qui pourraient advenir.

…en demandant au fils du chef des Français de les accompagner à la guerre contre leurs ennemis, ils forgent une véritable relation basée sur une confiance mutuelle.

On June 8, 1731 La Vérendrye left Montréal with his nephew and second in command, La Jemerais, his three sons, Jean-Baptiste, Pierre and François, a few merchant *voyageurs* and about fifty *engagés*, including some soldiers. The canoes headed towards Michillimakinac and from there to the Grand Portage where several *engagés*, frightened by anticipated hardships, mutinied and refused to go any farther. It was necessary for the main party to return to Kaministiquia to spend the winter, but the most intrepid of the group, led by Jean-Baptiste La Vérendrye and La Jemerais carried on. They reached Rainy Lake in the autumn where they erected Fort Saint-Pierre.

The two groups met up again in spring 1732 and built Fort Saint-Charles on Lake of the Woods. During the year 1733-1734 the explorer devoted himself to organizing the fur trade while at the same time trying to cool the war-like ardor of his new allies, the Monsonis, the Crees and the Assiniboines, who were planning an attack on the Sauteux and the Sioux, themselves allies of the French on the Upper Mississippi and on Lake Superior. La Vérendrye failed to take into account the attitudes of these nations, hereditary enemies of long standing, and who, masters in their own home, did not take kindly to advice from the newcomers. In 1734 Jean-Baptiste La Vérendrye travelled to the Lake Winnipeg region where he built Fort Maurepas on the Red River near present-day Selkirk.

In spite of the time required to establish these three posts — it took almost three years to construct the fort on Lake of the Woods — these first years were an admirable success for the French. First contact had been made and alliances were formed to aid the expansion of New France's influence in the West. La Vérendrye had indeed kept his promise. It only remained for him to strengthen this initial progress with further exploits of exploration.

PERSPECTIVE

For La Vérendrye, the network of alliances which will develop between the two peoples is a source of hope and worry. A case in point: the Cree and Monsoni chiefs request his eldest son, to act as a reminder of their alliance as well as a witness to their bravery. Certainly the request is proof of the earnestness of the First Nations in their dealings with the newcomers, but it is also a symbolic gesture. By asking the son of the French Chief to accompany them as they go to war against their enemies, they are in effect forging a lasting relationship based on mutual trust. Indeed, La Vérendrye well understands the political and commercial significance of such a gesture, and so he is compelled to grant their request. At this point, in spite of his fears, he is drawn into a conflict between First Nations — it is

they who are really in control of the situation. The same can be said where commercial interests are at stake: while La Vérendrye does his best to convince his new allies of the advantages of trading with the French, one senses that the Natives will not hesitate to go to the English if they do not obtain the desired trade goods in a timely fashion.

Nevertheless, the arrival of the French and their unique trading methods, different from those of the English at Hudson Bay, as well as the proximity of the French, lead the Natives to contemplate a long-lasting connection with their new visitors. Throughout, La Vérendrye's narrative manages to convey the energy he applies to establishing his posts; but it also conveys his caution and his awareness that future events could take a tragic turn.

> By asking the son of the French Chief to accompany them as they go to war against their enemies, they are in effect forging a lasting relationship based on mutual trust.

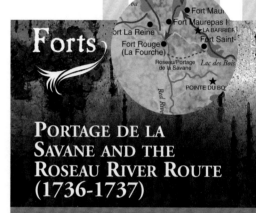

Forts

PORTAGE DE LA SAVANE AND THE ROSEAU RIVER ROUTE (1736-1737)

This route was seldom used by the French traders because the Roseau River is, during most of the year, a small stream that is not suited to the larger French canoes. Only the natives knew of the route and used it with their smaller canoes. La Vérendrye mentions the route when talking of the death of his nephew La Jemerais who was buried on the west shore of the Red River at the mouth of the Roseau River. The route used by his men at that time was as follows: From Fort Maurepas on the Red River, they went up the Red up to the Roseau River. They then proceeded up the Roseau, going through Roseau Lake in northern Minnesota, and continued to the junction of the Sprague River. They then proceeded up the Sprague for a couple of kilometers, entered a small stream in the marsh or "savane" that was approximately 13 km in length and 13 km in width. Following along the "savane", pulling the canoe with a rope or by portaging, they reached the Reed River which reaches Lake of the Woods at Buffalo Bay. The name "Portage de la Savane" refers to the area and the method of transportation.

Le journal

Le journal de 1733-1734 débute par une explication sur les conflits qui opposent les Monsonis et les Cris aux Sioux. Grâce à ses conseils et à ses présents, La Vérendrye réussit à convaincre ses alliés de ne pas partir en guerre. Le passage qui suit nous donne des détails géographiques sur la région du lac des Bois où est situé le fort Saint-Charles. L'auteur met l'accent sur la vie des Français et des autochtones de la région.

Mémoire en forme de journal de tout ce qui s'est passé au fort Saint-Charles depuis le 27 mai 1733 jusqu'au 12 juillet de l'année suivante 1734, pour être remis à monsieur le marquis de Beauharnois, gouverneur général de la Nouvelle-France par son très humble serviteur La Vérendrye, qui a été honoré de ses ordres pour l'établissement de plusieurs postes qui frayent le chemin pour découvrir la mer de l'Ouest.

Le 29 août, cent cinquante canots, deux et trois hommes par canot, Cris et Monsonis arrivèrent chargés de viandes, graisses d'orignal et de bœuf, huiles d'ours et de folles avoines*, me demandant d'avoir pitié d'eux et de leur faire donner des marchandises à crédit, ce qui leur fut accordé après une délibération entre les intéressés.

Le 8 septembre, je fis partir mon fils avec six hommes pour aller au fort Saint-Pierre attendre les canots de Montréal pour la fourniture des postes. Les quatre premiers canots arrivèrent le 28 septembre, et les deux autres le 2 octobre avec tous les Monsonis

qu'ils avaient rencontrés. Mon fils laissa à Marin Hurtebise tout ce qui était nécessaire pour hiverner avec douze Français, lui donna le pouvoir par écrit que je lui avais remis, conforme à la délibération ci-dessus, amena au fort Saint-Charles le reste des hommes et des canots, et arriva le 12 octobre.

Les grandes pluies du printemps qui avaient été continuelles et qui avaient fait grand tort aux folles avoines sur lesquelles nous comptions, ne laissèrent pas de nous mettre en peine. N'ayant pas assez de vivres pour l'hivernement, je m'avisai d'envoyer dix hommes de l'autre côté du lac qui a vingt-six lieues de traverse, avec des outils pour se bâtir à l'embouchure d'une rivière qui vient du nord-nord-est, et des rets pour la pêche. Ils prirent l'automne même plus de quatre mille gros poissons blancs, sans les truites, esturgeons et autres poissons, dans le cours de l'hiver, et revinrent au fort Saint-Charles le 2 mai 1734 après la fonte des glaces. Ainsi ils vécurent de chasse et de pêche fort gracieusement.

Les pluies qui nous avaient fait tort le printemps nous chagrinèrent encore au mois de septembre. Il plut avec tant d'abondance depuis le 6 jusqu'au 14 septembre, que les eaux du lac en furent longtemps si troublées, que le grand nombre de Sauvages qui étaient à notre fort ne pouvaient voir l'esturgeon pour le darder, et n'avaient pas de quoi vivre. Dans ce besoin extrême, je leur abandonnai le champ de blé d'Inde que j'avais fait semer le printemps et qui n'était pas encore entièrement mûr. Nos engagés en tirèrent aussi ce qu'ils purent. Les Sauvages me remercièrent fort de ce secours que je leur

avais donné. La semence d'un minot de pois après en avoir mangé en vert pendant longtemps en rendit encore dix que j'ai fait semer le printemps suivant avec du blé d'Inde. J'ai engagé deux familles sauvages à semer du blé à force de les solliciter. J'espère que la douceur qu'elles en tireront engagera les autres à suivre leur exemple. Ils en seront mieux et nous moins incommodés.

■ La Jemerais's Map, 1733. "Map of a section of Lake Superior with the discovery of the river from Grand Portage A up to the Barrière B. [...] We have coloured only that part of the river which is newly discovered. The other rivers indicated as lines on the map based on information from Indians. Drawn by M. de la Jemerais."

■ Carte de La Jemerais, 1733. « Carte d'une partie du lac Supérieur avec la découverte de la rivière depuis le Grand Portage A jusqu'à la Barrière B. [...] On n'a mis en couleur d'eau que la rivière nouvellement découverte depuis A jusqu'à B. Les autres rivières qui sont un trait sont mises sur la carte sur le rapport des Sauvages. Dressée par M. de la Jemerais. »

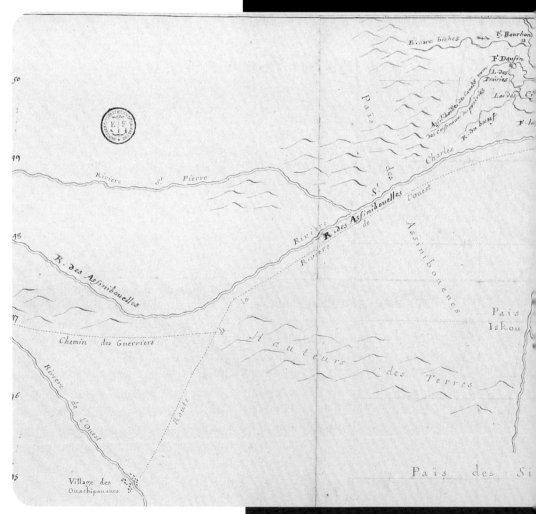

Service historique de la Marine-Vincennes, Paris, Recueil 67, n° 88

THE JOURNAL

The journal of 1733-34 begins with an explanation of the conflicts opposing the Monsonis and the Crees against the Sioux and the Sauteaux. Thanks to his gifts and his advice, La Vérendrye succeeds in convincing the allies not to go to war. The excerpt which follows provides geographical details of the Lake of the Woods region where Fort Saint-Charles is located. The author emphasizes the French and Aboriginal lifestyles of the region.

Memoir in the form of a Journal of all that has taken place at Fort Saint-Charles from May 27, 1733 to July 12 of the following year, 1734, to be delivered to Monsieur le Marquis de Beauharnois, Governor General of New France, by his humble servant La Vérendrye, who has been honoured by his orders to establish several posts clearing the way for the discovery of the Western Sea.

The first four canoes arrived on September 28, and the other two on the 2nd of October with all the Monsonis that they had met. My son left Marin Hurtebise everything necessary to winter with twelve Frenchmen, and gave him in writing the authority which I had conferred upon him, in accordance with the above deliberations, and brought the rest of the men and the canoes to Fort Saint-Charles, where he arrived on October 12.

The constant heavy rains of the spring which had greatly harmed the wild rice crop on which we depended, did not fail to cause us hardship. Since we did not have enough provisions to last the winter, I decided to send ten men to the other side of the lake which is 26 leagues wide. I sent them to the mouth of a river which comes from the north-north-east, with tools for building and nets for fishing. They caught that same autumn more than four thousand large white fish, without counting the trout, sturgeon and other fish they caught over the course of the winter, and came back to Fort Saint-Charles on May 2, 1734, after the ice had melted. They were therefore able to live quite comfortably from hunting and fishing.

The rains which had been so harmful to us in the spring were still a cause for concern in the month of September. It rained so much from the 6th

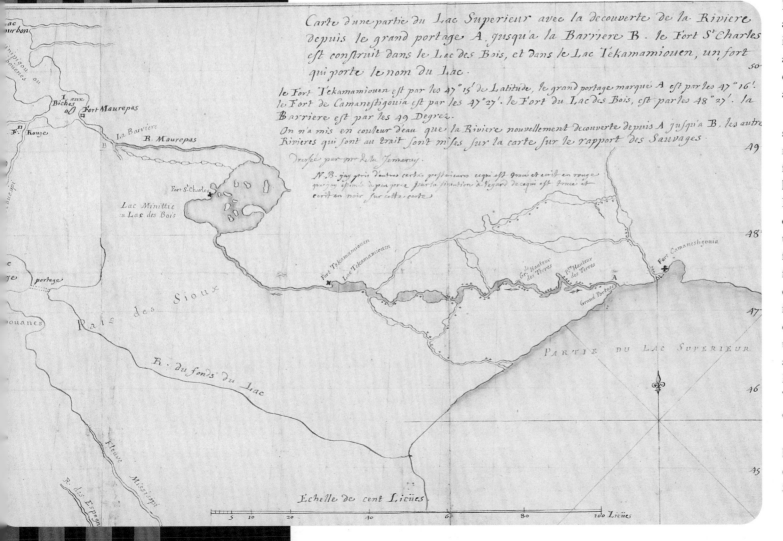

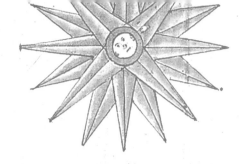

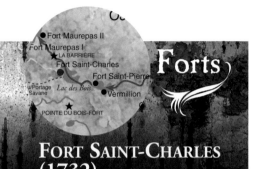

FORT SAINT-CHARLES (1732)

Seul fort bâti par La Vérendrye dont on connaît l'emplacement exact, le fort Saint-Charles fut construit par La Vérendrye à l'automne de 1732, au sud-ouest du lac des Bois ou Minittic, à environ 3 km d'American Point (Minnesota). L'emplacement est aujourd'hui dans une baie minuscule, au nord de l'île Magnusson du North West Angle Inlet en territoire américain. Du temps de La Vérendrye, l'île faisait partie de la terre ferme et le fort était situé à 5 km environ à l'intérieur, sur les bords d'un petit ruisseau venant de l'ouest. Les barrages érigés par la commission canado-américaine pour le contrôle des eaux du lac ont fait monter de quelques mètres le niveau de l'eau. C'est au fort Saint-Charles que les victimes de l'île au Massacre furent inhumées. Il fut nommé vraisemblablement en l'honneur du gouverneur Charles de Beauharnois ou le missionnaire jésuite Charles Mesaiger.

« Il a construit un autre fort à l'ouest du lac des Bois éloigné de 60 lieues du Lac de Tekamamiouen. Le côté intérieur de ce fort a 100 pieds avec 4 bastions. Il y a une maison pour le missionnaire, une église, une autre maison pour le commandant, 4 corps de bâtiments à cheminées, une poudrière et un magasin. Il y a aussi deux portes opposées et une guérite. Les pieux sont doublés et ont 15 pieds hors de terre. » (Rapport à Beauharnois, non signé, 28 juillet 1731.)

Nota : qu'il ne pleut pas si souvent ici qu'en Canada et que ces pluies sont extraordinaires selon le rapport des Sauvages.

Depuis le 16 septembre jusqu'à Noël nous avons eu le plus beau temps du monde. Les gelées commencèrent vers le 15 novembre. Il gelait la nuit, mais il faisait très beau soleil le jour, point de vent. Le lac prit cependant le 22 novembre, ce qui engagea cent Sauvages, hommes et femmes, qui étaient de l'autre côté du lac, de nous porter de la viande et de la pelleterie. Tous les Sauvages ont fait grande chasse jusqu'à Noël, n'y ayant point encore de neige.

■ *À la fin du mois de décembre 1733, les Cris et les Assiniboines arrivent au fort Saint-Charles. La Vérendrye en profite pour leur demander des renseignements sur les Achipouatanes ou les Mandanes. Il s'intéresse à la rivière de cette nation qui pourrait se jeter dans la mer de l'Ouest.*

Dans ce passage La Vérendrye s'applique à consolider les intérêts politiques et commerciaux des Français dans l'Ouest.

Après que les Assiniboines eurent demeuré sept jours pendant lesquels j'eus plusieurs entretiens publics et particuliers avec eux, je les fis venir dans ma chambre en présence des Français. Je leur fis donner à tous de la poudre, des balles, des pierres à fusil, couteaux, alènes, tabac, pour leur *aowapout* (c'est-à-dire pour leur provision de voyage). Je leur dis : « Mes enfants, prenez courage, retenez bien la parole de notre Père le grand chef, arborez vos pavillons en arrivant dans vos villages, étendez vos colliers sur les nattes

pour les faire voir à tout le monde, faites récit de la manière honorable dont je vous ai reçus en son nom et des présents qu'il vous a envoyés. Revenez une autre année, comme vous me l'avez promis. Vous aurez de nouvelles paroles de notre Père. Je demande que vous délibériez entre vous, pour me donner l'année prochaine deux chefs de votre nation ou plus si vous le jugez à propos pour aller voir notre Père, afin qu'à leur retour ils puissent vous raconter la manière avec laquelle ils seront reçus, et ce que c'est que le Français et sa puissance. » Ils me dirent qu'à leur retour de leur pays la délibération serait faite, et les hommes préparés pour le voyage, à condition qu'il y aurait deux Cris pour le même voyage conduits par un de mes enfants qui parle leur langue. La proposition fut acceptée et je les congédiai. Ils firent de longues harangues selon leur coutume pour remerciement, et poussèrent de grands cris de joie. Je leur fis donner deux sacs de blé qui fut distribué par égale portion à chacun. Ils partirent le 5 janvier à midi, très contents et satisfaits de la réception et des présents que je leur avais faits, après leur traite faite à bonne composition suivant l'ordre que j'en avais donné pour les empêcher d'aller chez les Anglais et les engager par là à revenir.

Vingt-trois cabanes de Cristinaux arrivés ici avant les Assiniboines, y ont resté jusqu'au printemps à la prière des Cris et Monsonis. J'arrêtai un des chefs cris qui était venu avec les Assiniboines, homme de grand crédit et aimé de toute la nation, nommé la Marte Blanche, âgé de plus de cent ans, d'un jugement très sain et encore vigoureux, afin

d'être appuyé de lui et de travailler plus sûrement aux bonnes affaires. Je lui fis en particulier des présents, quoiqu'il en eût déjà reçu avec les autres. J'habillai ses femmes ou plutôt ses esclaves au nombre de cinq, et trois de ses enfants. Je les nourris jusqu'au mois de mai et fournis du tabac pour toute la cabane.

Le 12 janvier, il arriva sur le soir trois Français et quatre Sauvages qui descendaient du fort Saint-Pierre éloigné de soixante lieues. Ils m'apportèrent une lettre d'Hurtebise, qui me disait que le parti de trois cents hommes se disposait d'aller sur le Sioux, au lieu du Sauteux. Le chef monsoni, envoyé de la nation, me dit que ceux qui avaient plus d'esprit parmi eux ne voulaient rien entreprendre sans mon conseil. Cependant, ils craignaient le départ des trois cents hommes, y étant fortement sollicités par de vieilles femmes qui pleuraient jour et nuit, regrettant la mort de leurs parents et les sollicitant d'aller en guerre pour les venger.

Le 13 au matin arrivèrent encore douze Monsonis et Cris pour me prier d'envoyer incessamment mon fils au fort Saint-Pierre, si je ne pouvais pas moi-même y aller, car il était temps. Ils appuyèrent leur parole par un collier de rassade* et deux robes de douze castors chaque pour me servir d'*apichimon* (c'est-à-dire de lit et de couverture) dans le voyage. Ils m'offrirent aussi des souliers et des raquettes. Je répondis par un présent de poudre, balles et tabac, et leur dis que je partirais dans deux jours. Je fis appeler les Cris qui étaient ici pour leur dire le sujet du voyage que j'entreprenais dans la

to the 14th of September that the lake waters were too muddied for the large numbers of Indians in our fort to see the sturgeon in order to spear them, and so they hadn't enough to live on. Given their great need I ceded the field of corn to them that I had ordered planted that spring and which was not yet quite ready for harvest. Our *engagés* also harvested what they could. The Indians thanked me profusely for this help that I had given them. Sowing a bushel of peas, after having eaten them for so long before they were ripe, gave us ten more bushels, which I arranged to have planted the following spring with the corn. After much coaxing I hired two Indian families to sow wheat. I hope that the modest gain they will obtain from this will encourage others to follow their example. They will be all the better for it and we will have fewer hardships.

It should be noted that it doesn't rain here as often as in Canada, and that these rains are extraordinary, according to what the Indians report.

From September 16 up until Christmas we had as fine weather as we could hope for; the first frosts started around November 15. It was freezing at night but by day there was bright sunshine and no wind. The lake froze over however on November 22, and this led one hundred Indians, men and women, who were on the other side of the lake, to bring us meat and furs. All the Indians hunted well up until Christmas, since there was not yet any snow.

At the end of December, in 1733, the Crees and the Assiniboines arrived at Fort Saint-Charles. La Vérendrye makes the most of the situation and inquires about the Achipouatanes or the Mandans. La Vérendrye is interested in this nation's river, which could possibly flow into the Western Sea.

In this excerpt, the explorer tries to consolidate the political and commercial interests of the French in the West.

After the Assiniboines had stayed seven days, during which time I had many talks with them, both public and private, I had them come to my room in the presence of the French. I saw to it that all were given gunpowder, musket balls, and flints, knives, awls, tobacco, for their *aowàpout* (that is, their provisions for the journey). I told them: "My children, take heart, and keep in mind the word of our Father, the grand chief, fly your flags when you arrive in your villages, spread out your necklaces on mats so that everyone can see them, tell them of the honourable fashion with which I have received you in his name and of the presents that he has sent you. Come back another year, as you have promised me. You will receive new instructions from our Father. I ask that you confer amongst yourselves, in order to give me next year two chiefs from your nation, or more if you think it appropriate, to go to see our Father, so that upon their return they can tell you how they have been received, and what to think of the French and their power." They told me that upon their

return from their home the deliberations would be held, and the men made ready for the trip, on condition that there be two Crees on the same journey, escorted by one of my children who spoke their language. This proposition was accepted, and I took my leave of them. They gave long speeches of thanks, as is their custom, and let out great cries of joy. I saw to it that they were given two sacks of wheat which were distributed in equal portions to all. They left on January 5 at noon, very content and satisfied with the welcome and the presents I had given them, after their trading which had been advantageous for them, in keeping with the order I had given to prevent them from going to the English and thus compel them to return.

Twenty-three Cree lodges, which had arrived before the Assiniboines, stayed there until the spring, at the request of the Crees and the Monsonis. I kept one of the Cree chiefs, who had come with the Assinboines, a man of great reputation and loved by the whole nation, called *Marte Blanche* (White Marten), more than one hundred years old, of very sound judgement and still vigorous, so that I could have his support and work more assuredly on improving our affairs. I personally gave him presents, even though he had already received some along with the others: I clothed his women, or rather his slaves, of which there were five, and three of his children. I fed them until the month of May and provided the entire lodge with tobacco.

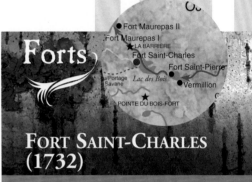

Forts

FORT SAINT-CHARLES (1732)

The only fort whose exact location is known, Fort Saint-Charles was built by La Vérendrye in the fall of 1732, south-east of Lake of the Woods or Minittic, approximately 3 km from American Point (Minnesota). It is located today in a very small bay, north of Magnusson Island in the North West Angle Inlet on American territory. In La Vérendrye's time, this island was part of the mainland and the fort was located approximately 5 km inland on the shores of a small stream that flowed from the West. Modern water control structures have increased the lake level several metres creating the island. It was at Fort Saint-Charles that the victims of Massacre Island were buried. It was named in honour of the Governor Charles de Beauharnois and the Jesuit missionary Charles Mesaiger who recommended that the fort be built in that area.

"He has constructed another fort to the west of the Lake of the Woods, distant sixty leagues from Lake Tecamamiouen. The interior of this fort mesures one hundred feet with four bastions. There is a house for the missionary, a church, and another house for the commandant, four main buildings with chimneys, a powder magazine and a storehouse. There are also two gates on opposite sides, and a watch-tower, and the stakes are in double row and are fifteen feet out of the ground."

saison la plus rude pour travailler aux bonnes affaires. Ils me remercièrent et m'offrirent ceux d'entre eux que je voudrais pour m'accompagner. Ils me dirent de parler ferme aux Monsonis, de leur rappeler ce qui s'était passé le printemps dernier à leur sujet, qu'ils appuieraient ma parole.

Le 16 janvier, je partis du fort Saint-Charles à sept heures du matin avec mon aîné, cinq Français, un chef cri, un Monsoni, et quatorze tant Cris que Monsonis, quatre femmes dont deux menaient mon petit équipage. En sept jours de marche par un très grand froid, je me rendis aux premières cabanes où une partie des guerriers s'était assemblée, qui me reçurent bien et me prièrent de leur accorder quelque séjour pour me délasser de la fatigue du voyage. J'y restai un jour et dans le conseil je donnai un collier et six brasses de tabac au chef qui avait formé le parti, lui disant de venir au fort Saint-Pierre avec les guerriers sans lui faire connaître ma pensée. Sur le soir, trois Français arrivèrent. J'en détachai deux et deux Sauvages pour aller porter de mes nouvelles et dire au chef, de là, d'envoyer avertir les vingt cabanes de Monsonis qui sont au portage de la Chaudière éloigné de quinze lieues. J'envoyai deux Sauvages avertir dix cabanes sur la droite de mon chemin. Je fixai le conseil au cinquième jour afin que tout le monde pût s'y trouver. Je marchai encore deux jours jusqu'au fort Saint-Pierre.

Le 29, à dix heures du matin, le conseil s'assembla dans la maison d'Hurtebise. Je présentai deux colliers, douze brasses de tabac blanc et noir, un casse-tête de façon cachée sous une robe de castor. J'adressai la parole au chef de guerre. Je me plaignis de ce qu'il voulait aller en guerre sans me consulter. Je lui fis présenter un des deux colliers avec six brasses de tabac. Je me levai et demandai à l'assemblée si on le reconnaissait pour chef de guerre. Après qu'on m'eut assuré qu'il l'était, je lui donnai un pavillon en lui disant : « Je te lie à moi par ce pavillon; je te barre le chemin des Sauteux et des Sioux par ce collier et te donne ce tabac pour faire fumer tes guerriers afin qu'ils entendent ma parole. As-tu donc oublié la parole qui fut envoyée le printemps dernier à notre Père, et aux Sauteux et Sioux de la part des Cris et Monsonis? Pourquoi n'attends-tu pas réponse, la paix est proposée et tu veux troubler la terre? Veux-tu frapper le Sauteux et le Sioux? Tu n'as que faire de sortir du fort, en voici, en montrant les Français, mange si tu es assez hardi, toi et tes guerriers. » Il baissait la tête. « J'ai pitié de toi, je sais que tu aimes la guerre. » En lui présentant le second collier, je lui dis : « Descends ce printemps au fort Saint-Charles avec tous tes guerriers et les Français, en voilà le chemin, si tu as de l'esprit tu suivras ma parole. Je ne t'en dis pas davantage. » J'adressai ensuite la parole au chef cri qui m'avait accompagné, et lui dis de parler au nom de sa nation et de faire connaître ses sentiments à toute l'assemblée. Il se leva, présenta une brasse de tabac et un collier au même chef qui tenait toujours sa tête baissée, et adressant la parole à tous, il dit : « Mes frères, pensez-vous à ce que vous allez faire? Les Sauteux et Sioux sont nos alliés, et enfants du même Père.

Pourquoi un tel, en parlant au chef de guerre, as-tu le cœur si mauvais, que de vouloir tuer tes parents? Songe aux paroles que nous avons envoyées à notre Père et ne nous fais pas mentir. Nous sommes des hommes qui marchons tête levée sans craindre personne. Je te dis au nom de notre nation que tu aies à écouter la parole de

■ La Vérendrye and his men demonstrate to the assembled Crees the types of beaver pelts they desire for trade.

■ La Vérendrye et ses hommes montrant aux Cris le genre de fourrures de castor qui les intéressaient.

On the evening of January 12 three Frenchmen and four Indians arrived, who had come down from Fort Saint-Pierre which was sixty leagues away. They brought me a letter from Hurtebise, who told me that the party of three hundred men was getting ready to go to war against the Sioux instead of the Ojibwas. The

NFB/ONF

Monsoni chief, messenger for the nation, told me that those among them who were wiser did not want to attempt anything without my advice. However, they feared the departure of the three hundred men, who were under pressure from the old women who were lamenting night and day, crying over the deaths of their relatives, and urging them to go to war to avenge them.

On the morning of the 13th, twelve more Monsonis and Crees arrived to beg me to send my son to Fort Saint-Pierre at once, if I couldn't go there myself, as it was high time to do so. They underscored their words with a *rassade* necklace and two beaver robes, each one made of twelve pelts, for me to use during the trip as *apichimon* (that is, as a bed and blanket). They also offered me footwear and snowshoes. I responded with a present of gunpowder, musket balls and tobacco and told them that I would leave in two days. I arranged for the Crees who were there to be assembled so that I could tell them the reason behind the trip that I was to undertake during the most difficult season for improving our affairs. They thanked me and offered me those among them whom I might wish to accomanpany me. They told me to speak firmly to the Monsonis, to remind them of what had happened to them last spring, and they told me that they would back me up.

On January 16 I left Fort Saint-Charles at seven o'clock in the morning with my eldest son, five Frenchmen, a Cree chief, a Monsoni, and fourteen others, both

Crees and Monsonis, with four women, two of whom carried my belongings. After seven days on foot, in very cold weather, I reached the first lodges where some of the warriors had gathered; they made me welcome and asked me to stay with them a while to recover from the fatigue of my trip. I stayed there for a day and, in council, I gave a necklace and six *brasses* of tobacco to the chief who had gathered the war party, and without revealing my thoughts I told him to come to Fort Saint-Pierre with his warriors. That evening three Frenchmen arrived: I instructed two of them as well as two Indians to go take my news and to tell the chief to send someone from there to alert the twenty lodges of Monsonis at the Chaudière portage, fifteen leagues away. I sent two Indians to alert ten lodges situated to the right of my trail. I arranged the council for the fifth day so that everyone could be there. I continued on foot for two more days until I reached Fort Saint-Pierre.

On the 29th, at ten o'clock in the morning, the council met in the house of Hurtebise. I presented two necklaces, twelve *brasses* of dark and light tobacco, and a war club hidden under a beaver robe. I addressed the war chief. I complained about his intending to go to war without consulting me. I had one of the two necklaces presented to him with six *brasses* of tobacco. I rose and asked the assembly if it recognized him as a war chief. Once I was assured that this was the case, I gave him a flag and told him: "I bind you to me by this flag; I forbid you to take the

notre Père qui nous donne de l'esprit, et de descendre ce printemps avec tous tes guerriers au lac des Bois. » Après un peu de délibération, le chef se leva et me présenta une robe de castor qu'il avait sur lui, me disant : « Voilà ma parole. Mon Père, je consens à tout ce que tu me demandes, à condition néanmoins que tu ne nous empêcheras pas d'aller en guerre, que tu donneras ton fils pour être témoin de nos actions. » Je tirai le casse-tête caché sous une robe et deux brasses de tabac noir, disant à tous : « Je ne m'oppose pas que vous alliez en guerre contre les *Maskoutins Pouanes** vos ennemis. » Et en lui présentant le casse-tête, je chantai la guerre, après quoi je pleurai les morts.

Ayant appris que vingt hommes se disposaient pour aller aux Anglais, je présentai un collier au chef du village pour barrer le chemin. Je leur dis qu'il fallait être tout français ou tout anglais, et que ceux qui iraient n'auraient jamais de crédit l'automne, que si le Français leur portait leurs besoins, ils devaient lui en avoir obligation de ce qu'il leur épargnait la peine d'aller si loin. Ils parurent convaincus, mais il sera bien difficile de les empêcher tous.

Le chef du village fit une longue harangue pour me remercier de la peine que j'avais prise d'aller chez eux dans une saison si rigoureuse, leur donner de l'esprit. Le chef de guerre fit la même chose, et de plus harangua ses gens, leur faisant voir pièce par pièce ce que j'avais pris la peine de lui apporter. La guerre fut remise au printemps, tous d'une voix, et le chef reprenant la parole me dit : « Mon Père, sois tranquille et pars

content, nous garderons ta parole. » Je restai encore sept jours pour me remettre de la fatigue du voyage, ayant ressenti mes anciennes blessures qui pensèrent m'arrêter en chemin. Je partis du fort Saint-Pierre le cinquième février et arrivai au fort Saint-Charles le 14, toujours par un froid des plus rudes.

Le 15 février, quoique bien fatigué de mon voyage, j'assemblai dans ma chambre les chefs cris qui étaient auprès du fort. Je leur fis part de la bonne issue de mon voyage, ce qui me parut leur faire plaisir.

Le même jour, quatre Cris de la part d'un des chefs du lac Ouinipigon arrivèrent ici et me présentèrent un esclave avec un collier, me demandant en grâce d'envoyer des Français s'établir sur leurs terres, sur le bord du grand lac Ouinipigon. Je donnai pour l'esclave un capot, chemise, mitasse et brayet, couteau, et alène, poudre et balles. Et pour le collier, un pavillon, six brasses de tabac, et un collier de la même façon, par lequel je lui accordai sa demande. Je le priai de remercier le chef de l'esclave que j'avais reçu de sa part et de m'envoyer la lune suivante des guides pour conducteurs des Français qui iraient visiter le lieu le plus commode pour y élever un fort. Ils partirent le lendemain fort satisfaits de la réception que je leur avais faite.

Le 7 mars arrivèrent deux guides de la part du chef, chargés de viande sèche d'orignal et d'un esclave, me sommant de tenir ma parole. Je payai l'esclave comme ci-dessus, et ordonnai à deux Français de bonne volonté de se disposer à partir le 9 mars; que j'allais travailler à l'instruction

que je leur donnerais qui leur apprendrait ce qu'ils devaient faire dans ce voyage, tant pour parler aux Sauvages que pour visiter les lieux et choisir une place commode pour le fort, leur recommandant de prendre connaissance des mines et bois différents des nôtres qu'il pourrait y avoir en ces quartiers.

Le 7 mai, sept Français qui ont hiverné au fort Saint-Pierre sont arrivés ici avec près de quatre cents Monsonis armés en guerre qu'ils chantèrent dès le même soir. Je leur parlai le lendemain en conseil. Le chef de guerre me présenta quatre robes de castor et un collier, mais il commença par haranguer toute l'assemblée, répétant tout ce qui avait été dit de part et d'autre au fort Saint-Pierre cet hiver, avant de m'adresser la parole. Ensuite il m'a dit : « Mon Père, nous sommes venus te trouver, espérant que tu auras pitié de nous, puisque nous obéissons à ta parole. Nous voilà rendus chez toi, sur qui frapperons-nous? » Et avant ma réponse il continua : « Si tu veux je dirai la pensée de nos guerriers, je suis chef, il est vrai, mais je ne suis pas toujours maître de leur volonté. Si tu veux nous accorder ton fils pour venir avec nous, nous irons droit où tu nous as dit d'aller, mais si tu nous refuses, je ne saurais répondre du coup qui va se faire. Je ne doute pas que tu ne saches la pensée de nos parents les Cris, mais je ne te cache pas, mon Père, qu'il y a plusieurs chefs parmi nous qui ont le cœur mal fait contre le Sioux et le Sauteux. Tu sais qu'il en est venu sur nos terres jusqu'aux neiges. S'ils n'ont tué personne, c'est qu'on les a découverts. Pense à ce que tu as à faire. »

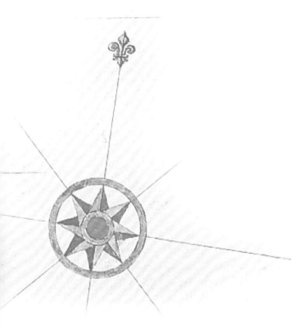

« Je donnai pour l'esclave un capot, chemise, mitasse et brayet, couteau, et alène, poudre et balles. »

warpath to the Ojibwas and the Sioux by this necklace and I give you this tobacco to be smoked by your warriors, so that they may understand what I say. Have you thus forgotten the message conveyed last spring to our Father, and to the Ojibwas and the Sioux on behalf of the Crees and the Monsonis? Why have you not waited for an answer? Peace is being proposed and you seek to disrupt the land? Do you wish to attack the Ojibwas and the Sioux? There is no need to leave the fort; here they are, I said, pointing to the Frenchmen, eat, you and your warriors, if you dare." He lowered his head. "I feel sorry for you, I know that you love war." Presenting him with the second necklace I said to him: "Go down this spring to Fort Saint-Charles with all your warriors and the French, that is the way, if you are wise you will do what I say. I shall say nothing more to you about this." Then I addressed the Cree chief, who had accompanied me, and told him to speak in the name of his nation and to make known his feelings to the entire assembly. He rose, presented a *brasse* of tobacco and a necklace to the same chief, whose head was still lowered, and addressing himself to all said: "My brothers, have you really reflected upon what you are about to do? The Ojibwas and the Sioux are our allies, and children of the same Father. How can someone like you — he was speaking to the war chief — have such a bitter heart as to want to kill your relatives? Think of what we have conveyed to our Father and do not make liars of us. We are men who walk with head

held high, fearing no one. I tell you in the name of our nation that you must listen to what our Father says, he who gives us guidance and inspiration, and go down this spring with all your warriors to Lake of the Woods." After some deliberation the chief rose and presented me with a beaver robe which he was wearing, and said: "Here is my decision. Father, I agree to do all you ask, but on condition that you not prevent us from going to war, and that you give us your son to be a witness to our deeds." I took out the war club hidden under a robe and two *brasses* of dark tobacco, saying to all: "I am not opposed to your going to war against your enemies the *Maskoutins Pouanes*." And, giving him the war club, I chanted war songs, after which I shed tears for the dead.

Having learned that twenty men were preparing to go to the English, I presented a necklace to the chief of the village to block the way. I told them that they must be all French or all English, and that those who went there would never obtain credit in the fall, that if the Frenchman provided for their needs they had an obligation towards him since he spared them the hardship of going so far. They seemed convinced, but it will be quite difficult to prevent all of them from going.

The chief of the village gave a long speech to thank me for the trouble that I had taken to come to see them in such a rigorous season, to give them guidance. The war chief did the same thing, and in addition lectured his people, showing them one article at a time what I had taken

the trouble to bring him. The war was unanimously put off until springtime and the chief rose again to say to me: "Father, rest assured and leave contented, we will follow your advice." I stayed seven more days to recover from the fatigue of the journey, having suffered from my old wounds, which had almost made me call a halt to my trip. I left Fort Saint-Pierre on the 5th of February and arrived at Fort Saint-Charles on the 14th, still in the most severe cold.

On February 15, although still quite exhausted from my trip, I arranged to bring together in my room the Cree chiefs who were near the fort. I conveyed to them the happy results of my trip, which seemed to gladden them.

On the same day four Crees arrived on behalf of one of the chiefs of Lake Winnipeg, and presented me with a slave along with a necklace, asking me by all means to send some Frenchmen to establish themselves on their lands, on the shores of great Lake Winnipeg. In exchange for the slave I gave a cloak, a shirt, leggings and breeches, a knife and an awl, gunpowder and musket balls. And for the necklace I gave a flag, six *brasses* of tobacco and a necklace made in the same fashion, to signify that I agreed to his request. I asked him to thank the chief for the slave he had given me and to send me guides the next moon to lead the French to the most propitious site for building a fort. They left the next day, quite satisfied with the welcome I had given them.

"In exchange for the slave I gave a cloak, a shirt, leggings and breeches, a knife and an awl, gunpowder and musket balls."

« Pour faire entendre ma parole, je parlais à mon fils, mon fils à l'interprète monsoni, et le Monsoni qui parlait cri le disait aux Cristinaux. »

J'étais agité, il faut l'avouer, de différentes pensées qui me tourmentaient cruellement, mais je faisais le brave et ne m'en vantais pas. D'un côté, comment mettre mon fils aîné entre les mains des barbares que je ne connais pas et dont à peine sais-je le nom, pour aller en guerre contre d'autres barbares dont je ne connais ni le nom ni les forces. Qui sait si mon fils en reviendra, et s'il ne tombera pas entre les mains des *Maskoutins Pouanes* ou *Pouannes*, ennemis jurés des Cris et Monsonis qui me le demandent? D'un autre côté, si je leur refuse, je crains avec fondement qu'ils n'attribuent mon refus à la peur, qu'ils ne prennent les Français pour des lâches, et qu'ils ne secouent le joug français, qui à la vérité fait leur bonheur, mais qu'on ne fait que leur présenter et qu'ils ne connaissent pas. Ils paraissent l'aimer, mais ils ne l'ont pas entièrement reçu. Dans cet embarras, je consultai tous les Français de mon poste, les plus éclairés et les plus capables de donner conseil. Ils furent tous d'avis et me pressèrent même d'accorder aux Sauvages la demande qu'ils me faisaient. Ils dirent que ce n'était pas le premier Français qui eût été en guerre avec des Sauvages, et que n'étant pas chef du parti, cela ne tirait à aucune conséquence par rapport à la nation contre laquelle l'orage se formait. D'ailleurs, mon fils souhaitait avec passion d'y aller, plusieurs Français s'offraient de l'accompagner, mais quelque plaisir que cela m'eût fait, je crus ne devoir pas les accepter, par crainte que la chose ne tirât à conséquence pour l'avenir, ce qui me détermina pour le bien de la colonie de donner mon fils seul pour cette campagne

aux guerriers qui voulaient le mettre à leur tête et en faire leur premier chef. Mais pour les raisons ci-dessus, je m'y opposai et le leur donnai seulement pour conseiller et comme témoin de leur bravoure, lui laissant en particulier une ample instruction par écrit de la manière dont il devait se comporter pour parler dans les conseils qui ont coutume de se tenir tous les soirs et d'en convoquer même d'extraordinaires suivant les occurrences. Je lui donnai publiquement des avis, et cette grande affaire fut ainsi conclue. Je fis distribuer du tabac à tout le monde, leur témoignant la joie que j'avais de les voir tous.

Le même jour, 8 mai, les bourgeois du poste me prièrent de parler aux Sauvages qui étaient plus de six cents hommes, au sujet de la traite, ce que je fis le lendemain après avoir fait faire la distribution des présents pour la guerre, et après toutes les paroles.

Le 9, tous les guerriers cris et monsonis, au nombre de six cent soixante, s'assemblèrent dans la cour du fort, où j'avais fait dresser des sièges pour les chefs qui étaient quatorze, comme autant de capitaines à la tête de leur compagnie, les Cris d'un côté et les Monsonis de l'autre. Ils attendaient de jour en jour deux cents autres Cris qui devaient les joindre. Je fis mettre dans le milieu de la place un baril de cinquante livres de poudre, cent livres de balles, quatre cents pierres à fusil, battefeux, tire-bourres, alènes, couteaux à boucheron à proportion et trente brasses de tabac. Je fis placer mon fils à côté de moi et adressant la parole à tous, je leur dis : « Mes enfants voilà

ce que j'ai préparé pour la guerre, je vous en fais présent, vous en ferez la distribution à tous, excepté aux chefs. » À chacun desquels je fis donner deux livres de poudre, quatre livres de balles, deux brasses de tabac, un couteau à boucheron, deux alènes, six pierres à fusil, et un tire-bourre. Pour faire entendre ma parole, je parlais à mon fils, mon fils à

■ An important part of both the Aboriginal and European diet in the Lake of the Woods area was wild rice, which was usually harvested by women.

Le riz sauvage ou «folle-avoine», normalement récolté par les femmes autochtones, était un élément important du régime alimentaire des Amérindiens du lac des Bois et des premiers explorateurs et traiteurs.

On March 7 two guides with a slave arrived on behalf of the chief, loaded with dried moose meat, and enjoining me to keep my word. I paid for the slave as described above and ordered two Frenchmen of good will to get ready to leave on March 9. I told them I was going to work on the orders I would give them, and which would tell them everything they were to do during the journey such as talking with the Indians, visiting the site and picking an advantageous spot for the fort; I recommended that they find out about mines and any woods different from ours that there might be in these regions.

On May 7, seven Frenchmen who had wintered at Fort Saint-Pierre arrived here with almost four hundred Monsonis armed for war: they started to chant war songs that same evening. I spoke to them the next day in council; the war chief presented me with four beaver robes and a necklace, but he started by haranguing the whole assembly, repeating all that had been said on all sides at Fort Saint-Pierre that winter, before turning to speak to me. He then said to me: "Father, we have come all this way to find you hoping that you will take pity on us, since we have obeyed your command. Here we are with you; whom shall we attack?" And before I could answer he continued: "If you wish I will tell you the thoughts of our warriors; I am chief, it is true, but I am not always master of their will; if you consent to give us your son to come with us, we will go straight to where you told us to go, but if you refuse, I will not be able to answer for the attack

Manitoba Historic Resources/
Ressources historiques Manitoba

which will be made. I do not doubt that you know the thoughts of our cousins the Crees, but I cannot hide from you, Father, the fact that there are many chiefs among us whose hearts have turned against the Sioux and the Ojibwas. You know that some of them have come upon our lands right up until the first snow. If they killed no one, it is because they were discovered. Think about what you must do."

I was in a turmoil, I must admit, because of the different thoughts that tormented me cruelly, but I put on a brave face, and took no pride in doing so. On the one hand, how could I place my eldest son in the hands of barbarians whom I don't know, and whose name I hardly even know, to go to war against other barbarians of whom I know neither the name nor the strength. Who knows if my son will come back, and if he won't fall into the hands of the *Maskoutins Pouanes*, sworn enemies of the Crees and the Monsonis who are making this request. On the other hand, if I refuse, I am afraid, and rightly so, that they will interpret my refusal as fear, and will think all the French cowards, and that they will shake off the French yoke, which in truth does them much good, but which we are only starting to introduce among them and which they do not really know. They seem to like it but have not entirely accepted it. In my dilemma I consulted with all those Frenchmen in the fort who were the most enlightened and the best able to advise me. They were all of the same opinion and even urged me to give in to the request that the Indians were

"...how could I place my eldest son in the hands of barbarians whom I don't know, and whose name I hardly even know, to go to war against other barbarians of whom I know neither the name nor the strength."

> « Je vous avertis de ne point tuer le castor dans l'été. Il ne sera point reçu des traiteurs. »

l'interprète monsoni, et le Monsoni qui parlait cri le disait aux Cristinaux. Je leur rappelai ce qui s'était passé dans les dernières guerres, l'avantage qu'ils avaient toujours eu sur les Sauteux et les Sioux, que je ne voyais pas sur quoi ils voulaient fonder leur vengeance puisqu'ils étaient et agresseurs et victorieux. Je les priai de se souvenir des paroles qui avaient été envoyées de leur part à notre Père pour la paix et d'attendre réponse : « Je suis bien aise de vous dire, mes enfants, que je descends à Michillimakinac et peut-être à Montréal pour porter votre parole à notre Père, et pour aller chercher ce qui manque ici, comme tabac, fusils et chaudières que vous aurez pour des martes et des loups-cerviers, et non pour du castor que vous emploierez à vos autres besoins, comme je vous l'ai promis dans l'hiver. » C'est pour les obliger à faire cette chasse qu'ils n'avaient pas coutume de faire, et occuper par là-même les femmes et les enfants de dix ou douze ans qui en sont très capables.

« Comme vous avez obéi à la parole de notre Père, je vous confie mon fils aîné qui est ce que j'ai de plus cher. Regardez-le comme un autre moi-même, ne faites rien sans le consulter, sa parole sera la mienne, et comme il n'est pas accoutumé à la fatigue comme vous, quoiqu'il soit aussi vigoureux, je compte que vous en aurez soin pendant le voyage. »

Les deux chefs des deux nations se levèrent, me firent de grands remerciements, haranguèrent les guerriers, leur faisant surtout remarquer la confiance que j'avais en eux en leur confiant mon fils, et les présents que je leur avais faits, mais il s'éleva une petite contestation qui fut bientôt terminée. Les deux nations voulaient avoir mon fils, soit que ce fût une honnêteté pour moi, soit que ce fût réel; chacune paraissait avoir de l'empressement de le posséder. Le chef cri se leva le premier et, m'adressant la parole, me dit : « Mon Père, tu sais que ton fils est à moi, et que je l'ai adopté, sa place est dans mon canot. Il y a un *escabia*, c'est-à-dire un guerrier pour le servir, et deux femmes pour porter son équipage. » Mon fils le remercia et adressant la parole aux Monsonis, dit : « Mes frères, ne soyez point peinés, je vous prie, si j'embarque avec le Cri. Nous marchons tous ensemble. Vos cabanes sont les miennes et nous ne faisons qu'un. » Tous furent contents. Je donnai un casse-tête au chef cri semblable à celui que j'avais donné au Monsoni étant au fort Saint-Pierre. Je chantai la guerre, leur recommandant de bien faire leur devoir. Je leur racontai en raccourci la manière de faire la guerre en France : « Ce n'est pas derrière des arbres mais en rase campagne et autres. » Je leur fis voir les blessures que j'avais reçues dans la bataille de Malplaquet. Ils restèrent dans l'étonnement. Je leur fis festin après lequel on continua de chanter la guerre.

■ *Les liens politiques qui unissent les premiers habitants et les Français sont inséparables de la traite des fourrures. La Vérendrye profite du rassemblement de nombreux guerriers pour empêcher ses alliés de faire du commerce avec les Anglais de la baie d'Hudson.*

Après avoir parlé de la guerre, il est juste de parler du commerce et de la traite, comme nos associés m'en avaient prié, avant de congédier cette grande troupe de plus de six cents hommes qui représentaient les deux nations des Monsonis et des Cristinaux. Je leur dis : « Mes enfants, faites attention et pensez sérieusement au bonheur que vous avez de posséder le Français chez vous, auprès duquel vous trouverez tous vos besoins pendant le cours de l'année. Il achète vos viandes, folles avoines, écorces, gommes, racines pour les canots et plusieurs autres choses pendant l'été, qui ne vous ont de rien servi jusqu'ici. Vous faites argent de tout. Que ne chassez-vous? Vous avez l'automne, l'hiver et le printemps pour faire de la pelleterie, afin que les traiteurs ne s'en retournent pas honteux, c'est-à-dire à vide. Ils reçoivent vos robes après vous en être servis, qui ont été perdues jusqu'à présent. Quel avantage pouvez-vous désirer de plus? Je vous avertis de ne point tuer le castor dans l'été. Il ne sera point reçu des traiteurs. Vous me demandâtes il y a un an d'avoir pitié de vos familles et de vous faire donner à crédit l'automne pour être en état de chasser l'hiver. J'obtins des traiteurs, quoique avec peine, de vous faire donner votre plus nécessaire pour voir si vous aviez de l'esprit et si vous saviez payer. Vous autres chefs m'avez répondu pour tous. Encouragez les autres à payer le traiteur, afin que je ne passe pas pour menteur. La marchandise n'est pas à moi, comme vous le savez. Je suis cependant le maître de vous la faire donner, et si vous ne payez pas, il faut que ce soit moi qui paye. Si je vous fais donner vos besoins, ce n'est pas

making. They said that this wouldn't be the first Frenchman to go to war with the Indians, and that since he wouldn't be chief of a war party, this would be of little consequence with respect to the nation against whom the storm was gathering. Besides, my son passionately wished to go with them, and many Frenchmen were offering to accompany him, but no matter how much pleasure that would have given me, I thought I shouldn't accept, for fear that there would be consequences in the future; this convinced me for the good of the colony that for this campaign I should give my son alone to the warriors who wished to have him lead them, and make him their first chief. However, for the above reasons, I opposed him being chief and gave him to them only as an advisor and as a witness to their bravery, leaving him in particular with ample written instructions as to how to conduct himself when speaking in the councils which are usually held every evening, and even telling him to convene special ones according to the circumstances. I advised him in public, and this affair of great importance was thus concluded. I had tobacco distributed to everyone, conveying to them my joy at seeing them all.

The same day, May 8, the merchants of the post begged me to talk about trade to the Indians who numbered more than six hundred men, which I did the next day after arranging for the distribution of presents for the war, and after all the speeches.

On the 9th, all the warriors, both Crees and Monsonis, numbering six hundred and sixty, assembled on the grounds of the fort, where I had arranged to have seats placed for the chiefs, who numbered fourteen, like so many captains at the head of their companies, with the Crees on one side and the Monsonis on the other. They were waiting from day to day for two hundred more Crees who were supposed to join them. I had a keg of fifty pounds of gunpowder placed in the middle of the square, along with one hundred pounds of musket balls, four hundred musket flints, fire-steels, ramrods, awls and butcher's knives as needed and thirty *brasses* of tobacco. I arranged for my son to be by my side and speaking to all of them I said: "My children, here is what I have made ready for war, it is my present to you, you will distribute it to everyone except the chiefs." I made sure each of the latter was given two pounds of gunpowder, four pounds of musket balls, two *brasses* of tobacco, a butcher's knife, two awls, six musket flints and a ramrod. To make myself understood I spoke to my son, he spoke to the Monsoni interpreter, and the Monsoni who spoke Cree conveyed the message to the Crees. I reminded them of what had transpired in recent wars, of the advantage that they had always had over the Ojibwas and the Sioux, and that I could not see what their motivation for vengeance was, since they were the ones who were both the aggressors and the victors. I entreated them to remember the promises that had been sent to our Father

on their behalf to keep the peace, and asked them to await his answer: "I am quite happy to tell you, my children, that I am going down to Michillimakinac and perhaps to Montréal to convey your message to our Father, and to seek those things we are missing here, such as tobacco, muskets and pots, which you will have in exchange for martin and wildcats, though not for beaver, which you will use for your own purposes, as I promised you last winter." This was to make them do the kind of hunting to which they were not accustomed, and to keep busy at the same time the women and the children aged ten or twelve years, who are quite capable of doing it.

"As you have obeyed the command of our Father, I give you my eldest son, whom I hold dearest. Treat him as you would myself, do nothing without consulting him, he will speak for me, and as he is not accustomed to hardship, as you are, although he is just as vigorous, I am counting on you to take care of him during the journey."

The two chiefs of the two nations rose and gave me great thanks, harangued their warriors, drawing especially to their attention the confidence that I had in them, since I had entrusted them with my son, and the presents I had given them; but a slight objection arose, which ended quickly. Both nations wanted to have my son, either to pay me a compliment or for real reasons; each one appeared anxious to have him. The Cree chief rose the first and spoke to me, saying:

"To make myself understood I spoke to my son, he spoke to the Monsoni interpreter, and the Monsoni who spoke Cree conveyed the message to the Crees."

« Hommes, femmes et enfants, vous entrez dans nos maisons et dans notre fort quand il vous plaît. Vous y êtes toujours bien reçus. »

pour porter vos pelleteries aux Anglais. Vous y traitez comme en ennemis. Vous n'avez point de crédit chez eux ni d'entrée dans leur fort. Vous ne choisissez point la marchandise que vous voulez. Vous êtes obligés de prendre ce qu'on vous donne par une fenêtre, bon ou mauvais. Ils rebutent une partie de vos pelleteries qui sont perdues pour vous, après avoir eu bien de la peine à les porter chez eux. Il est vrai que vous achetez certaines choses un peu plus cher de nos traiteurs, mais ils prennent tout ce que vous avez. Ils ne rebutent rien. Vous ne courez aucun risque. Vous n'avez pas la peine de le porter loin. D'ailleurs vous avez la liberté de choisir ce que vous voulez. Hommes, femmes et enfants, vous entrez dans nos maisons et dans notre fort quand il vous plaît. Vous y êtes toujours bien reçus. Nos marchandises sont meilleures, comme vous l'avouez, que celles des Anglais. Ce serait donc contre la raison et contre votre intérêt d'y aller. Je suis bien aise de vous avertir qu'il n'y aura jamais de crédit pour ceux qui y iront à l'avenir. Prenez donc courage pour bien chasser afin que j'aie le plaisir de voir vos familles bien habillées et que les traiteurs qui ont tant de peine à venir ici, s'en retournent contents; cela fera plaisir à notre Père. »

Après ce discours qui était nécessaire au commerce pour le rendre plus avantageux et pour eux et pour nous, les chefs me présentèrent un collier pour me remercier de ce que je leur donnais de l'esprit, et me dirent qu'ils acceptaient toutes mes demandes. Ils me prièrent de ne pas les oublier dans mon voyage, me

recommandant surtout de ne les point abandonner pour toujours et de revenir au plus tôt chez eux.

Ils ajoutèrent ensuite : « Mon Père, nous demeurerons tranquilles en ton absence, ayant tes enfants chez nous, et nous te prions, si tu descends à Montréal, de parler pour nous à notre Père le grand chef, étant au nombre de ses enfants. »

Le 10 mai je fis partir six canots de pelleteries pour Kaministiquia. Le 11, tous les guerriers vinrent prendre congé de moi. Ils me dirent qu'ils voulaient monter par la rivière Saint-Pierre pour mettre leurs canots au haut d'une fourche par où l'ennemi avait coutume de passer pour venir chez eux, et cela pour mettre leurs terres et leurs familles à couvert et se rendre aux prairies où les

Collège universitaire de Saint-Boniface
Painting by/Peinture par René Lanthier

"Men, women and children, you enter our fort and our houses as you please. You are always made welcome."

■ **"I showed them the wounds that I received in the battle of Malplaquet. They couldn't get over their astonishment."**

▨ **« Je leur fis voir les blessures que j'avais reçues dans la bataille de Malplaquet. Ils restèrent dans l'étonnnement. »**

"Father, you know that your son is mine, and that I have adopted him, his place is in my canoe. There is an *escabia*, that is, a warrior to serve him, and two women to carry his belongings." My son thanked him and spoke to the Monsonis, saying: "My brothers, do not be upset, I beg of you, if I go with the Crees. We are all marching together. Your lodges are mine, and we are all as one." All were happy. I gave a war club to the Cree chief, similar to the one I had given the Monsoni while at Fort Saint-Pierre. I chanted war songs, advising them to do their duty well. I gave them a short account of the manner of making war in France: "It isn't behind trees, but in open countryside, and other things." I showed them the wounds that I had received in the battle of Malplaquet. They couldn't get over their astonishment. I gave them a feast, after which we continued chanting war songs.

■ *The political links between the First Nations and the French are inseparable from the fur trade. La Vérendrye takes advantage of the gathering of several warriors to stop his allies from trading with the English at Hudson Bay.*

After having spoken of war, it is fitting to speak of commerce and trade, as my associates had asked me to do, before taking our leave of this great troop of more than six hundred men who represented the two nations of the Monsonis and the Crees. I said to them: "My children, pay attention and think seriously of your good fortune at having the Frenchman on your lands, who will see to all your needs in the course of the year. He buys your meat, wild rice, bark, resin, roots for canoes and many other things during the summer, which have been of no use to you until now. You make money from everything. Why don't you hunt? You have the fall, the winter and the spring to hunt for pelts, so that the traders don't have to return home ashamed, in other words empty-handed. They accept your robes after you have used them, which up to now have been wasted. What other advantage could you wish for? I warn you not to kill beaver during the summer. It will not be accepted by the traders. You asked me a year ago to take pity on your families, and to give you credit in the fall so that you would be able to hunt during the winter. I convinced the traders, although with great difficulty, to give you more than enough to see if you were adept, and to see if you knew how to pay. You chiefs, you answered in the name of all. Encourage the others to pay the trader, so that I will not be seen as a liar. The trade goods are not mine, as you know. I am however in charge of seeing that they are given to you, and if you do not pay, I am the one who will have to pay. If I see to it that your needs are taken care of, it isn't so that you take your furs to the English. You trade with them and are treated as their enemies: they give you no credit, nor do they permit you to enter their fort. You do not choose the trade goods you want. You are forced to accept, good or bad, what they hand to you through a window. They refuse part of your pelts, which are lost to you, after you have taken so much trouble to bring them there. It is true that you pay a little more for some things purchased from our traders, but they take all that you have. They refuse nothing. You run no risk. You do not have to carry it very far. Besides, you are free to choose what you want. Men, women and children, you enter our fort and our houses as you please. You are always made welcome. Our goods

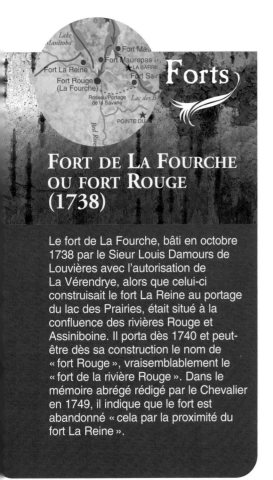

FORT DE LA FOURCHE OU FORT ROUGE (1738)

Le fort de La Fourche, bâti en octobre 1738 par le Sieur Louis Damours de Louvières avec l'autorisation de La Vérendrye, alors que celui-ci construisait le fort La Reine au portage du lac des Prairies, était situé à la confluence des rivières Rouge et Assiniboine. Il porta dès 1740 et peut-être dès sa construction le nom de « fort Rouge », vraisemblablement le « fort de la rivière Rouge ». Dans le mémoire abrégé rédigé par le Chevalier en 1749, il indique que le fort est abandonné « cela par la proximité du fort La Reine ».

Assiniboines leur avaient donné rendez-vous. Je consentis à tout. Ils me dirent que leur campagne serait de deux lunes et que le nombre des guerriers pourrait monter à onze ou douze cents hommes lorsque les Assiniboines les auraient joints.

Les deux Français que j'avais envoyés au lac Ouinipigon arrivèrent avec un chef et dix-huit hommes. Ils m'ont dit avoir trouvé beaucoup de monde dont ils ont été bien reçus. « Cependant, dirent-ils, nous ne pûmes les engager de monter au fort Saint-Charles, parce qu'ils savaient que nous manquions de fusils, chaudières et tabac, que s'ils allaient aux Anglais c'était pour la dernière fois, espérant nous avoir chez eux suivant les paroles données. » Nos Français me dirent que le lieu le plus commode, tant pour la vie que pour être à portée de tous les Sauvages, était à deux journées dans le lac du côté du sud-ouest, à l'embouchure de la rivière Rouge. La terre est un beau bois de haute futaie, beaucoup de chênes blancs. Les Sauvages leur ont dit qu'il y avait une mine que les Anglais leur ont dit être d'argent, dont ils ont apporté un petit morceau, en ayant perdu un gros. Elle contient deux lieues sur le bord du lac Ouinipigon à deux journées de la rivière Rouge. À cinq où six lieues de la même rivière, il y a une source d'eau salée qui forme un bassin. Le soleil même coagule l'eau qui forme un sel très blanc. Ils m'en ont apporté qui est très bon. Les Sauvages s'en servent. Ils disent qu'ils connaissent plusieurs autres sortes de mines qu'ils indiqueront quand on sera établi chez eux.

Le chef cri venu avec nos deux Français me présenta un esclave, me disant au nom de tous les chefs du lac Ouinipigon qu'il remerciait notre Père de ce qu'il voulait bien avoir pitié d'eux en me faisant établir chez eux; qu'il me demandait un de mes enfants pour chef, si je ne pouvais pas y aller moi-même; que je ne fusse point fâché s'ils n'étaient pas tous venus, que les Français m'en avaient dit la raison; qu'à leur arrivée chez eux il avait fait avertir tous les Cristinaux domiciliés autour du lac et même les Assiniboines qui n'en sont pas loin dans le sud-ouest, pour leur apprendre que les Français étaient chez eux pour s'y établir incessamment et pour leur fournir leurs besoins. Je demandai si l'Anglais savait que nous étions chez le Cri et s'il ne tenait pas de mauvais discours. Il me dit : « J'ai parlé au chef l'été dernier. Je lui demandai s'il n'était pas fâché de ce que le Français était venu près de nous. Il répondit que non, que nous étions frères et qu'il ne se fâchait jamais le premier, qu'il était facile de nous accommoder ensemble. Le Français, dit-il, veut le castor gras et moi je demande le sec. Si tu le vas voir, dis-lui de ma part que je le prie de ne tenir aucun mauvais discours de l'Anglais, comme je n'en tiens aucun mauvais du Français. » Je demandai s'il y avait loin pour se rendre au premier fort anglais de la rivière Rouge. Il me dit qu'il fallait dix grandes journées pour y descendre et vingt à remonter, que la rivière est remplie de chutes et de rapides, passant par une terre stérile et traversant une chaîne de montagnes. Je lui fis des présents comme j'avais fait aux

autres, et l'assurai que dans deux lunes le Français irait s'établir chez lui à la rivière Rouge. Il s'en retourna fort content.

Le 27 mai, après avoir pourvu à la sûreté du fort Saint-Charles, laissant mon fils cadet dans les troupes, âgé de vingt ans, avec dix hommes, commandant en l'absence de son aîné, je partis avec cinq canots pour Saint-Pierre, de là à Kaministiquia où j'arrivai le 16 juin ayant fait grande diligence.

Le 18, je fis partir trois canots avec douze hommes commandés par le sieur Cartier, un des bourgeois ou associé pour le commerce, auquel je donnai des ordres pour se rendre incessamment au lac Ouinipigon à l'embouchure de la rivière Rouge pour y construire un fort d'un arpent en carré dont je lui donnai le plan avec une instruction de ce qu'il fallait faire, et ordre de dire aux Sauvages que mon fils y descendrait à la fin de la lune d'août avec deux canots.

Le 19, je partis de Kaministiquia, et j'arrivai à Michillimakinac le 6 juillet. Mon neveu de La Jemerais (chargé des ordres de Monsieur le marquis de Beauharnois) qui avait hiverné en Canada, arriva le même jour quelques heures après moi. Il partit le 12 juillet avec six canots pour le lac des Bois, avec ordre à mon fils de remettre à son cousin le fort Saint-Charles et de descendre incessamment au lac Ouinipigon et sur le bord de la rivière Rouge où il trouvera le nouveau fort construit ou du moins bien avancé. Je lui ai envoyé une instruction par écrit de ce

are of better quality than those of the English, as you admit yourselves. It would be therefore unreasonable and against your own interests to go there. I have no qualms about warning you that there will never be credit for those who go there in the future. Take heart, therefore, and hunt well so that I may have the pleasure of seeing your families well clothed and so that the traders, who take so much trouble to come here, go back happy; this will give great pleasure to our Father."

After this speech, which was needed to render trade more advantageous both for them and for us, the chiefs presented me with a necklace to thank me for giving them guidance, and told me that they accepted all my demands. They begged me not to forget them during my journey, entreating me above all not to abandon them forever and to return to them as soon as possible. They then added: "Father, we will remain at peace in your absence, since we have your children with us, and we beg you, if you go down to Montréal, to speak on our behalf to our Father the great chief, since we are among his children."

On May 10, I sent six canoes loaded with pelts to Kaministiquia.

On the 11th all the warriors came to take their leave of me. They told me that they wished to go up the Saint-Pierre River to put their canoes upstream of a fork in the river where the enemy usually passed to reach them, in order to secure their lands and their families and to go to the prairies where the Assiniboines had told them to meet them. I agreed to everything. They told

me that their campaign would last two moons and that the number of warriors might reach eleven or twelve hundred men when the Assiniboines joined them.

The two Frenchmen that I had sent to Lake Winnipeg arrived with a chief and eighteen men. They told me that they had found a great number of people who had welcomed them. "However," they said, "we could not persuade them to come with us to Fort Saint-Charles because they knew that we were lacking in muskets, pots and tobacco, and that if they were going to trade with the English it was for the last time, as they hoped to have us with them as promised." Our Frenchmen told me that the most advantageous site for a fort, both for living conditions and for being within reach of all the Indians, was two days away on the southwest side of the lake at the mouth of the Red River. The land is beautifully wooded with mature trees, many white oak. The Indians told them that there was a mine that the English said was of silver; they brought a small sample from the mine, having lost a large one. This mine takes up two leagues on the shore of Lake Winnipeg, two days from the Red River. At a distance of five or six leagues from the same river there is a salt water spring which forms a basin. The sun even evaporates the water to form a very white salt. They brought some and it is very good. The Indians use it. They say they know of many other kinds of mines which they will show us when we establish ourselves amongst them.

The Cree chief who had come with our two Frenchmen presented me with a

slave, telling me in the name of all the chiefs of Lake Winnipeg that he thanked our Father for kindly taking pity on them by sending me to be with them; he requested one of my children as chief if I couldn't go there myself and said that I shouldn't be angry if they hadn't all come, and that the Frenchmen had told me the reason for this; that upon their arrival home he had sent word to all the Crees living around the lake, and even to the Assiniboines who aren't very far away to the south-west, in order to inform them that the French were on their lands to establish themselves there as soon as possible and to provide for their needs. I asked if the Englishman knew we were among the Crees and if he was not speaking ill of it. He told me: "I spoke to the chief last winter. I asked him if he was not angry that the Frenchman had come to be near us. He answered no, that we were brothers and that he was never the first to get angry, and that it was easy to make us all come to an arrangement. The Frenchman, he said, seeks greasy beaver pelts; as for myself, I ask for dry ones. If you go see him tell him from me that I beg him not to speak ill of the Englishman, just as I do not speak ill of the Frenchman." I asked him if it was far to get to the first English fort on the Red River. He told me that it took a good ten days going downriver to get there and another twenty to get back, that the river is full of falls and rapids, going through barren land and traversing a chain of mountains. I had presents given to him, as I had done with the others, and assured him that in two moons the Frenchman would go to establish

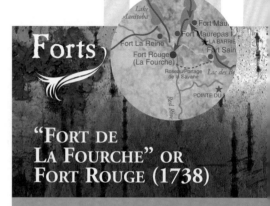

Forts

"FORT DE LA FOURCHE" OR FORT ROUGE (1738)

The fort at the Forks, built in October 1738 by Sieur Louis Damours de Louvières with La Vérendrye's authorization while he was establishing Fort La Reine at the Lake of the Prairies Portage, was located at the Forks, on the south-western banks of the Assiniboine and the Red rivers. At least from 1740 and possibly since its construction, the fort was also called Fort Rouge, because it was on the rivière Rouge or Red River. In the Chevalier's 1749 report, it is indicated that the Fort Rouge is abandoned because of its proximity to Fort La Reine.

qu'il devait dire aux Sauvages et de la manière dont il devait se comporter envers tout le monde.

Je partis de Michillimakinac chargé de pelleteries et me suis rendu à Montréal le 16 août 1734 en parfaite santé, sans inquiétude des quatre postes auxquels j'avais pourvu, en laissant à chaque commandant une instruction par écrit, suivant les ordres que j'avais reçus de monsieur le marquis de Beauharnois, gouverneur général de toute la Nouvelle-France. ◗

■ Les sociétés qui avaient été formées en 1731 sont dissoutes en 1735. La Vérendrye en profite pour ne pas renouveler son association avec certains marchands. Nous ne savons pas pourquoi il se débarassa de Louis Hamelin, un des principaux associés pour la période de 1731-1735, mais leur mauvaise entente pourrait expliquer la décision du découvreur. Il est vrai que La Vérendrye dut rembourser de grosses sommes d'argent à Hamelin qui n'avait rien perdu dans cette expédition. Par contre, La Vérendrye était couvert de dettes. Voici la lettre de l'explorateur à Louis Hamelin.

Lettre de M. de La Vérendrye à M. Louis Hamelin.

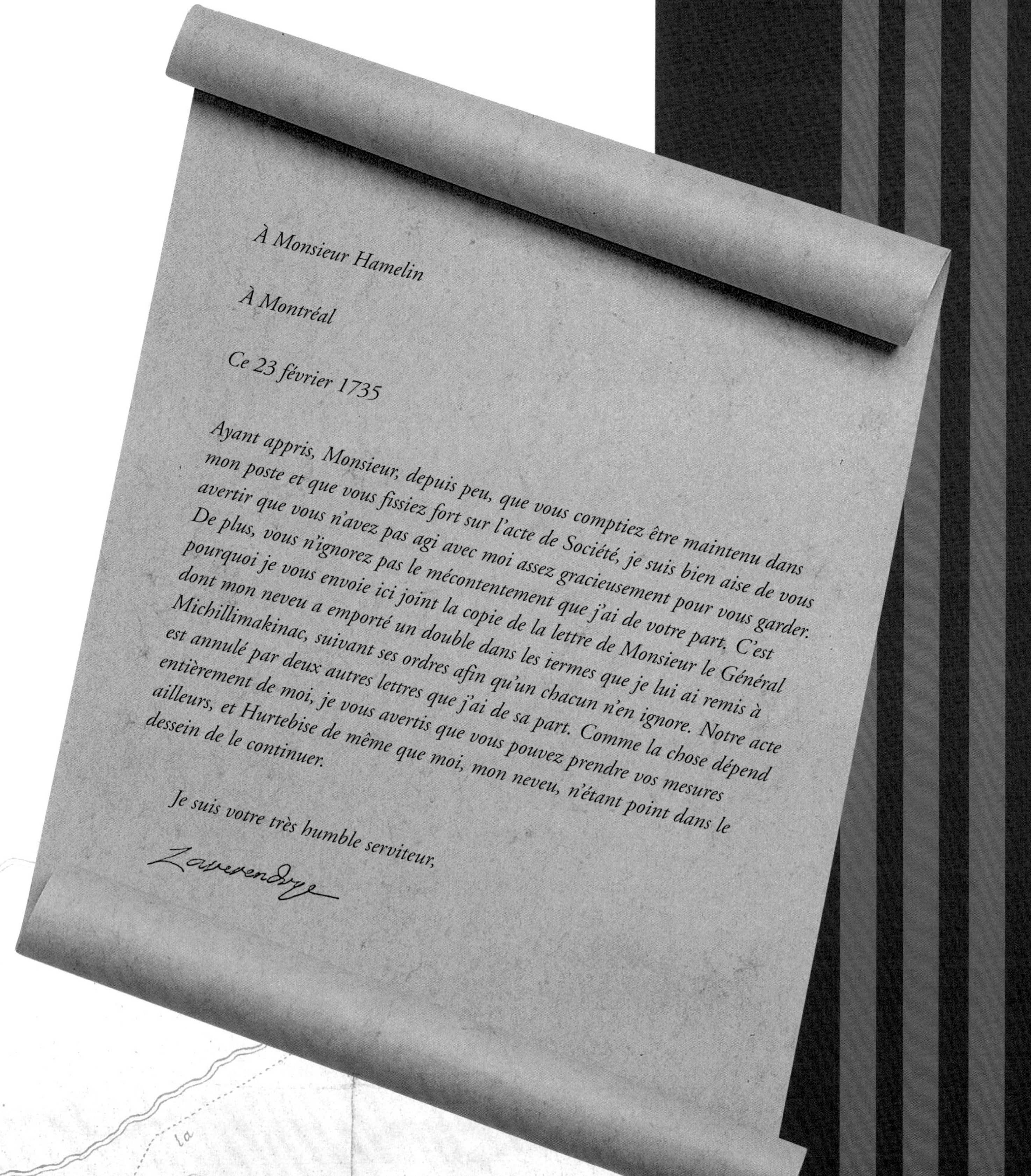

À Monsieur Hamelin

À Montréal

Ce 23 février 1735

Ayant appris, Monsieur, depuis peu, que vous comptiez être maintenu dans mon poste et que vous fissiez fort sur l'acte de Société, je suis bien aise de vous avertir que vous n'avez pas agi avec moi assez gracieusement pour vous garder. De plus, vous n'ignorez pas le mécontentement que j'ai de votre part. C'est pourquoi je vous envoie ici joint la copie de la lettre de Monsieur le Général dont mon neveu a emporté un double dans les termes que je lui ai remis à Michillimakinac, suivant ses ordres afin qu'un chacun n'en ignore. Notre acte est annulé par deux autres lettres que j'ai de sa part. Comme la chose dépend entièrement de moi, je vous avertis que vous pouvez prendre vos mesures ailleurs, et Hurtebise de même que moi, mon neveu, n'étant point dans le dessein de le continuer.

Je suis votre très humble serviteur,

La Vérendrye

himself on his lands near the Red River. He went back quite contented.

On May 27, after having provided for the safety of Fort Saint-Charles, leaving my youngest son, twenty years old, along with ten men, to be in charge of the troops in the absence of my eldest son, I left with five canoes for Saint-Pierre, from there to Kaministiquia, where I arrived on June 16, having made all speed.

On the 18th, I sent off three canoes with twelve men under the orders of Sieur Cartier, one of the merchants or trade associates, to whom I had given orders to go immediately to Lake Winnipeg at the mouth of the Red River to build a fort there of one square *arpent*. I gave him the plan of the fort with instructions as to what was to be done, and the order to tell the Indians that my son would go there at the end of the August moon with two canoes.

On the 19th I left Kaministiquia and I arrived at Michillimakinac on July 6. My nephew, de La Jemerais — carrying the orders of Monsieur le Marquis de Beauharnois — who had wintered in Canada, arrived on the same day a few hours after me. He left on July 12 with six canoes to go to Lake of the Woods, with orders for my son to turn over Fort Saint-Charles to his cousin, and to go down immediately to Lake Winnipeg and to the banks of the Red River, where he would find the new fort already built, or at least well on the way to completion. I sent him written instructions as to what he should tell the Indians and concerning how he was to conduct himself with everyone.

I left Michillimakinac loaded with furs and arrived at Montréal on August 16, 1734, in perfect health, with no worries about the four posts for which I had made provisions, leaving each commandant written instructions, according to the orders I had received from Monsieur le Marquis de Beauharnois, Governor General of all of New France. ☙

The *sociétés which had been created in 1731 are dissolved in 1735. La Vérendrye takes advantage of this to renew his association with certain merchants. We don`t know why he let Louis Hamelin go, as he was one of his principal associates from 1731 to 1735, but their misunderstanding could explain the explorer's decision. It is true that La Vérendrye had to reimburse large sums of money to Hamelin who did not lose a penny on this mission. La Vérendrye, on the other hand, was drowning in debt. Here is the explorer's letter to Louis Hamelin.*

Letter of M. de La Vérendrye to M. Louis Hamelin

To Monsieur Hamelin
Montréal
This February 23, 1735

Having recently learned, Monsieur, that you were hoping to be kept on in my post and that you were taking liberties with the acts of the Society, it is without qualms that I advise you that you have not conducted yourself in a manner that would make me wish to keep you on. In addition, you are not unaware of my displeasure with you. This is why I am sending you with this a copy of the letter from Monsieur le Général of which my nephew has taken a copy in the terms which I gave him at Michillimakinac, following his orders, so that none may be unaware of them. Our agreement is nullified by virtue of two other letters that I have received from him. As all this is entirely within my authority I advise you to take your business elsewhere, Hurtebise as well as myself and my nephew have no intention of continuing the agreement.

I am your very humble servant

Laverendrye

CHAPTER THREE
TRAGEDY AT LAKE OF THE WOODS

CHAPITRE TROIS
LA TRAGÉDIE DU LAC DES BOIS

La cour de France avait bien accueilli les nouvelles des progrès du sieur de La Vérendrye dans l'Ouest. Il faut préciser aussi que la colonie avait amassé, avec les postes de l'Ouest et le fort Beauharnois, la moitié de la production des fourrures pour 1735 (100 000 livres de peaux de castor).

Cependant, La Vérendrye changea de partenaires commerciaux en espérant que le nouveau système de sociétés proposé par Beauharnois lui permettrait d'améliorer ses revenus. En effet, le gouverneur de la Nouvelle-France lui demanda d'affermer ses postes aux nouveaux associés pendant une période de trois ans. Dès lors, il ne s'occuperait que de la découverte et toucherait 3 000 livres par année, les marchands prendraient en main l'aspect de la traite des fourrures.

■ Western Canada in 1737. "Map showing the new discoveries in the West, in Canada, seas, rivers, lakes and nations who lived there in the year 1737."

■ L'Ouest du Canada en 1737. « Carte contenant les nouvelles découvertes de l'Ouest, en Canada, mers, rivières, lacs et les nations qui y habitent en l'année 1737. »

Service historique de la Marine-Vincennes, Paris, Recueil 67, n° 42

Up to this point the French Court had welcomed the news of Sieur de La Vérendrye's accomplishments in the West. To this it must be added that the Western posts and Fort Beauharnois had harvested half of the total production of furs for the Colony in 1735 (100,000 *livres* worth of beaver pelts).

However, La Vérendrye changed business partners, hoping the new system of *sociétés* proposed by Beauharnois would allow him to increase his revenues. In fact, the government of New France asked him to farm out his posts to new associates for a period of three years. From then onwards he would devote all his energies to the work of discovery and would receive 3,000 *livres* per year while the merchants would take over the fur trade.

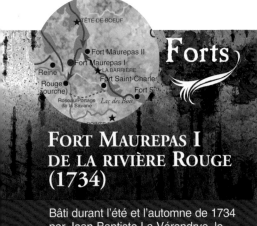

Forts

FORT MAUREPAS I DE LA RIVIÈRE ROUGE (1734)

Bâti durant l'été et l'automne de 1734 par Jean-Baptiste La Vérendrye, le fort Maurepas se trouvait sur la rive ouest de la rivière Rouge, à cinq lieues (25 km) du lac Winnipeg. Il était destiné à accommoder à la fois les Cris et les Assiniboines. Ce fut le premier établissement dans la « Prairie » proprement dite. Bien que sa durée ait été assez éphémère, il était, par ses dimensions, de beaucoup le plus important des établissements de La Vérendrye à cette époque. Il mesurait « un arpent en carré » (58 mètres carrés) et était construit de chêne. La superficie du fort Maurepas de la rivière Rouge était de cinq fois au moins celle du fort Saint-Charles et de treize fois celle du fort Saint-Pierre. Le fort aurait été à environ 10 km au nord de la ville actuelle de Selkirk, vraisemblablement dans les environs des lots 83 et 84 de St. Peter's Parish.

La Vérendrye envisageait donc la prochaine étape avec optimisme, mais le manque de coordination entre l'explorateur et ses nouveaux associés allait déclencher une succession d'événements désastreux pour l'expédition. Tout d'abord, le nouveau convoi de Montréal qui devait ravitailler les forts en automne 1735 resta au Grand Portage à cause d'une erreur de navigation des canoteurs. La Jemerais partit à l'automne 1735 pour s'établir au fort Maurepas nouvellement construit. Il tomba gravement malade faute de nourriture adéquate. Malgré l'arrivée de ses cousins qui étaient venus le secourir au printemps 1736, il mourut sur le chemin du retour près de la fourche de la rivière aux Roseaux avec la rivière Rouge. Plus grave, au mois de juin 1736, l'explorateur envoya son fils Jean-Baptiste, le père Aulneau et dix-neuf Français chercher les provisions et le matériel nécessaire à la traite, à Kaministiquia et Michillimakinac. Le 6 juin 1736, le convoi fut surpris par un parti de guerre sioux qui les extermina sur une des îles du lac des Bois.

Le massacre des vingt-et-un Français au lac des Bois faillit compromettre l'entreprise de la découverte de la mer de l'Ouest. Pour La Vérendrye, cette tragédie personnelle correspondit aussi au début de ses démêlés avec la cour. Maurepas le rendit responsable de ces échecs : pour lui la politique du découvreur consistait à s'enrichir du commerce des fourrures, donc à négliger l'exploration et la pacification des peuplades des prairies. En fait, ce sont toujours les autochtones qui sont maîtres des lieux et qui ont bien voulu recevoir les Français sur leurs territoires. L'agression des Sioux pourrait s'expliquer par leur mécontentement de voir les Français donner des armes à leurs ennemis, et surtout de participer, même indirectement, à des affaires qui ne les regardaient pas. Il est vrai qu'en 1735, Jean-Baptiste La Vérendrye avait accompagné les Cris et les Monsonis lors d'un parti de guerre contre les Sioux, ce qui expliquerait l'action vindicative de ces derniers.

PERSPECTIVE

Dans plusieurs lettres de Beauharnois et de Maurepas, des remarques dictées par les préjugés de l'époque, voire par le sentiment de supériorité de l'Européen sur les autochtones, ont tendance à rabaisser l'autre, du moins à ne voir qu'un aspect de la question. Par contre, La Vérendrye présente souvent les autochtones d'une manière positive. La Colle, le grand chef monsoni, est manifestement la figure dominante de ces textes. C'est lui qui rappelle à l'explorateur qu'il doit aller à Montréal parler à Beauharnois dans le but de pousser les

> La Colle, le grand chef monsoni, est manifestement la figure dominante de ces textes.

associés à amener régulièrement les fournitures de traite, car ce n'est qu'à ce prix que les autochtones éviteront d'aller chez les Anglais.

En septembre et octobre 1736, La Vérendrye réussit à convaincre ses alliés de ne pas aller en guerre contre les Sioux et remet cette attaque au printemps 1737. Il est bien sûr question d'aller venger la mort de Jean-Baptiste que les nations avaient adopté comme chef. La Colle appuie la décision de La Vérendrye, mais il précise à ce dernier que cette vengeance ne concerne que les Monsonis et les Cris. En adoptant le fils aîné de La Vérendrye, les nations montraient leur désir sincère d'accepter les nouveaux venus sur leurs terres, voire d'établir des liens commerciaux à long terme. La mort de Jean-Baptiste ne pouvait être vengée que par ceux qui l'avaient impliqué dans cette affaire. En plus de mettre en lumière le sentiment d'honneur qui anime La Colle, l'attitude du chef monsoni montre qu'il est bien le seul maître de sa volonté et de ses terres.

La Vérendrye looked forward to this next step with optimism, but lack of coordination between the explorer and his new partners was to set in motion a series of disastrous events for the expedition. First the fresh convoy from Michillimakinac which was to re-supply the forts in the fall of 1735 was forced to stay at Grand Portage because of a navigational error by the crew. La Jemerais left in the fall of 1735 to occupy the newly constructed Fort Maurepas. He was to fall gravely ill through lack of adequate food. In spite of the arrival of his cousins, who had come to his aid in the spring of 1736, he died on the return journey near the forks of the Red and Roseau rivers. Worse yet, in the month of June 1736 the explorer sent his son, Jean-Baptiste, Father Aulneau and nineteen Frenchmen to find the supplies and the necessary trade goods at Kaministiquia and Michillimakinac. On June 6, 1736 the convoy was ambushed by a Sioux war party which massacred them on an island in Lake of the Woods. This tragedy was due in large part to the negligence of the merchant suppliers and the associates, who had acted irresponsibly by doing as they pleased.

The massacre of the twenty-one Frenchmen on Lake of the Woods almost put an end to the work of discovery of the Western Sea. For La Vérendrye, this personal tragedy also marks the beginning of his troubles with the Court. Maurepas held him responsible for the failure: in his opinion the motivation of the explorer was to grow rich through the fur trade, and therefore neglect exploration and fail to keep the peace among the peoples of the Prairies. In fact, these territories belonged to the Natives who had been generous enough to accept the French. The Sioux attack may well be explained by their unhappiness at seeing the French give arms to their enemies. The attack might also be explained as retaliation for an earlier raid against the Sioux in 1735, and in which Jean-Baptiste may have been involved.

PERSPECTIVE

In several of the letters written by Beauharnois and Maurepas, the biases of that era and the European's sense of superiority over the Natives contribute to remarks which tend to over-simplify matters. The first inhabitants are characterized as fickle and prone to vices. In contrast, La Vérendrye often presents the Natives with whom he has come in contact in a more favourable light. La Colle, the great Monsoni chief, clearly emerges from these texts as the major player. It is he who reminds the explorer that he must go to Montréal himself to speak to Beauharnois and to convince his associates to bring back sufficient trade goods on a regular basis, for this is what it will take to keep La Colle's people from going to the English.

By asking the son of the French Chief to accompany them as they go to war against their enemies, they are in effect forging a lasting relationship based on mutual trust.

In September and October of 1736, La Vérendrye manages to dissuade his allies from going to war against the Sioux, and he succeeds in postponing their attack until the spring of 1737. The nations in question were of course planning to avenge the death of Jean-Baptiste whom they had adopted as their chief. La Colle backs up La Vérendrye's decision, while at the same time pointing out to him that this revenge only concerns the Monsonis and the Crees. By adopting La Vérendrye's eldest son, these nations revealed a sincere desire to welcome the newcomers to their land and even to establish long term commercial links. The death of Jean-Baptiste could only be avenged by the people who had implicated him in this affair. Besides underscoring the acute sense of honour motivating La Colle, the Monsoni chief's attitude shows us that he alone is master of his land.

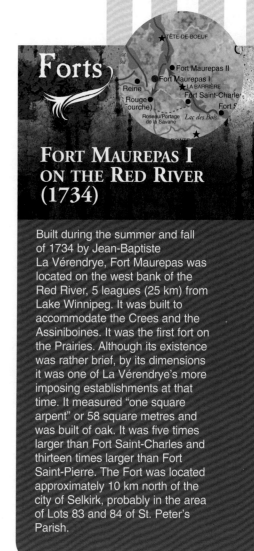

Forts

FORT MAUREPAS I ON THE RED RIVER (1734)

Built during the summer and fall of 1734 by Jean-Baptiste La Vérendrye, Fort Maurepas was located on the west bank of the Red River, 5 leagues (25 km) from Lake Winnipeg. It was built to accommodate the Crees and the Assiniboines. It was the first fort on the Prairies. Although its existence was rather brief, by its dimensions it was one of La Vérendrye's more imposing establishments at that time. It measured "one square arpent" or 58 square metres and was built of oak. It was five times larger than Fort Saint-Charles and thirteen times larger than Fort Saint-Pierre. The Fort was located approximately 10 km north of the city of Selkirk, probably in the area of Lots 83 and 84 of St. Peter's Parish.

LE JOURNAL

Dans son journal de 1736-1737, La Vérendrye donne très peu de précisions sur le massacre au lac des Bois. Déchiré par la douleur, il évite les détails et s'en tient à l'essentiel. Les documents officiels de la cour sont plus précis à cause de l'enquête qui a suivi. Nous présentons ici deux lettres de Beauharnois envoyées à Maurepas, le ministre de la Marine.

Affaire du meurtre de vingt-et-un voyageurs arrivé au lac des Bois au mois de juin 1736

Le nommé Bourassa, voyageur, rapporte que le 3 juin 1736, étant parti lui cinquième du fort Saint-Charles au lac des Bois pour se rendre à Michillimakinac, il rencontra le lendemain matin, étant sur le point de s'embarquer, trente canots sioux composés de quatre-vingt-dix à cent hommes, qui l'investirent, le désarmèrent et tous ses gens, le pillèrent, et après avoir appris de lui que sous la courtine du fort de monsieur de La Vérendrye, il y avait cinq ou six cabanes de Cristinaux sur lesquels ils venaient en guerre, ils le relâchèrent et partirent dans le dessein d'enlever ces cabanes. Les Sioux dirent à Bourassa qu'il eut à les attendre et qu'à leur retour ils lui rendraient ses armes, ce qu'il ne crut pas à propos de faire. Au contraire, il se rendit à Michillimakinac. Les Sioux, de leur côté, se rendirent au fort Saint-Charles où ils ne trouvèrent point les cinq cabanes de Cristinaux qui avaient décampé. Ils s'en retournèrent. Sur ces entrefaites, vingt voyageurs nouvellement arrivés du lac Alepimigon, se mettent en chemin pour Michillimakinac. Ils furent rencontrés à une journée de là par les mêmes Sioux qui les ont tous massacrés. De ce nombre sont le sieur La Vérendrye fils, le père Aulneau, missionnaire jésuite. Leurs corps ont été vus et reconnus par les Français qui ont passé quelques jours après par le même endroit. Les têtes étaient posées sur des robes de castor, la plupart sans chevelure. Le missionnaire avait un genou en terre, une flèche dans le côté, le sein ouvert, sa main gauche contre terre, sa main droite élevée. Le sieur La Vérendrye était couché sur le ventre, le dos ciselé à coups de couteau, une houe enfoncée dans les reins, sans tête, le corps orné de jarretières et de bracelets de porc-épic.

On ne saura que cette année les autres circonstances de cette malheureuse affaire. Quelques-uns jugent que ces Sauvages en voulaient particulièrement au sieur La Vérendrye fils qui s'était mis en marche deux ans auparavant avec les Cristinaux pour aller en guerre contre les Sioux. Il avait été déclaré chef à ce qu'on prétend dans le conseil. Quoi qu'il en soit, le jeune homme avait relâché et n'avait point été en guerre.

Le gros du parti sauvage, selon ce que rapporte Bourassa, était composé de Sioux des Prairies, de quelques Sioux des Lacs et du poste de monsieur de La Ronde. Ces derniers paraissaient être dans de bonnes intentions pour les Français; peut-être n'ont-ils pas été les maîtres dans l'affaire du sieur La Vérendrye. Si les Sioux des Lacs ont comploté avec les Sioux des Prairies de tuer les Français, on doit beaucoup craindre pour le sieur Saint-Pierre, officier commandant au poste des Sioux. Tous les Sioux sont les plus féroces de tous les Sauvages. Ils sont de tout temps en guerre avec les Cristinaux et les Assiniboines. Ces derniers sont originairement Sioux, ils parlent tous à peu près la même langue et ils sont cependant ennemis irréconciliables.

Une circonstance que le nommé Bourassa rapporte, c'est que les Sioux se sont plaints à lui que les Français fournissaient des armes et des munitions aux Cristinaux. Les Cristinaux pourraient de même se plaindre que les Français fournissent des munitions aux Sioux.

Le sieur La Vérendrye écrit que, pénétré de douleur d'avoir perdu son fils, il était dans le dessein de se mettre à la tête des Cristinaux et des Assiniboines pour marcher contre les Sioux (parti extrême et peu convenable). Il pourrait mieux convenir d'abandonner le poste de la mer de l'Ouest, ou d'y envoyer un autre officier pour relever le sieur La Vérendrye, qui travaillât à réconcilier toutes ces nations.

« Les têtes étaient posées sur des robes de castor, la plupart sans chevelure. »

THE JOURNAL

In his journal written in 1736-1737 La Vérendrye gives very little information on the Lake of the Woods massacre. Grief-stricken, he avoids giving details and only gives basic facts. The official Court documents are more informative because of the enquiry that followed. Here are two letters that Beauharnois sent to Maurepas, the Minister of Marine.

Affair concerning the murder of 21 voyageurs on Lake of the Woods in the month of June 1736.

The *voyageur* by the name of Bourassa reports that on June 3, 1736, he was the fifth to leave Fort Saint-Charles on Lake of the Woods in order to go to Michillimakinac. The following morning, as he was about to set out, he met thirty Sioux canoes, made up of eighty to one hundred men who surrounded him, disarmed him and all his men, and robbed him. After having learned from him that there were five or six lodges of Crees under the parapet of M. de La Vérendrye's fort, and whom they were coming to attack, they let him go and left with the intention of destroying those lodges. The Sioux told Bourassa that he had only to wait for them, and that upon their return they would give him back his weapons. He did not believe it was prudent to do this. On the contrary, he went to Michillimakinac. The Sioux, for their part, went to Fort Saint-Charles where they didn't find the five lodges of Crees because they had struck camp. They went back. Meanwhile, twenty voyageurs who had just arrived from Lake Alepimigon were starting out for Michillimakinac. One day out they ran into the same Sioux, and were all massacred. Among their number were the son of La Vérendrye and Father Aulneau, a Jesuit missionary. Their bodies were seen and recognized by the French who were passing through the same region a few days later. The heads were all placed upon beaver robes, most of them having been scalped. The missionary was down on one knee with an arrow in his side, his chest split open, his left hand on the ground and his right hand raised. Sieur La Vérendrye was lying face down, with his back covered in knife wounds, a hoe driven into his ribs, headless, his torso decorated with garters and bracelets made of porcupine quills.

We won't find out until later this year all the circumstances of this unfortunate affair. Some think that these Indians had a particular grudge against the son of M. de La Vérendrye who, two years earlier, had marched with the Crees to go to war against the Sioux. He had been made chief during the council, according to claims. Be that as it may, the young man had withdrawn and did not go to war.

The majority of the Indian party, according to Bourassa's report, was made up of Prairie Sioux, a few Lake Sioux and some from the post of Monsieur de La Ronde. The latter seemed to be well disposed towards the French; perhaps they were not the instigators of the La Vérendrye affair. If the Lake Sioux have plotted with the Prairie Sioux to kill the French, we must fear greatly for Sieur Saint-Pierre, commanding officer of the post in Sioux territory. The Sioux in general are the most ferocious of all the Indians. They have from time immemorial been at war with the Crees and the Assiniboines. The latter are of Sioux origin, they all speak more or less the same language, and yet are irreconcilable enemies.

One detail that the man called Bourassa reports is that the Sioux complained to him that the French were providing the Crees with weapons and ammunition. The Crees could in the same manner complain that the French provide ammunition to the Sioux.

Sieur La Vérendrye writes that, grief-stricken by the loss of his son, his intention was to lead the Crees and the Assiniboines to march against the Sioux (a decision both extreme and inappropriate). It might be better to abandon the post of the Western Sea or to send another officer there to relieve Sieur de La Vérendrye and who could work towards a reconciliation of all these nations.

"The heads were all placed upon beaver robes, most of them having been scalped. "

Maurepas, the Minister of Marine in France, continually questioned La Vérendrye's commitment to exploration and accused him of placing profit above his duties to the French Crown.

Maurepas, le ministre de la Marine française, a toujours remis en doute l'engagement de La Vérendrye dans l'exploration, l'accusant de sacrifier son devoir envers la couronne de France au profit de la traite.

Jean-Frédéric Phélypeaux, Comte de Maurepas, Commandeur des Ordres du Roy, Secrétaire d'Etat, de la Maison du Roy et de la Marine.

NAC/ANC

Lettre de M. de Beauharnois à M. de Maurepas

Monseigneur,

J'ai reçu la lettre que vous m'avez fait l'honneur de m'écrire le 17 avril dernier au sujet de la découverte de la mer de l'Ouest. Je n'ai pu, Monseigneur, vous donner d'autres connaissances, ne m'ayant été rien mandé de particulier.

J'ai reçu cette année une lettre du sieur de La Vérendrye datée du fort Saint-Charles, lac des Bois, le 2 juin, par laquelle il me marque qu'il n'a pu s'y rendre avec le père Aulneau, jésuite, que le 2 octobre, et que tous les canots des marchands équipeurs ont hiverné à Kaministiquia, la saison étant trop avancée pour venir le joindre, ce qui l'a empêché de poursuivre sa route, ses vivres et effets nécessaires étant dedans. Il ajoute que tous les Sauvages l'ayant su, ils ont pris le parti d'aller traiter chez les Anglais et que son neveu ayant été dangereusement malade, il s'est trouvé hors d'état de faire aucune découverte. Le sieur de La Vérendrye propose un nouvel établissement au sud du lac des Prairies et me marque que cet endroit sera avantageux par rapport aux pelleteries.

Il m'a écrit de cet endroit le 8 du même mois et me mande que les canots venaient d'arriver de Kaministiquia et qu'ils n'avaient point rencontré le convoi parti le 5 pour Michillimakinac, conduit par son fils aîné dans lequel était le père Aulneau et vingt-deux engagés. Il m'apprend la mort du sieur de La Jemerais, et me témoigne la crainte où

il est que ce convoi n'ait été défait par les Sioux des Prairies.

J'ai su depuis, Monseigneur, que le convoi avait été entièrement défait par ces Sauvages, et voici le détail de ce qui y a donné lieu.

Vous pouvez, Monseigneur, vous rappeler qu'en l'année 1734, le sieur de La Vérendrye me remit un mémoire pour vous être envoyé, que vous avez approuvé l'année dernière, dans lequel il parle aux Sauvages en ces termes : « Je ne m'oppose point que vous alliez en guerre contre les *Maskoutins Pouanes,* vos ennemis. » Par ce même mémoire, il fait mention qu'il leur a accordé son fils pour aller à leur tête. Il y a été et a relâché, mais les Sauvages ont poursuivi leur route, ce qui a donné lieu au malheur qui est arrivé, ainsi, Monseigneur, que vous l'allez voir.

Après avoir lu avec attention le mémoire du sieur de La Vérendrye, je m'informai à d'anciens voyageurs ce que c'était que les *Maskoutins Pouanes*. Ils me dirent qu'ils étaient Sioux des Prairies.

Je prévis sur-le-champ le coup qui est arrivé et lui fis de sévères défenses de ne pas envoyer à l'avenir de Français en guerre sur cette nation, ni même exciter les Sauvages de son poste à y aller, que ses ordres étaient de maintenir les Sauvages en paix, en union et en tranquillité. Je lui fis remarquer l'endroit où il avait observé qu'en y allant lui-même, cela pouvait tirer à conséquence. Il me dit qu'il n'y en enverrait plus.

Je me suis, Monseigneur, informé de tout ce qui s'est passé et j'ai appris que les Sauvages du poste du sieur de La Vérendrye avaient frappé sur les prétendus *Maskoutins Pouanes* qui leur demandèrent : « Qui nous tue? » Ils leur répondirent : « C'est le Français. » Ils résolurent aussitôt de s'en venger et ont mis en usage tous les moyens pour y pouvoir parvenir, quoique le sieur de La Vérendrye eût relâché. La première démarche a fait le même effet que s'il y avait été.

Au commencement de juin dernier, un parti de Sioux des Prairies, au nombre de cent trente hommes, trouvèrent le canot du père Aulneau conduit par le nommé Bourassa. Ils prirent tous les Français et mirent au poteau le conducteur pour le faire brûler. Il avait, heureusement pour lui, une esclave de cette nation qu'il avait achetée des Monsonis. Elle dit à ses gens : « Mes parents, qu'allez-vous faire? Je dois la vie à ce Français, il ne m'a fait que du bien. Si vous avez envie de vous venger du coup qui a été fait sur

nous, vous n'avez qu'à aller plus loin, vous trouverez vingt-quatre Français dont le fils du chef qui nous a tués est du nombre. » Ils relâchèrent Bourassa et ses engagés et s'en furent détruire le convoi en entier.

Voilà, Monseigneur, un coup très fâcheux, et qui pourrait bien faire abandonner tous les établissements qui sont de ce côté-là.

Le sieur de La Vérendrye m'ayant marqué avant de le savoir que je ne trouvasse pas mauvais (quoique sans ordre), qu'il s'en vengeât, j'ai de la peine à croire, pour peu qu'il réfléchisse, qu'il prenne un parti aussi contraire au bien de service.

Je suis avec un très profond respect,
Monseigneur, Votre très humble et
très obéissant serviteur,
Beauharnois.
À Québec, le 14 octobre 1736.

« …vous trouverez vingt-quatre Français dont le fils
du chef qui nous a tués est du nombre. »

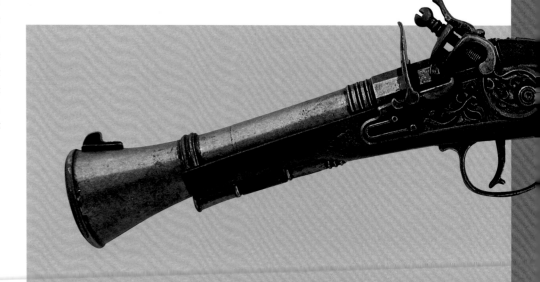

Letter of M. de Beauharnois to M. de Maurepas

Monseigneur,

I have received the letter that you did me the honour of writing me on April 17 last concerning the discovery of the Western Sea. I have not, Monseigneur, been able to give you any information, not having been sent anything of particular interest.

I received this year a letter from Sieur de La Vérendrye dated from Fort Saint-Charles on Lake of the Woods, June 2, in which he tells me that he was only able to arrive there with the Jesuit Father Aulneau on October 2, and that all the canoes of the merchant suppliers wintered at Kaministiquia, since the season was too far advanced to go to meet up with him. This prevented him from continuing on his way, since his supplies and provisions were left behind. He adds that all the Indians, knowing this, decided to deal with the English, and that since his nephew had fallen gravely ill, he found himself unable to make any discovery. Sieur de La Vérendrye proposes a new establishment to the south of the Lake of the Prairies and points out to me that this location will be advantageous for the fur trade.

He wrote to me from this place on the 8th of the same month and told me that the canoes had just arrived from Kaministiquia and they had not met the convoy which had left on the 5th for Michillimakinac, led by his eldest son and comprising Father Aulneau and twenty-two *engagés*. He told me of the death of Sieur de La Jemerais, and expressed fear that the convoy might have been set upon by the Prairie Sioux.

I have since found out, Monseigneur, that the convoy was massacred by the Indians, and here are the details of why it happened.

You may, Monseigneur, remember that in 1734 Sieur de La Vérendrye gave me a memoir to be sent to you, which you approved last year, and in which he speaks to the Indians in the following terms: "I am not against you going to war against the *Maskoutins Pouanes,* your enemies." In this same memoir he mentions that he has given them his son to lead them. He went with them and then turned back, but the Indians continued on their way, and this is what gave rise to the disaster which has befallen us, Monseigneur, as you will soon see.

After having read attentively the memoir of Sieur de La Vérendrye I learned from former *voyageurs* who the *Maskoutins Pouanes* were. They told me that they were the Prairie Sioux.

I foresaw immediately the attack that was to take place and forbade him sternly from sending Frenchmen to war against this nation in the future, and even from encouraging the Indians of his post to go to war. I told him that his orders were to maintain peace, union and harmony among the Indians. I pointed out to him the place where he had observed that if he went there himself there might be consequences. He told me that he wouldn't send them there anymore.

I have, Monseigneur, inquired as to what happened and I have learned that the Indians of the post of Sieur de La Vérendrye had attacked these so-called *Maskoutins Pouanes* who asked them: "Who is killing us?" They answered: "It is the Frenchman." They resolved on the spot to avenge themselves and used all the means at their disposal to succeed in doing so, even though Sieur de La Vérendrye had turned back. The first step taken had the same effect as if he had been there.

At the beginning of last June, a party of Prairie Sioux, numbering one hundred and thirty men, found Father Aulneau's canoe with the man called Bourassa at its helm. They took all the French as prisoners and attached the leader to the stake in order to burn him. Luckily for him he had with him a slave woman of the same nation that he had bought from the Monsonis. She told the Sioux: "My people, what are you about to do? I owe my life to this Frenchman, he has always been good to me. If you wish to take vengeance for the attack against our people, you need only to go a little further, you will find twenty-four Frenchmen, among whom is to be found the son of the chief who killed us." They let Bourassa and his *engagés* go and went off to massacre the entire convoy.

There you have, Monseigneur, a very unfortunate incident, and one which might cause us to abandon all the posts in the area.

Sieur de La Vérendrye, without knowing, indicated to me that I would not object to his taking revenge, even though he had no orders to do so. If he were to reflect upon it a little, I have difficulty believing that he would choose a course of action so at odds with his duty.

I am, with deepest respect, Monseigneur, Your very humble and obedient servant, Beauharnois.
Québec, October 14, 1736

"...you will find twenty-four Frenchmen, among whom is to be found the son of the chief who killed us."

Après la mort des vingt-et-un Français au lac des Bois, La Vérendrye veut se venger des Sioux mais il se rend compte de l'impossibilité de ce plan et il opte pour la prudence. Nous sommes au mois d'août 1736 et le découvreur rencontre au fort Saint-Charles une délégation de Cris et de Monsonis qui veulent partir en guerre en automne.

Mémoire du sieur de La Vérendrye, lieutenant des troupes et commandant aux postes de l'Ouest, présenté à monsieur le marquis de Beauharnois, gouverneur général de la Nouvelle-France pour être envoyé en cour [1736-1737]

Le 4 août, j'ai reçu quatre députés des Cris et Monsonis, qui m'ont dit que les chefs des deux nations devaient venir ici l'automne prochain, pour me mener à leur tête venger la mort de mon fils et des autres Français. Je leur ai répondu que j'attendrais auparavant les nouvelles de leur Père, et que je les leur ferais savoir; cependant que je les remerciais de leur bonne volonté et de la part qu'ils prenaient à la mort de mon fils et de tous les Français.

Le 6, je fis partir mon fils avec huit hommes pour aller chercher les marchandises à quatre-vingts lieues d'ici. Ce sont, Monsieur, comme vous voyez, bien des inquiétudes et des fatigues pour nous, et bien des frais qui n'accommodent pas la Société, sans compter le retardement.

Le 11 août sont encore arrivés deux envoyés des Cris et Monsonis qui faisaient la récolte de la folle avoine, qui m'ont dit qu'ils ne cessaient tous de pleurer jour et nuit, les femmes et les enfants, la mort de mon fils qu'ils avaient adopté pour chef des deux nations, qu'ils étaient tous prêts à marcher, et qu'ils me demandaient vengeance, mais je leur ai fait la même réponse. Le 13, ils s'en retournèrent très contents.

Le 18, deux Monsonis ayant fait le tour du lac des Bois, ont trouvé dans le sud nos deux canots français avec les paquets pourris, et plus de vingt canots sioux attachés deux à deux, dans lesquels il y avait beaucoup de sang, ce qui marque qu'ils ont eu des blessés et peut-être des tués, car ils ont trouvé des membres d'hommes enterrés dans le sable. Le troisième canot français a été trouvé sur l'île du Massacre.

Le 26 sont arrivés quatre canots et douze hommes cris et assiniboines des environs du lac Ouinipigon, les deux nations assemblées au fort Maurepas, pour me prier instamment de leur faire savoir si je suis dans le dessein d'aller venger le sang français, et surtout celui de mon fils qu'ils avaient adopté pour leur chef dès le temps même qu'il construisait ce fort chez eux; qu'ils ne cessaient tous de le pleurer, et qu'une grande partie de leurs gens allait partir pour les prairies pour se rendre à la Pointe-du-Bois-Fort qui est le rendez-vous ordinaire des Assiniboines, Cris et Monsonis, distant environ de cinquante lieues du fort Saint-Charles, pour se rendre chez les Sioux; qu'ils se flattaient de me voir, ou un de mes enfants à leur tête; qu'ils me priaient bien d'y envoyer au moins un canot pour leur porter de la poudre, des balles et du tabac.

Le 3 septembre, j'ai tenu un grand conseil avec La Colle, grand chef des Monsonis, en réputation chez les Cris et Assiniboines, [réputation] qu'il s'est acquise par son esprit et sa bravoure. La Mikouenne, chef cri, y était aussi. On a commencé par pleurer les morts. Ils m'ont proposé ensuite

One of the worst tragedies to befall La Vérendrye's expedition was the massacre of his eldest son, Jean-Baptiste, along with Father Aulneau, and 19 voyageurs by a Sioux war party.

Parmi les plus grandes épreuves de La Vérendrye fut le décès de son fils aîné Jean-Baptiste, massacré par les Sioux avec le père Aulneau et 19 Français.

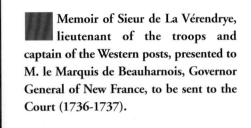

Memoir of Sieur de La Vérendrye, lieutenant of the troops and captain of the Western posts, presented to M. le Marquis de Beauharnois, Governor General of New France, to be sent to the Court (1736-1737).

After the death of twenty-one Frenchmen on an island in Lake of the Woods, La Vérendrye wants to take revenge on the Sioux, but he realizes that this plan is impossible and opts for prudence. It is the month of August 1736, and the explorer meets at Fort Saint-Charles with a delegation of Crees and Monsonis who want to go to war in the fall.

On August 4, I received four deputies from the Crees and the Monsonis who told me that the chiefs of both nations were to come here next autumn to take me as their leader to avenge the death of my son and the other Frenchmen. I answered that I would first wait for news from their Father, and that I would let them know. However, I thanked them for their good intentions and for the concern they felt at the death of my son and of all the Frenchmen.

On the 6th I sent my son with eight men to go look for the trade goods eighty leagues from here. As you can see, Monsieur, we have had many worries and hardships, and several expenses which are difficult for the *Société*, not to mention the delays.

On August 11 two more messengers arrived sent by the Crees and the Monsonis who were harvesting wild rice. They told me that they were grieving night and day, women and children as well, over the death of my son, whom they had adopted as chief of their two nations. They said that they were all ready to march and that they were asking me to take revenge, but I gave them the same answer. On the 13th, they went back, very satisfied.

Collège universitaire de Saint-Boniface
Painting by/Peinture par René Lanthier

On the 18th two Monsonis, having searched Lake of the Woods, found to the south our two French canoes with rotting bales in them and more than twenty Sioux canoes attached two by two, in which there was a lot of blood. This indicates that some of them had been wounded and perhaps killed, for they found human limbs buried in the sand. The third French canoe was found on the island where the massacre took place.

On the 26th four canoes and twelve Crees and Assiniboines arrived from the Lake Winnipeg region, where their two nations were assembled at Fort Maurepas. They implored me earnestly to let them know if I was planning to avenge the French blood, and especially the blood of my son, whom they had adopted as their chief at the time he had built this fort on their land. They had not stoppped grieving over his loss and a great number of their people were about to leave for Pointe-du-Bois-Fort, which is the usual meeting place for the Assiniboines, the Crees and the Monsonis, located approximately fifty leagues from Fort Saint-Charles in order to reach Sioux territory. They said they would be honoured if I or one of my sons led them, and they pleaded with me to send at least one canoe to bring them gunpowder, musket balls and tobacco.

On September 3 I held a grand council with La Colle, great chief of the Monsonis, who was well respected by the Crees and the Assiniboines for his wisdom and bravery. La Mikouenne, the Cree chief, was there as well. We started by lamenting

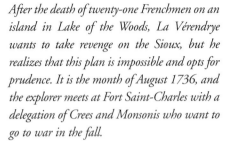

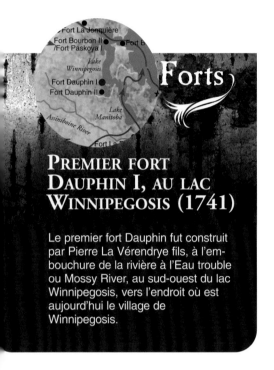

PREMIER FORT DAUPHIN I, AU LAC WINNIPEGOSIS (1741)

Le premier fort Dauphin fut construit par Pierre La Vérendrye fils, à l'embouchure de la rivière à l'Eau trouble ou Mossy River, au sud-ouest du lac Winnipegosis, vers l'endroit où est aujourd'hui le village de Winnipegosis.

d'envoyer plusieurs petits partis de guerre contre les Sioux, mais ayant fait réflexion que cela empêcherait la chasse d'automne et la récolte de la folle avoine pour eux comme pour nous, je les ai remerciés en leur disant : « Mes enfants, je ne puis vous permettre d'aller en guerre, jusqu'à ce que j'aie reçu des nouvelles de votre Père, dont je vous ferai part. D'ailleurs vous savez que nous manquons de poudre et de balles, par nos canots qui ont relâché, et comment entreprendre d'aller en guerre? Mais ce que je trouve expédient, c'est d'envoyer une parole aux Monsonis du lac Tekamamiouen, afin qu'é-tant assemblés ils aillent au-devant du convoi des Français pour l'escorter, et me donner ici cinquante hommes pour aller de même au-devant avec un canot français, et cela tous les ans afin de n'être point exposés à l'avenir aux insultes des Sioux. » Je donnai pour cet effet à La Colle un collier pour être gardé par les Monsonis au fort Saint-Pierre, et un second à La Mikouenne, pour être gardé par les Cris au fort Saint-Charles, lac des Bois, vingt brasses de tabac à chaque nation, poudre et balles qui leur seront délivrées (gratis) tous les ans, le printemps et l'automne. Voilà, Monsieur, les précautions que j'ai prises pour éviter à l'avenir toute surprise. Le tout a été accordé d'une commune voix, et s'est exécuté cet automne suivant mon projet.

Le 15 octobre 1736, nous apprenons que les associés et les marchands n'ont pas pu faire venir les marchandises dans l'Ouest, comme ils avaient promis de le faire, et les Monsonis et les Cris sont prêts à retourner traiter chez les Anglais. Ici, La Colle parle pour les deux nations d'une manière convaincante.

La Colle ayant conféré sur-le-champ avec les chefs des trois nations, répond au nom de toutes et me présente un collier, me disant : « Mon Père, lorsque tu es venu sur nos terres, tu nous a apporté nos besoins, tu nous as promis de continuer, nous n'avons manqué de rien pendant deux ans, mais maintenant nous manquons de tout par la faute des traiteurs. Tu nous as défendus d'aller aux Anglais. Nous t'avons obéi, et si aujourd'hui nous sommes contraints d'y aller chercher fusils, poudre, chaudières, tabac, etc., tu ne dois t'en prendre qu'à tes gens. Ce collier-là est pour te dire d'aller toi-même voir notre Père à Montréal, et lui représenter nos besoins, afin qu'il ait pitié de nous. Tu l'assureras que nous sommes ses véritables enfants, ayant tous le cœur français depuis que nous le connaissons. Nous te donnons le frère de La Mikouenne pour t'accompagner. Il parlera à notre Père au nom des trois nations. En attendant ton retour, nous resterons ici avec tes enfants pour garder tes forts, et le printemps prochain nous marcherons tous en guerre contre les Sioux pour venger le sang français qui est le nôtre, et pour mettre tes enfants à couvert de toute insulte. Ce n'est plus toi qui t'en mêles, c'est moi et les chefs des trois nations. Nous te prions de nous envoyer de Michillimakinac la parole de notre Père, afin que nous puissions lui obéir et la suivre. »

Le chef cri député des deux nations du fort Maurepas se lève et dit : « Je te remercie, mon Père, du présent que tu fais aux guerriers pour les arrêter, je leur dirai ta parole à la Pointe-du-Bois-Fort où ils sont assemblés, et à tous ceux qui doivent se joindre, mais ils

sont si animés contre les Sioux, que je ne sais pas s'ils l'écouteront. Je ferai cependant mon possible pour la leur faire entendre et pour les arrêter. Je leur dirai que tu désires les voir cet hiver à ton fort, et qu'ils y portent des viandes et des graisses. »

Nous sommes au mois de février 1737. C'est la première fois que le découvreur se rend au lac Winnipeg et au fort Maurepas sur les terres des Cris et des Assiniboines.

Le 4, je fis venir dans ma chambre les chefs cris et assiniboines, pour leur dire les raisons de mon voyage. Je leur fis mon présent, qui fut de les habiller tous et leur donner à chacun haches, couteaux, alènes, poudre, balles, etc. Je leur fis connaître le désir que j'avais de voir leurs terres, et que mon départ serait dans deux jours. Je les remerciai d'avoir pris la peine de venir, et leur dis qu'ils pouvaient partir le lendemain pour battre les chemins qu'ils trouveraient tracés; qu'il leur était expédient d'arriver devant moi pour faire assembler tout le monde; et que je leur parlerais chez eux. Je recommandai aux Cris et Monsonis de bien chasser pendant mon absence; que mon voyage pourrait être de deux lunes; de ne pas faire comme l'année précédente (ils ne purent avoir les besoins de leurs familles faute de chasser).

Le 5, Assiniboines et Cris sont venus me remercier, m'apporter leurs présents en viandes et graisses et prendre congé de moi. Je les ai chargés d'une lettre pour mon fils.

Le 8, après avoir mis le fort en sûreté pendant mon absence, ayant laissé vingt

the dead. Afterwards they proposed sending several small war parties against the Sioux. However, having reflected that this would prevent them as well as us from hunting in the autumn and harvesting the wild rice crop, I thanked them, saying: "My children, I cannot let you go to war until I've received news from your Father, which I will communicate to you. Besides, you know that we lack gunpowder and musket balls, because of our canoes which have not made it through; how then can we plan on going to war? However, I think it appropriate to send word to the Monsonis of Lake Tekamamiouen so that, once assembled, they can go to meet the French expedition in order to escort it, and to give me fifty men here who will do the same with a French canoe; this must be done each year to avoid being exposed to Sioux attacks in the future." With this goal in mind I gave a necklace to La Colle to be kept with the Monsonis at Fort Saint-Pierre, and a second one to La Mikouenne to be kept by the Crees at Fort Saint-Charles on Lake of the Woods. I also gave each nation twenty *brasses* of tobacco, gunpowder and musket balls which will be delivered free to them every year, in the spring and in the autumn. Those are, Monsieur, the precautions I have taken to avoid any future surprise. All of this was agreed to by everyone and was carried out this autumn according to my plans.

On October 15, 1736, we learn that the associates and the merchants have not been able to bring provisions to the West as they had promised and the Monsonis and

the Crees are ready to trade once again with the English. Here La Colle speaks very convincingly in the name of the two nations.

La Colle, after having conferred on the spot with the chiefs of the three nations, answered in the name of all and presented me with a necklace by saying: "Father, when you came to our land you provided for our needs, you promised to continue doing so and we lacked nothing for two years, but now we lack everything because of the traders. You have forbidden us to go to the English. We have obeyed you, and if today we are forced to go there to obtain muskets, gunpowder, pots, tobacco, etc., you have only your own people to blame. This necklace is to tell you to go yourself to see our Father in Montréal, and to tell him of our needs so that he may take pity on us. You will assure him that we are his true children, for all of our hearts have been French since we have known him. We give you the brother of La Mikouenne to accompany you. He will speak to our Father in the name of our three nations. While awaiting your return we will stay here with your children to guard your forts, and next spring we will all march to war against the Sioux to avenge the French blood which is our blood as well, and to protect your children against all attacks. This is no longer your concern, it is my concern and that of the chiefs of the three nations. We ask you to send us our father's command from Michillimakinac, so that we may obey and follow it."

The Cree chief who represented the two nations of Fort Maurepas, got up and

said: "I thank you, Father, for the present you have given to the warriors to stop them; I will tell them what you say at Pointe-du-Bois-Fort where they are gathered, and to all those who are to join them, but they are so incensed at the Sioux that I do not know if they will listen. I will however do everything I can to make them listen and to stop them. I will tell them that you wish to see them next winter at your fort, and that they should bring meat and fat with them."

It is now the month of February in 1737. It is the first time that the explorer reaches Fort Maurepas on Lake Winnipeg, the land of the Crees and of the Assiniboines.

On the 4th I invited the Cree and Assiniboine chiefs into my room to tell them the reasons for my journey. I gave them my presents which consisted of new clothing, and for each one an axe, a knife, awls, gunpowder, musket balls, etc. I told them of my wish to see their lands and that my departure would be in two days. I thanked them for having taken the trouble to come and told them that they could leave the next day to clear the trails that they would find marked out, that it would be useful for them to arrive before me in order to assemble everyone and that I would speak to them there. I encouraged the Crees and the Monsonis to hunt diligently during my absence. My journey might take me as long as two moons, and I told them not to do as they had done last year (not having hunted, they were unable to provide for their families).

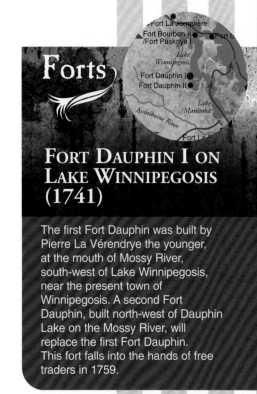

Forts

FORT DAUPHIN I ON LAKE WINNIPEGOSIS (1741)

The first Fort Dauphin was built by Pierre La Vérendrye the younger, at the mouth of Mossy River, south-west of Lake Winnipegosis, near the present town of Winnipegosis. A second Fort Dauphin, built north-west of Dauphin Lake on the Mossy River, will replace the first Fort Dauphin. This fort falls into the hands of free traders in 1759.

« J'ai l'honneur de vous l'envoyer, Monsieur, vous verrez que je n'ai pas oublié les mines, ni ce qui peut servir à ma découverte… »

hommes sous le commandement du sergent, j'en ai pris dix avec moi, mes deux enfants, huit Sauvages et leurs femmes pour porter les choses nécessaires au voyage. Je suis parti le matin, par un grand froid qui a continué toute la route, mais beau soleil. J'ai été dix-huit jours à me rendre au fort Maurepas. J'ai trouvé presque tous les jours des loges sauvages qui me souhaitaient bon voyage et m'offraient des vivres dont je n'avais que faire, ceux qui m'accompagnaient tuant chaque jour deux et trois orignaux.

À deux journées du fort, quatre-vingts hommes sont venus au-devant de moi avec un Français envoyé par mon fils pour me dire que tout le monde m'attendait avec impatience.

Le 25 février, j'arrivai au fort, que je fis saluer par une décharge de tout mon monde, à laquelle il répondit. Il y eu d'autres décharges de part et d'autre avec des cris de joie de ce peuple qui était nombreux.

Les chefs me complimentèrent. La saison pressait les Cris de partir pour leur chasse. Il y avait déjà longtemps qu'ils m'attendaient. Nous convînmes du 4 mars pour le conseil, parce qu'il fallait donner le temps d'avertir deux villages assiniboines qui sont à la grande fourche de la rivière Rouge, qui est le lieu que j'ai destiné pour transporter le fort Maurepas, pour faciliter la navigation et le commerce.

Dans cet intervalle, Monsieur, j'ai employé le temps à prendre des connaissances du lac Ouinipigon, des rivières qui s'y déchargent, des nations qui y habitent, etc.; d'un autre grand lac à l'ouest nommé frère

du Ouinipigon [lac Manitoba], qui y communique par un grand canal d'eau morte d'environ quinze à vingt lieues, bordé de montagnes boisées, depuis le nord jusqu'au sud-ouest, abondant en martres et loups-cerviers. C'est le pays de chasse des Cris et Assiniboines. J'ai fait faire une carte par les chefs les plus expérimentés des deux nations. J'ai l'honneur de vous l'envoyer, Monsieur, vous verrez que je n'ai pas oublié les mines, ni ce qui peut servir à ma découverte : les nations, les rivières, les montagnes, etc.

Je connus par leur carte que la grande rivière des *Ouachipoannes*, aujourd'hui *Kouathéattes*, ne court point à l'ouest, mais retourne au sud et va se décharger, selon les apparences, dans la mer Pacifique, où il y a des hommes blancs, des villes, des forts, du canon, et où se fait la prière, y ayant des robes noires, sur ce que je voyais qu'il n'y avait qu'environ cent cinquante lieues jusqu'à cette nation de Blancs tant désirée. J'ai pris la résolution d'y aller, me flattant de m'y pouvoir rendre avant le printemps, mais les Français, ayant eu peur, n'ont pas voulu m'accompagner, ce qui a rompu toutes mes mesures. Mon fils à qui j'avais donné ordre de s'y rendre à l'automne, n'avait pu le faire faute des canots qu'on me refusa, dont j'ai déjà parlé. Voilà les inconvénients.

Vous verrez par cette carte, Monsieur, la hauteur des terres. C'est une chaîne de montagnes qui règnent depuis le nord du lac Supérieur jusque dans les terres inconnues marquées par des points, et la rivière Blanche qui prend sa source à cette hauteur d'un lac qui a trois décharges, l'une à l'est-nord-est,

qui vient se décharger environ au milieu du lac Ouinipigon, une à l'ouest-sud-ouest qui descend à la mer de l'Ouest inconnue, et la troisième au sud, à l'embouchure de la rivière Blanche. Il y a un rapide de plus d'une demi-lieue toujours grand-eau. Environ à cent lieues plus haut, est un moyen lac appelé des Glaises. Au-dessus du lac des Glaises, il y a trois chutes qui font trois portages assez courts. Avant d'arriver à la hauteur des terres, cette rivière est habitée par la nation du Brochet. Elle se partage en

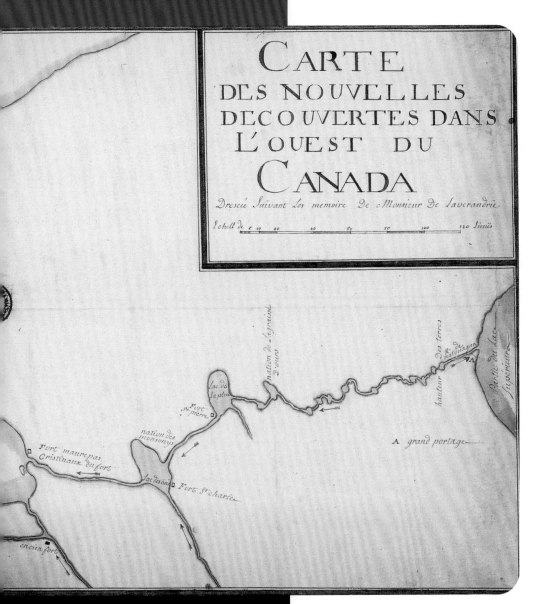

CARTE DES NOUVELLES DÉCOUVERTES DANS L'OUEST DU CANADA

Dressée Suivant Les memoire De Monsieur De laverandrie

Echell de

Western Canada in 1749. "Map of the
new discoveries in the West of Canada,
drawn following the memoirs of Monsieur
de La Vérendrye." This map of the west
accompanied La Vérendrye's "Abridged
memoir" of 1749. It is illustrative of the
La Vérendrye mapping style which was
very simple and basically devoid of minor
features descriptive of the various locales.

L'Ouest du Canada en 1749. « Carte des
nouvelles découvertes dans l'ouest du
Canada, dressée suivant les mémoires de
Monsieur de La Vérendrye. » Cette carte
de l'Ouest accompagnait le « Mémoire
abrégé... » de 1749 de La Vérendrye et est
un bel exemple du style de cartes dressées
par lui. Ce sont des cartes simples, sans
détails descriptifs des différents lieux.

"You will see that I haven't forgotten the mines nor anything which might be helpful to my discovery..."

which continued for the entire way, although there was a great deal of sunshine. It took me eighteen days to reach Fort Maurepas. Almost every day I came across Indian lodges who wished me a safe journey and offered me provisions of which I had little need, since those who were accompanying me killed two or three moose every day.

Two days' journey from the fort, eighty men and one Frenchman sent by my son came to meet me in order to tell me that everyone was impatiently awaiting my arrival.

On February 25 I arrived at the fort, which I saluted with a salvo from all of my party, and to which it responded in kind. There were other shots fired on both sides and cries of joy from the many people present.

The chiefs paid me compliments. Because of the time of year the Crees were in a hurry to leave for the hunt. They had already been waiting for me for a long time. We agreed on the 4th of March for the council because we had to allow enough time to notify two Assinboine villages which are at the great forks of the Red River. It is to this site that I have chosen to move Fort Maurepas, in order to facilitate navigation and trade.

In the interval, Monsieur, I spent my time exploring Lake Winnipeg, the rivers which flow into it, the nations which live there, etc., and also another great lake to the West, called Lake Winnipeg's brother [Lake Manitoba], to which it is joined by a large

On the 5th, the Assiniboines and Crees came to thank me, to bring me their presents of meat and fat and to take their leave of me. I gave them a letter to carry to my son.

On the 8th, after having secured the fort for the duration of my absence, and having left twenty men under the command of a sergeant, I took ten men with me, my two children, eight Indians and their women to carry the things necessary for the journey. I left in the morning in very cold weather

canal of still waters, fifteen to twenty leagues in length, bordered by wooded mountains from the north to the south-west, with great numbers of marten and lynx. These are the hunting grounds of the Crees and the Assiniboines. I had a map drawn by the most experienced chiefs of the two nations which I have the honour of sending to you, Monsieur. You will see that I haven't forgotten the mines nor anything which might be helpful to my discovery: the different nations, rivers, mountains, etc.

I discovered through their map that the great river of the *Ouachipoannes*, now called the *Kouathéattes*, doesn't flow to the west, but rather turns south and, to all appearances, will discharge into the Pacific Ocean, where there are white men, towns, forts, cannons, and where one prays, as there are black robes there. Since I saw that this white nation so sought after was at a distance of only about one hundred and fifty leagues, I resolved to go there, flattering myself that I could get there before spring; but the French were afraid, and refused to go with me, which spoiled all my plans. My son, to whom I had given the order to go there in the autumn, was not able to do so, since he did not have the canoes that were refused me and which I've already mentioned. Such were the obstacles.

On this map, Monsieur, you will notice the height of land. It is a chain of mountains which runs from the north of Lake Superior right into the unknown territory indicated by dots and by the Rivière Blanche, which originates at this height, flowing from a lake which has three outlets,

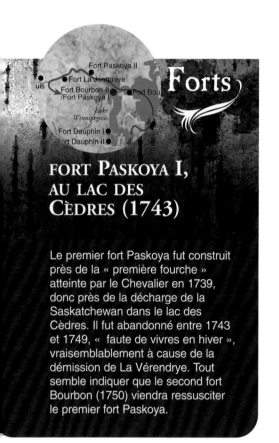

FORT PASKOYA I, AU LAC DES CÈDRES (1743)

Le premier fort Paskoya fut construit près de la « première fourche » atteinte par le Chevalier en 1739, donc près de la décharge de la Saskatchewan dans le lac des Cèdres. Il fut abandonné entre 1743 et 1749, « faute de vivres en hiver », vraisemblablement à cause de la démission de La Vérendrye. Tout semble indiquer que le second fort Bourbon (1750) viendra ressusciter le premier fort Paskoya.

deux au-dessus du lac des Outardes dont un bras tombe dans la rivière des Anglais, par où cette nation va traiter. Tout le côté du nord est boisé, et au sud ce ne sont que prairies, où il y a différentes mines que les Sauvages appellent « fer de différentes couleurs ». J'ai loué deux familles que j'ai fait partir ce printemps pour en aller chercher, que j'espère trouver au fort Saint-Charles à mon arrivée, pour vous en envoyer l'année suivante. Il y a aussi une mine de sel abondante, sur le bord de la même rivière du côté du sud.

Les Cris qui m'ont fait la peinture de la rivière Blanche, ont marché cinq jours au-delà de la hauteur des terres, en descendant la rivière qu'ils nomment du Couchant. Ils ont été surpris de trouver un climat différent du lieu qu'il n'en est éloigné, par sa situation, sa température, ses fruits et les arbres qui y croissent, qu'ils ne connaissent pas. Le pays est fort découvert, sans montagnes. Ils ont trouvé un arbrisseau dont le bois et les feuilles sont odoriférantes, qui pourrait être le laurier; un autre qui porte des grains semblables au poivre que je leur ai montré, un arbre qui produit une espèce de cocos, dont il tombe comme des gouttes de sang lorsqu'il est en fleur. Il y a des mines, toutes sortes de bêtes sauvages en abondance et des serpents d'une grosseur prodigieuse.

Nous sommes toujours au fort Maurepas en 1737. Malgré la mort de Jean-Baptiste, le découvreur n'hésite pas à laisser adopter son autre fils, Louis-Joseph, par les Cris de la rivière Winnipeg.

Le 4 mars, les Assiniboines et Cris de la rivière Rouge étant arrivés, et faisant un froid à ne pouvoir rester dehors, je pris les chefs et les plus considérables des deux nations pour tenir conseil dans ma chambre qui, étant trop petite, ne pouvait contenir tant de peuple. Ils commencèrent par pleurer les morts, et à couvrir les corps par des présents de viandes et de castors que je leur remis, ne pouvant l'emporter. Un chef cri se leva pour me demander de tenir ma parole, et de prendre les mesures pour établir un fort au fond du lac Ouinipigon, à l'embouchure de la grande rivière des Anglais; qu'il y avait en ce lieu abondance de chasse et de pêche, et qu'étant le seul passage du lac et de la rivière Blanche, la traite y serait abondante en loups-cerviers, martres et surtout en castors gras que l'Anglais ne reçoit point; qu'ils allaient disposer toutes choses pour aller joindre ce printemps La Mikouenne et La Colle au fort Saint-Charles pour aller venger le sang français.

Un chef assiniboine se leva après au nom de la nation et me dit que quoique l'accident arrivé l'été dernier eût empêché le transport du fort chez eux à la fourche de la rivière Rouge, leur véritable terre, il espérait néanmoins que je tiendrais ma parole cette année; que sa nation m'offrait tout secours pour cela; qu'elle s'y établirait en village pour résider toujours auprès de mon fort; que la vie y est abondante par la chasse et la pêche, le bœuf et les tourtes y étant attirés toute l'année par une saline qui est proche. Il me remercia d'avoir pris la peine d'être venu de si loin dans la saison la plus rude de l'année

pour les voir, et me dit que les guerriers de la nation se disposaient tous de partir au printemps pour aller venger la mort de mon fils et des Français, et que j'en entendrais parler. Je remis à répondre à tous au lendemain.

Le 5 mars, je parlai aux mêmes. J'accompagnai ma parole de très beaux présents. Ils consistaient en couvertures, brayets, mitasses, haches, couteaux, poudre, plomb, balles, etc. Je fis deux parts égales. Je les remerciai, Monsieur, en votre nom, d'être venus au-devant de moi, et de s'être trouvés tous à mon arrivée. Je leur communiquai vos ordres et leur fis surtout remarquer, quelque nombre d'enfants que vous eussiez, la singulière attention que vous aviez pour eux, les assurant que s'ils étaient fidèles à vous obéir, vous ne les abandonneriez jamais et les regarderiez toujours comme vos véritables enfants. Je leur fis part des nouvelles de Canada et de celles de France. Je leur parlai des victoires que le roi avait remportées, des villes prises sur ses ennemis, etc. Cela parut leur faire plaisir, ils m'écoutaient avec attention. Je les exhortai à bien chasser afin d'avoir de quoi traiter avec les Français, que c'était le moyen de vivre en bonne intelligence et d'avoir de quoi soulager leurs familles. Je dis la même chose aux Cris qui promirent de bien faire.

Un chef cri se leva et me dit : « Mon Père, nous dirons vrai, mais donne-nous ton fils que nous avons adopté à la place de son frère pour choisir la place du fort et pour empêcher qu'aucun de nous n'aille aux Anglais. Nous l'aimons et le conserverons comme nous-mêmes. » Mon fils, qui a

one to the east-north-east, which flows into the middle of Lake Winnipeg, one to the west-south-west which flows south to the unknown Western Sea, and the third to the south, at the mouth of the Rivière Blanche. There are deep flowing rapids more than half a league long; about one hundred leagues to the north there is a lake of medium size called Lac des Glaises. Above Lac des Glaises there are three waterfalls which make three rather short portages. Before arriving at the height of land the river is inhabited by the Brochet nation. The river divides into two branches above Lac des Outardes, one of which descends into the Rivière des Anglais, which this nation uses as a trade route. All the northern bank is wooded, while to the south there is only prairie, where various mines are to be found which the Indians call many-coloured-iron [mines]. I engaged two families whom I sent this spring in search of this iron, which I hope to find at Fort Saint-Charles upon my arrival, so that I may send you some the following year. There is also a rich salt mine on the south bank of the same river.

The Crees who drew for me the picture of the Rivière Blanche went five days on foot beyond the height of land, following the river downstream they call the Couchant. Though not far away, they were surprised to find a climate different in its geography, its temperature, its fruits and the unfamiliar trees growing there. The country is quite open, with no mountains; they found a shrub whose wood and leaves are fragrant, and which might be laurel; another has grains similar to the peppercorns which

I showed them. A tree was found which bears a kind of coco from which drops falls like drops of blood when it is in flower. There are mines, all kinds of wild animals and snakes of prodigious size.

■ *Fort Maurepas in 1737. Despite Jean-Baptiste's death, the explorer does not hesitate to let his other son, Louis-Joseph, be adopted by the Crees of Winnipeg River.*

On March 4 when the Assiniboines and the Crees from Red River arrived, it was so cold that they couldn't stay outside: I took the chiefs and the most important members of the two nations to hold council in my room, which, being too small, could not hold so many people. They started by lamenting their dead and by covering their bodies with the presents of meat and beaver that I had given them, since I couldn't carry it back with me. A Cree chief rose to ask me to keep my word and to take measures to have a fort built on the south shores of Lake Winnipeg, at the mouth of the great Rivière des Anglais. There is in this region an abundance of fish and game, and since it is the only means of passage from the lake and from the Rivière Blanche, trading would be rich in marten, lynx and greasy beaver, which the English refuse to accept. He said they would make every effort to join La Mikouenne and La Colle at Fort Saint-Charles that spring to avenge the French blood.

Afterwards, an Assiniboine chief rose to speak in the name of his nation, and told me that although the misfortune which had taken place last summer had prevented

the fort from being moved to their territory at the forks of the Red River, their true homeland, he hoped nevertheless that I would keep my word this year. He said that his nation would help all it could, and that it would establish a village so that it would always reside close to my fort. He said that life there is easy because of the hunting and fishing, since bison and wild pigeons are drawn there all year by a salt marsh nearby. He thanked me for having taken the trouble to come to see them from so far, during the worst season of the year, and told me that all the warriors of his nation were making preparations to leave in the spring to avenge the death of my son and those of the Frenchmen, and that I would hear more about this. I put off my answer till the next day.

On March 5 I spoke to the same chiefs, and along with my words gave them very nice presents, consisting of blankets, breeches, leggings, axes, knives, gunpowder, lead pellets, musket balls, etc., in two equal portions. I thanked them, Monsieur, in your name, for having come to meet me, and for all of them having been there for my arrival. I gave them your orders and above all pointed out to them that no matter how many children you have, you give each of them special attention, and I assured them that if they obeyed you faithfully, you would never abandon them and would always consider them as your own children. I gave them news from Canada and from France; I spoke to them of the victories that the King had won, of the cities taken from his enemies, etc. That seemed to give them pleasure, they listened to me attentively. I

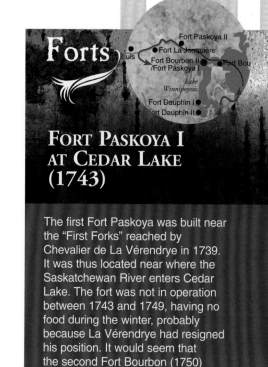

Forts

FORT PASKOYA I AT CEDAR LAKE (1743)

The first Fort Paskoya was built near the "First Forks" reached by Chevalier de La Vérendrye in 1739. It was thus located near where the Saskatchewan River enters Cedar Lake. The fort was not in operation between 1743 and 1749, having no food during the winter, probably because La Vérendrye had resigned his position. It would seem that the second Fort Bourbon (1750) replaced the first Fort Paskoya at Cedar Lake.

grande envie de se rendre utile à la colonie, me parut flatté d'aller avec eux pour les ramener ce printemps au fort Saint-Charles. Je le leur accordai. Je remerciai les Assiniboines des guides qu'ils m'avaient offerts pour aller chez les *Kouathéattes*. Me servant de la saison avancée pour ne pas donner à connaître la crainte des Français, comme aussi du dessein que j'avais eu de remonter la rivière Rouge pour me rendre au fort Saint-Charles, je me servis du prétexte de voir la grande rivière qui du lac des Bois tombe dans l'Ouinipigon.

« …je fis recevoir mon fils le chevalier pour commandant en mon absence.»

◼ *La Vérendrye quitte le fort Maurepas le 11 mars 1737. En dix-neuf jours, il atteint le fort Saint-Charles. Le 26 mai, il envoie chercher le corps des Français massacrés l'année précédente pour les faire enterrer dans la chapelle du fort Saint-Charles. Le même jour, il reçoit des Cris de La Barrière.*

Le 26 sont arrivés soixante Cris de La Barrière qui m'ont dit que les Cris du Ouinipigon que j'avais laissés au fort Maurepas étaient tous morts de la petite vérole qui leur a été portée par ceux qui ont été traiter chez les Anglais. Je n'ai pas manqué de leur dire que le maître de la vie les avait punis pour n'être pas venus au fort Saint-Charles comme ils l'avaient promis.

Le 27 est arrivé un canot français de la rivière du Vermillon, par lequel j'ai appris que Bourassa en partait pour Michillimakinac et qu'Eustache m'y attendait. La Colle m'a mandé par cette occasion, qu'ayant perdu sa fille, il n'avait pu

venir me voir comme il m'avait promis, mais qu'il partait à la tête de trois cents hommes pour aller sur les Sioux, que le chemin de Montréal était libre et à couvert de l'ennemi, et que je pouvais passer en toute sûreté. Il mande aux Cris que quelques Sauteux se sont joints à lui et qu'il les attendra au rendez-vous.

Le 28 sont arrivés trente hommes du lac Nipigon, poste de monsieur de La Valtrie, pour se joindre aux guerriers contre les Sioux.

Le même jour, mon fils le chevalier est arrivé du lac Ouinipigon, qui rapporte la mortalité des Cris, causée par la petite vérole. Ceux qui en ont échappé ont relâché, et ont jeté, suivant leur coutume, dans la rivière tout le castor, *pichoux*, martres, etc, des morts et le leur, de sorte que le rivage en était bordé et les portages en étaient pleins, ce qui a été perdu, personne parmi les Sauvages n'osant y toucher. Des dix loges qui étaient avec mon fils, pas un n'en est mort, par les remèdes qu'il leur a donnés et les bons soins qu'il en a pris, ce qui a augmenté l'amitié et la confiance qu'ils avaient en lui et les Français, mais ils ont relâché comme les autres pour secourir le reste des familles désolées. Il n'est venu que dix-huit hommes avec lui pour se joindre aux guerriers.

Le 29, j'ai assemblé les chefs guerriers qui demandaient à parler depuis plusieurs jours, pour avoir leurs besoins pour la guerre. Ils étaient environ deux cent cinquante hommes. Je leur ai donné poudre, balles, tabac, etc. en commun. J'ai habillé le premier chef de guerre et lui ai fait son présent

à part. Je leur ai fort recommandé que s'ils trouvaient des Français dans leur chemin, de les traiter comme moi-même, et s'il y en avait chez les Sioux de les retirer de leurs mains, de peur qu'il ne leur arrivât du mal. Je les ai exhortés de tenir le chemin libre et à couvert de l'ennemi, comme ils me l'ont promis. Je leur ai recommandé la tranquillité avec le Français pendant mon absence, d'avoir soin de mes enfants que je laissais au milieu d'eux et de s'y prendre de bonne heure l'automne pour faire beaucoup de folle avoine pour faire vivre le grand nombre de Français que je comptais de leur envoyer de Michillimakinac. Ils me promirent d'obéir à tout ce que je leur disais, me remercièrent des présents que je leur avais faits et du voyage de Montréal que j'entreprenais en leur faveur. Après tous ces discours, ils partirent tous pour le rendez-vous.

Le 3 juin, à la revue, je fis recevoir mon fils le chevalier pour commandant en mon absence. Je lui ai laissé toutes les instructions nécessaires pour le bon ordre, et après avoir pourvu à la sûreté du fort Saint-Charles, je suis parti avec onze canots français et trois canots sauvages, tous chargés de paquets, sans cependant pouvoir tout emporter. J'ai fait réparer le fort Saint-Pierre en passant et suis arrivé en vingt-deux jours à Kaministiquia où j'ai donné mes ordres pour faire entrer dans les terres les marchandises qui y étaient les plus nécessaires, surtout les poudres, balles, tabac, etc., ce qui n'a pu s'exécuter qu'après l'arrivée des canots de Montréal que j'ai trouvés à soixante lieues du poste dans le lac Supérieur. Je leur ai

"…upon review of the troops, I appointed my son the Chevalier as Commandant during my absence."

exhorted them to hunt well so as to have something to trade with the French, and told them that this was the way to live in harmony and to support their families. I said the same thing to the Crees, who promised to do their best. A Cree chief rose to say: "Father, we speak the truth, but give us your son, whom we have adopted in place of his brother, to choose the location of the fort and to stop any of us from going to the English. We love him and will care for him as if he were one of us." My son, who dearly wishes to make himself useful to the colony, seemed to me to be flattered to go with them in order to bring them back to Fort Saint-Charles this spring, so I granted their request. I thanked the Assiniboines for the guides they had offered me to go to the Kouathéattes. Taking advantage of the advanced season to avoid revealing the fear felt by the French, not to mention my plan to go up the Red River in order to reach Fort Saint-Charles, I used the pretext of seeing the great river which flows from Lake of the Woods into Lake Winnipeg.

■ *La Vérendrye leaves Fort Maurepas on March 11, 1737. In nineteen days he reaches Fort Saint-Charles. On May 26 he sends men to retrieve the bodies of the French massacred the preceding year so that they can be buried in the Chapel of Fort Saint-Charles. The same day, he welcomes the Crees from La Barrière.*

On the 26th sixty Crees from La Barrière arrived and told me that the Crees of Lake Winnipeg whom I had left at Fort Maurepas had all died of smallpox, which they had caught from those who had gone to trade with the English. I made a point of telling them that the Master of Life had punished them for not having come to Fort Saint-Charles as they had promised.

On the 27th a French canoe arrived from Vermilion River from which I learned that Bourassa was leaving for Michillimakinac, and that Eustache was waiting for me there. La Colle informed me, through this means, that because he had lost his daughter he hadn't been able to come as he had promised me, but that he was leading three hundred men against the Sioux, and that the way to Montréal was open and safe from the enemy: I could undertake my journey reassured. He has told the Crees that a few Ojibwas have joined him and that he will wait for them at the meeting place.

On the 28th thirty men arrived from Lake Nipigon, the post of M. de La Valtrie, to join the other warriors against the Sioux.

The same day my son the Chevalier arrived from Lake Winnipeg and reported on the deaths of the Crees from smallpox. Those who survived stopped and threw into the river, according to their custom, all the beaver, lynx, marten, etc., belonging to the dead, as well as their own, so that the banks of the river were lined with them, and the portages were full of them. All of this has been lost, since no Indian dares touch any of it. In the ten lodges which were with my son not one person has died, because of the medicines he gave them and the good care that he took of them, all of which increased the friendship and the confidence they had in him and in the French. However, they stopped like the others in order to assist what was left of the stricken families. Only eighteen men came with him to join the warriors.

On the 29th I assembled the war chiefs who had been asking to speak for several days, to give them what they needed for war. There were about two hundred and fifty men. I gave them all gunpowder, musket balls, tobacco, etc. I clothed the grand war chief and gave him his present separately. I strongly urged them that if they found Frenchmen along their way to treat them as they would treat me, and that if there were any of them with the Sioux, to take them away from there, for fear that harm might come to them. I exhorted them to keep the route open and safe from the enemy, as they promised me. I encouraged them to keep the peace with the French during my absence, to take care of my children, whom I was leaving with them and to act promptly in the autumn to harvest a lot of wild rice and thus provide food for the great number of French that I was hoping to send them from Michillimakinac. They promised to obey me in every respect, thanked me for the presents I had given and for the journey to Montréal that I was undertaking on their behalf. After all of these speeches they all left for the meeting place.

On June 3, upon review of the troops, I appointed my son the Chevalier as Commandant during my absence. I left him all necessary instructions to keep order, and after having provided for the security of Fort Saint-Charles, I left with eleven French canoes and three Indian canoes, all of them

recommandé de faire diligence et, continuant ma route, je suis arrivé à Michillimakinac le 22 juillet et n'en suis parti que le 3 août, après avoir donné tous les ordres nécessaires pour la fourniture des postes de la découverte de la mer de l'Ouest, qui ont été exécutés par le sieur de Lamarque, à qui j'ai donné les connaissances nécessaires pour la traite avec les Sauvages et lui ai conseillé d'y aller lui-même pour rétablir les affaires de la Société, qui ne sont devenues mauvaises que par la faute de ceux qui les ont gérées. ◗

Dans cette lettre adressée à Maurepas, le ministre de la Marine, La Vérendrye se justifie par rapport à son voyage dans l'Est, qu'il a entrepris sans en avoir reçu l'ordre.

Lettre de M. de La Vérendrye à M. de Maurepas

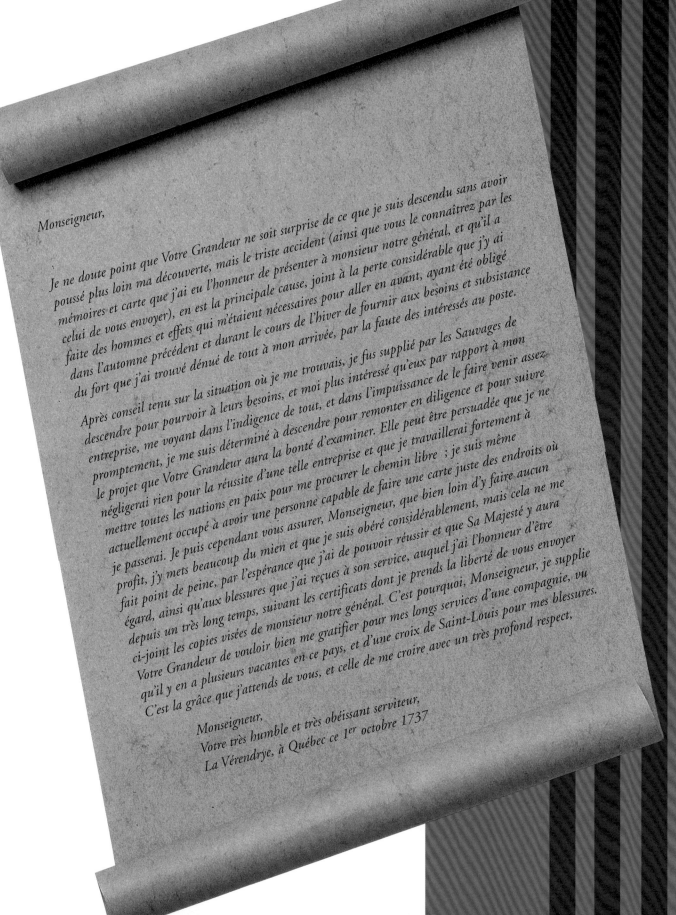

Monseigneur,

Je ne doute point que Votre Grandeur ne soit surprise de ce que je suis descendu sans avoir poussé plus loin ma découverte, mais le triste accident (ainsi que vous le connaîtrez par les mémoires et carte que j'ai eu l'honneur de présenter à monsieur notre général, et qu'il a celui de vous envoyer), en est la principale cause, joint à la perte considérable que j'y ai faite des hommes et effets qui m'étaient nécessaires pour aller en avant, ayant été obligé dans l'automne précédent et durant le cours de l'hiver de fournir aux besoins et subsistance du fort que j'ai trouvé dénué de tout à mon arrivée, par la faute des intéressés au poste.

Après conseil tenu sur la situation où je me trouvais, je fus supplié par les Sauvages de descendre pour pourvoir à leurs besoins, et moi plus intéressé qu'eux par rapport à mon entreprise, me voyant dans l'indigence de tout, et dans l'impuissance de le faire venir assez promptement, je me suis déterminé à descendre pour remonter en diligence et pour suivre le projet que Votre Grandeur aura la bonté d'examiner. Elle peut être persuadée que je ne négligerai rien pour la réussite d'une telle entreprise et que je travaillerai fortement à mettre toutes les nations en paix pour me procurer le chemin libre ; je suis même actuellement occupé à avoir une personne capable de faire une carte juste des endroits où je passerai. Je puis cependant vous assurer, Monseigneur, que bien loin d'y faire aucun profit, j'y mets beaucoup du mien et que je suis obéré considérablement, mais cela ne me fait point de peine, par l'espérance que j'ai de pouvoir réussir et que Sa Majesté y aura égard, ainsi qu'aux blessures que j'ai reçues à son service, auquel j'ai l'honneur d'être depuis un très long temps, suivant les certificats dont je prends la liberté de vous envoyer ci-joint les copies visées de monsieur notre général. C'est pourquoi, Monseigneur, je supplie Votre Grandeur de vouloir bien me gratifier pour mes longs services d'une compagnie, vu qu'il y en a plusieurs vacantes en ce pays, et d'une croix de Saint-Louis pour mes blessures. C'est la grâce que j'attends de vous, et celle de me croire avec un très profond respect,

Monseigneur,
Votre très humble et très obéissant serviteur,
La Vérendrye, à Québec ce 1er octobre 1737

loaded with bales, although we were not able to take everything. En route I had Fort Saint-Pierre repaired and I arrived within twenty-two days at Kaministiquia, where I gave orders to have the most necessary trade goods carried to the interior, and especially gunpowder, musket balls, tobacco, etc. This couldn't be done before the arrival of the canoes from Montréal, which I found at a distance of sixty leagues from the post, on Lake Superior. I urged them to make haste and, continuing on my way, I arrived at Michillimakinac on July 22. I didn't leave there until August 3, after having given all orders necessary for supplying the posts for the discovery of the Western Sea. These orders were carried out by Sieur de Lamarque, to whom I gave the necessary instructions for trading with the Indians, and whom I advised to go there himself to improve the affairs of the *Société* which have soured only through the fault of those who were managing them.

Letter of M. de La Vérendrye to M. de Maurepas

In this letter, sent to Maurepas, Minister of Marine, La Vérendrye defends his decision to return east without having received orders to do so.

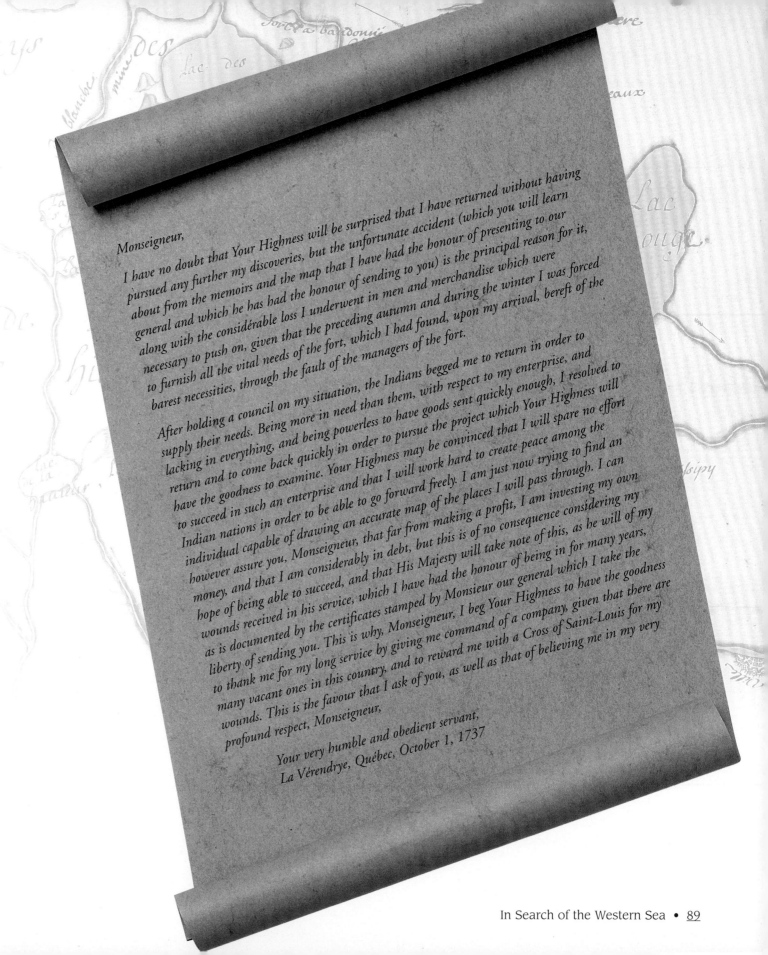

Monseigneur,

I have no doubt that Your Highness will be surprised that I have returned without having pursued any further my discoveries, but the unfortunate accident (which you will learn about from the memoirs and the map that I have had the honour of presenting to our general and which he has had the honour of sending to you) is the principal reason for it, necessary to push on, given that the preceding autumn and during the winter I was forced along with the considerable loss I underwent in men and merchandise which were to furnish all the vital needs of the fort, which I had found, upon my arrival, bereft of the barest necessities, through the fault of the managers of the fort.

After holding a council on my situation, the Indians begged me to return in order to supply their needs. Being more in need than them, with respect to my enterprise, and lacking in everything, and being powerless to have goods sent quickly enough, I resolved to return and to come back quickly in order to pursue the project which Your Highness will have the goodness to examine. Your Highness may be convinced that I will spare no effort to succeed in such an enterprise and that I will work hard to create peace among the Indian nations in order to be able to go forward freely. I am just now trying to find an individual capable of drawing an accurate map of the places I will pass through. I can however assure you, Monseigneur, that far from making a profit, I am investing my own money, and that I am considerably in debt, but this is of no consequence considering my hope of being able to succeed, and that His Majesty will take note of this, as he will of my wounds received in his service, which I have had the honour of being in for many years, as is documented by the certificates stamped by Monsieur our general which I take the liberty of sending you. This is why, Monseigneur, I beg Your Highness to have the goodness to thank me for my long service by giving me command of a company, given that there are many vacant ones in this country, and to reward me with a Cross of Saint-Louis for my wounds. This is the favour that I ask of you, as well as that of believing me in my very profound respect, Monseigneur,

Your very humble and obedient servant,
La Vérendrye, Québec, October 1, 1737

Chapter Four
The Forks

Chapitre quatre
À la Fourche

IV

En 1738, Beauharnois fit comprendre à La Vérendrye que son avenir dans l'Ouest dépendait de la réussite de l'expédition chez les Mandanes. Il n'oublia pas non plus de rappeler aux marchands leurs responsabilités. Le 22 septembre 1738, l'explorateur arrivait au fort Maurepas, et le 3 octobre, après avoir atteint la fourche des rivières Rouge et Assiniboine, il remonta la rivière Assiniboine et construisit le fort La Reine. Il accepta aussi le plan de Louis Damours de Louvières de construire un petit fort à la « fouche des Assiniboines » : c'était le premier poste que des Européens construisaient sur l'emplacement de la future ville de Winnipeg.

▷ Early painting depicting Fort Rouge at the Forks at the Red and Assiniboine Rivers.

■ Une ancienne peinture montrant le fort Rouge à la Fourche des rivières Rouge et Assiniboine.

IV

In 1738 Beauharnois let La Vérendrye know that his future in the West depended on the success of the expedition to the Mandans. Nor did he forget to remind the merchants of their responsibilities. On September 22, 1738 the explorer arrived at Fort Maurepas and on October 3, having reached the forks of the Assiniboine and Red rivers, he went up the Assiniboine River and built Fort La Reine. He also agreed to Louis Damours Louvières' plan to build a small fort at the forks of the rivers. This was the first post built by Europeans on the site of the future city of Winnipeg.

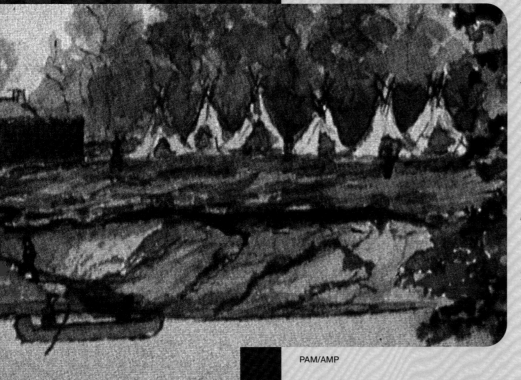

PAM/AMP

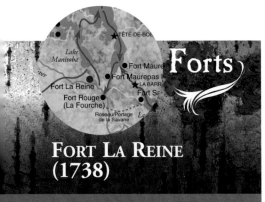

Forts

FORT LA REINE (1738)

Érigé entre le 3 et le 15 octobre 1738, sur la rive nord de l'Assiniboine, le fort La Reine était dans le proche voisinage de la ville actuelle de Portage la Prairie. « Je marchai six jours [depuis la Fourche] en employant bien le temps. Le deux d'octobre au soir, les Sauvages m'avertirent que je ne pouvais monter plus loin, la rivière étatnt trop basse; ... que j'étais dans l'endroit le plus favorable de la rivière, tant pour le bois (de construction) que pour la portée de tout le monde, étant au portage qui va au lac des Prairies; car c'est le chemin des Assiniboines pour aller aux Anglais : "Tu arrêteras tout le monde étant ici; tu veux aller chez les Mandanes : te voilà à la portée du chemin." » (Journal de La Vérendrye, 1739)

L'événement le plus important pour la Vérendrye serait sans aucun doute le voyage chez les Mandanes. En février 1737, il avait déjà tenté, du fort Maurepas, de se diriger vers les territoires de cette nation, mais ses hommes, effrayés des Sioux, refusèrent de prendre part à cette nouvelle expédition. Cette fois-ci, les conditions s'avéraient idéales et il s'y rendit avec ses deux fils, François et Louis-Joseph, quelques marchands-voyageurs, les frères Nolan et une poignée d'engagés. Le groupe des Français, accompagné de plusieurs centaines d'Assiniboines qui s'étaient joints à eux au cours de leur descente dans le Dakota du Nord, pénétrèrent le 3 décembre 1738 dans le principal village mandane situé tout près de la ville actuelle de Sanich. La Vérendrye croyait que cette nation, qu'on lui avait dit d'être des Blancs, était d'une importance vitale pour ses intérêts. Le manque de communication, dû au désistement d'un jeune interprète cri, empêcha les Français d'amasser des informations précises en ce qui concerne la possibilité d'une route plus au sud menant à la mer de l'Ouest.

Finalement, au bout de quelques semaines, La Vérendrye, après avoir laissé deux Français pour qu'ils puissent apprendre la langue et assembler des informations sur de nouvelles directions, retourna au fort La Reine.

Il s'attendait, au printemps, à recevoir beaucoup de pelleteries des Cris et des Assiniboines. Mais il semble que la plupart d'entre eux allèrent traiter avec les Anglais de la baie d'Hudson avec qui ils négociaient depuis de nombreuses années. De fait, l'argent des fourrures pour cette année-là (22 000 livres) fut insuffisant pour payer les frais de l'expédition. Même si l'entente entre les marchands et La Vérendrye fut meilleure, la coordination laissait à désirer : en mai 1739, les effets et le matériel que les marchands-équipeurs devaient amener au Grand Portage n'arrivèrent pas et les hommes envoyés pour les récupérer décidèrent de se rendre à Michillimakinac où ils durent acheter du matériel à un prix très élevé. En France, Maurepas continuait d'accuser La Vérendrye de son manque d'efficacité et de profiter du commerce des fourrures.

PERSPECTIVE

Dans son journal de 1738-1739, La Vérendrye critique souvent les Assiniboines qu'il dépeint comme volages, faciles à tromper et surtout peu courageux. De plus, d'après l'explorateur, les Mandanes sont de biens meilleurs marchands que les Assiniboines, mais son jugement d'Européen le porte à ne voir peut-être que le profit. Pour les autochtones, d'autres aspects comptent; certaines couleurs et certains objets trouvent leur valeur dans leur fonction symbolique. Les Mandanes, réputés pour être d'habiles travailleurs du cuir, échangent des objets importants pour les Assiniboines, tels que des robes, des plumes et des colliers colorés. En fait, nous assistons à un échange commercial traditionnel entre deux nations, auquel les Français ont tout simplement été conviés sans vraiment y participer puisqu'on leur a volé leurs présents. Si on ajoute à cet échec le fait que les Mandanes ne sont pas des « Blancs » comme les Assiniboines l'avaient insinué, on peut comprendre la frustration du découvreur et la cause de certaines remarques désobligeantes.

De fait, il nous semble que les Assiniboines, d'une manière subtile, tout en faisant preuve de générosité envers les nouveaux venus, mènent leurs affaires en toute liberté, ce que La Vérendrye ne semble pas comprendre. Cependant, les commentaires de La Vérendrye ne sont pas tous exempts d'objectivité, comme dans le cas de sa description de la marche des Assiniboines dans les prairies et leur manière de chasser le bison en cours de route, ou même leur hospitalité quand ils accueillent les Français dans leurs villages. Nous retrouvons le même souci de transparence quand le découvreur décrit les villages mandanes, et le ton du journal est, dans son ensemble, assez humoristique et agréable.

Maurepas continuait d'accuser La Vérendrye de son manque d'efficacité...

More important for the explorers was the trip to the Mandans. In February 1737 La Vérendrye had already attempted to head towards this nation's territory from Fort Maurepas, but his men, frightened by the Sioux, refused to join the expedition. This time conditions were ideal and he left along with his two sons, François and Louis-Joseph, some merchant *voyageurs*, the Nolan brothers and a handful of *engagés*. The French party, accompanied by several hundred Assiniboines who had joined them during their journey southwards into North Dakota, reached the principal Mandan village, found near the present town of Sanich, North Dakota on December 3, 1738. La Vérendrye considered this unusual First Nation — who were rumoured to be descended from white men — crucial for his interests. But lack of communication, caused by the desertion of a young Cree interpreter, prevented the French from gathering precise information concerning the possibility of a more southerly route which might lead to the Western Sea.

Finally, after a few weeks, La Vérendrye returned to Fort La Reine, having left behind two Frenchmen so that they could learn the language and gather information on new routes. He expected to receive many furs from the Crees and the Assiniboines in the spring. It seems, however, that most preferred to deal with the English on Hudson Bay, with whom they had traded for many years. In fact the money obtained from furs for that year (22,000 *livres*) did not cover the cost of the expedition. Even though the agreement between La Vérendrye and the merchants was better than before, coordination of operations was unsatisfactory: in May 1739 the goods and supplies that the merchants suppliers were to bring to Grand Portage didn't arrive and the men sent to get them decided to go to Michillimakinac where they had to buy supplies at a very high price. In France, Maurepas continued to accuse La Vérendrye of inefficiency and of profiting from the fur trade.

PERSPECTIVE

In the journal of 1738-1739 La Vérendrye frequently criticizes the Assiniboines whom he portrays as unreliable, gullible and lacking in courage. According to the explorer, the Mandans are much better traders than the Assiniboines, but he tends not to look beyond profit. For the Natives, the exchange process itself held symbolic value. The Mandans were renowned for their fine craftsmanship in leather, they traded objects which were highly prized by the Assiniboines, such as robes, feathers and coloured necklaces. In fact, we witness here a traditional commercial exchange to which the French have been invited as mere onlookers, and not as active participants, a fact which is made obvious when their presents are stolen. If we add to this setback the realization that the Mandans are not related to the Europeans as the Assiniboines had led La Vérendrye to believe, we can better understand the explorer's frustration and the reasons behind his unkind remarks.

In fact, a more accurate representation would reveal the Assiniboines displaying their generosity to the newcomers, all the while freely conducting their affairs as usual, a fact which La Vérendrye fails to grasp. However, not all of La Vérendrye's comments are lacking in admiration, such as when he describes the Assiniboines' march in the prairies and their method of hunting bison while en route, or even when he describes their hospitality as they welcome the French to their villages. We find the same concern for accuracy when he describes the Mandan village, and the tone, on the whole, is rather humorous and pleasant.

Maurepas continued to accuse La Vérendrye of inefficiency and of profiting from the fur trade.

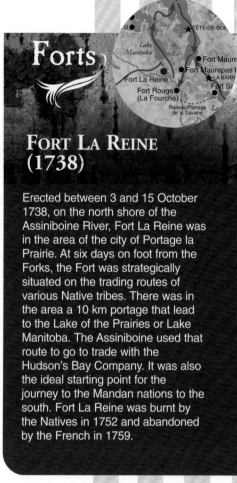

Forts

FORT LA REINE (1738)

Erected between 3 and 15 October 1738, on the north shore of the Assiniboine River, Fort La Reine was in the area of the city of Portage la Prairie. At six days on foot from the Forks, the Fort was strategically situated on the trading routes of various Native tribes. There was in the area a 10 km portage that lead to the Lake of the Prairies or Lake Manitoba. The Assiniboine used that route to go to trade with the Hudson's Bay Company. It was also the ideal starting point for the journey to the Mandan nations to the south. Fort La Reine was burnt by the Natives in 1752 and abandoned by the French in 1759.

LE JOURNAL

Le 31 août, La Vérendrye est au fort Saint-Charles. Il réussit à convaincre ses alliés, le chef monsoni La Colle, le chef cri La Mikouenne et le chef assiniboine Le Chenail, de ne pas partir en guerre contre les Sioux. Finalement La Vérendrye part du fort Saint-Charles le 11 septembre pour se rendre au fort Maurepas.

Journal en forme de lettre, depuis le 20 de juillet 1738. De mon départ de Michillimakinac jusqu'en mai 1739. Envoyé à monsieur le marquis de Beauharnois, commandeur des ordres militaires de Saint-Louis, gouverneur et lieutenant général de toute la Nouvelle-France, terres et pays de la Louisiane, par son très humble serviteur La Vérendrye, lieutenant d'une compagnie du détachement de la Marine en Canada, chargé de ses ordres pour la découverte de la mer de l'Ouest.

J'arrivai au fort Maurepas le 22, où je fis la revue des armes, publiai vos ordres concernant ledit poste, en donnai copie au sieur de Louvières, commis pour ces messieurs, détachai cinq de ses hommes pour venir avec moi, comme j'étais convenu. Je laissai au sieur de Louvières neuf hommes.

Je me rendis à la fourche des Assiniboines le 24, où je trouvai dix cabanes de Cris, deux chefs de guerre, qui m'attendaient avec bien des viandes, ayant été avertis que je venais. Ils me prièrent de leur accorder un séjour pour avoir le plaisir de nous voir et nous donner à manger. Je leur accordai, étant bien aise de leur parler.

Je fis venir les deux chefs à ma tente. Je savais qu'ils allaient tous les ans aux Anglais, que l'on m'avait rapporté qu'il y en avait un qui avait reçu un collier des Anglais avec un présent pour jouer un mauvais tour aux Français. Je dis à celui que l'on m'avait accusé tout ce qui m'avait été dit de lui. J'ai eu l'honneur de vous en écrire l'année dernière de Michillimakinac, des bruits qui couraient à ce sujet. Il me répondit : « Mon Père, je sais que j'ai beaucoup d'envieux qui parlent contre moi. Je n'ai point été aux Anglais il y a plus de six ans. J'ai envoyé à la vérité ces dernières années que le Français nous a abandonnés. Il nous fallait avoir nos besoins. Demande à ceux qui ont été pour moi que voilà ici, s'ils ont entendu parler de quelque chose d'approchant. Je te peux assurer que l'Anglais est tranquille et ne nous parle point du Français. Ce sont des menteurs qui ont fait courir ces bruits-là, tu en connaîtras la vérité par la suite. Tant que le Français tiendra ici nos terres, nous te promettons de ne point aller ailleurs. » Je leur fis un petit présent pour les encourager à tenir leur parole.

Je leur fis le récit de tout ce que j'avais dit à tous les autres, tant de vos ordres que des nouvelles. Notre vieux leur fit ensuite un grand récit de son voyage, ce qui leur fit bien plaisir. Le chef que j'avais accusé me dit : « Mon Père, nous te remercions de ce que tu as bien parlé là-bas à notre Père pour nous. Nous connaissons aujourd'hui qu'il a pitié de nous en nous envoyant des Français sur nos terres pour nous apporter nos besoins. Nous nous

tiendrons tranquilles comme il le souhaite, que les Sioux en fassent de même. Nous avons toujours le cœur malade de ton fils, qui est venu le premier bâtir un fort sur nos terres; nous l'aimions beaucoup. J'ai déjà été une fois en guerre pour le venger : je n'ai défait que dix cabanes, qui n'est pas suffisant pour nous contenter, mais aujourd'hui notre Père nous ordonne de nous tenir tranquilles, nous le ferons. »

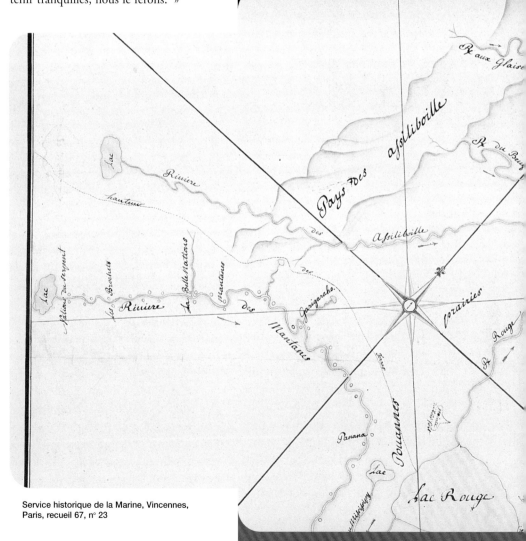

The Canadian West in 1740. "Map showing the new discoveries in Western Canada, lakes, rivers, and nations who live there in the year 1740." Hand-drawn by a member of La Vérendrye's expedition.

L'Ouest du Canada en 1740. « Carte contenant les nouvelles découvertes de l'Ouest du Canada, lac, rivières et nations qui y habitent en l'année 1740. » Carte dessinée à la main par un membre de l'expédition de La Vérendrye.

Service historique de la Marine, Vincennes, Paris, recueil 67, n° 23

THE JOURNAL

On August 31, 1738 La Vérendrye is at Fort Saint-Charles. He has succeeded in convincing his allies, the Monsoni chief La Colle, the Cree chief La Mikouenne and the Assiniboine chief Le Chenail not to go to war against the Sioux. Finally, La Vérendrye leaves Fort Saint-Charles on September 11 in order to reach Fort Maurepas.

Journal in letter form, from my departure from Michillimakinac on July 20, 1738 to May 1739. Sent to Monsieur le Marquis de Beauharnois, Commander of the Military Orders of Saint-Louis, Governor and Lieutenant General of all of New France and the lands and territories of Louisiana, by his very humble servant La Vérendrye, lieutenant of a company of the Marine Detachment in Canada, under his orders for the discovery of the Western Sea.

I arrived at Fort Maurepas on the 22nd, where I reviewed the troops, made your orders known concerning this post, gave a copy of them to Monsieur de Louvières, clerk for these gentlemen, and took five of his men to come with me, as had been agreed. I left nine men with Monsieur de Louvières.

I arrived at the forks of the Assiniboines on the 24th, where I found ten Cree lodges and two war chiefs, who were waiting for me with a large quantity of meat, having been alerted that I was coming. They entreated me to stay with them for a while to give them the pleasure of seeing us and of inviting us to eat. I agreed to this, being quite happy to speak to them.

I had the two chiefs come to my tent. I knew that they were going each year to the English and I had been told that one of them had received a necklace from the English with a present so that he would play a nasty trick on the French. I told the one who had been accused all that had been said about him. I had the honour of writing you about this last year from Michillimakinac, and about the things people were saying concerning this matter. He answered me: "Father, I know that there are a lot of envious people who are speaking against me; I have not been to the English for over six years. In truth, when the French abandoned

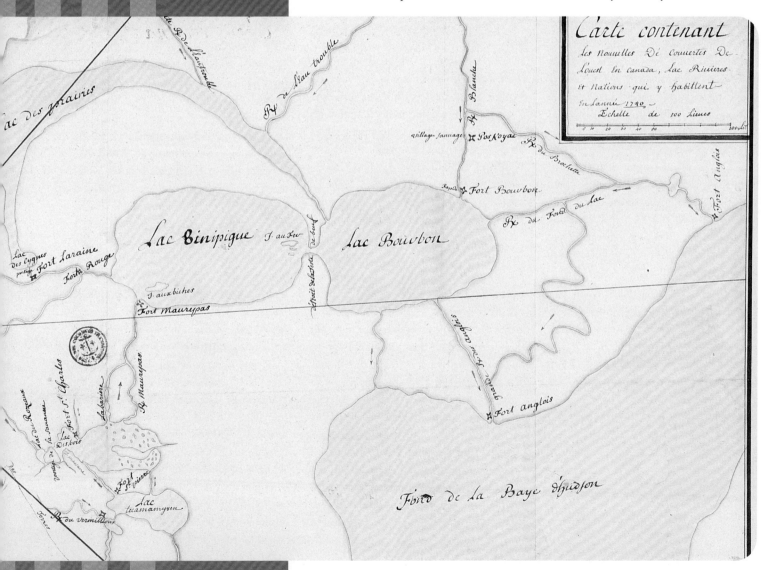

Forts

PREMIÈRE « FOURCHE » DE LA RIVIÈRE SASKATCHEWAN (1739)

« C'est le chevalier de La Vérendrye, qui, le premier, en a fait la découverte et qui a monté jusqu'à la fourche, où est le rendez-vous, tous les printemps, des Cristinaux des Montagnes, des Prairies et des Rivières, pour délibérer ce qu'ils doivent faire, soit pour aller chez les Français ou chez les Anglais. » Cette « fourche » dont parle La Vérendrye serait celle du confluent de la rivière Paskoya et de la rivière Summerberry, confluent qui est à quelques milles seulement de la décharge de la Paskoya ou Saskatchewan dans le lac des Cèdres, et qui conduit au lac à l'Orignal ou Moose Lake, dans la direction de la baie d'Hudson.

Il me demanda ensuite où je prétendais aller, que la rivière des Assiniboines était fort basse : nous courions grand risque de mettre nos canots hors de service, de plus que nous allions chez des gens qui ne savaient point tuer le castor, ne se couvraient que de peaux de bœuf, ce qu'il ne nous fallait point; c'étaient gens sans esprit qui n'avaient jamais vu de Français, et ne le pourraient connaître. Je lui répondis que je voulais aller dans l'automne chez cette nation de Blancs dont l'on m'avait tant parlé, que je monterais la rivière le plus que je pourrais pour me mettre à portée de faire mon voyage selon vos ordres, et que je voulais augmenter le nombre de vos enfants, apprendre à chasser aux Assiniboines et leur donner de l'esprit, que l'année prochaine j'irais d'un autre bord. « Tu risques beaucoup, mon Père, que les canots ne sortent à lège. Il y a beaucoup d'Assiniboines, c'est vrai; ils ne savent point la chasse du castor. Je souhaite que tu leur donnes de l'esprit. »

Je partis le 26. Mon vieux me demanda à rester quelques jours avec les Cris qui le lui demandaient avec grande instance; qu'il me rejoindrait en peu. Comme il avait sa voiture, j'y consentis volontiers et lui recommandai de bien encourager ces gens-là à bien chasser, porter des vivres aux forts français, et à tenir la parole qu'ils m'avaient donnée de ne point aller aux Anglais. Il me dit qu'il leur parlerait de son mieux, qu'il espérait que je serais content.

Je trouvai les eaux fort basses, l'été s'est passé sans pluie. La rivière vient de l'ouest, serpente beaucoup, large et grand courant, beaucoup de battures. Elle est bordée d'un beau bois sur ses bords, et prairies à perte de vue dans les profondeurs où il y a beaucoup de bœufs et cerfs. Je pris le parti d'aller par terre, à suivre les prairies, avec le monde inutile dans les canots. Le chemin est bien plus court par les prairies, l'on coupe plusieurs pointes de la rivière à la fois, l'on peut tenir un chemin droit. Le gibier est le long de la rivière, en grande abondance. Je ne marchai pas longtemps sans rencontrer des Assiniboines qui avaient été avertis que je montais dans leur rivière, venaient au-devant de moi. Je poursuivis toujours mon chemin, remettant à leur parler sur leurs terres. La compagnie augmentait tous les jours. Je marchai six jours en employant bien le temps.

Le 2 d'octobre au soir, les Sauvages m'avertirent que je ne pouvais monter plus loin, la rivière [étant] trop basse, que mes canots ne pouvaient passer outre, que j'étais dans l'endroit le plus favorable de la rivière tant pour le bois que pour la portée de tout le monde, étant au portage qui va au lac des Prairies, car c'est le chemin des Assiniboines pour aller aux Anglais : « Tu arrêteras tout le monde étant ici; tu veux aller chez les Mandanes, te voilà à la portée du chemin. » Je consultai sur ce que nous devions faire, nous comptant environ à soixante lieues de la fourche par eau, et par terre trente-cinq à quarante, à prendre les prairies. Tous se trouvèrent d'accord, voyant que nous ne pouvions passer outre

et que nous courions grand risque de mettre nos canots hors d'état de pouvoir sortir, étant dans un endroit sans ressource dans l'endroit pour les accommoder, n'ayant ni gomme ni racines; qu'il était plus à propos de rester dans un endroit où il y avait beau à bâtir et qui était le chemin pour aller aux Anglais; que nous avions lieu d'espérer bien du monde et tous gens qui certainement ne vont point au fort Maurepas.

Je me déterminai, le 3 au matin, à choisir un endroit avantageux pour y bâtir un fort, que je fis commencer sur-le-champ. J'espérais toujours que monsieur de Lamarque me viendrait joindre. Si j'eusse monté plus haut, il n'aurait pu me venir trouver. Je parlai aux Assiniboines pendant que l'on bâtissait à force. Je les assemblai tous près de ma tente, leur fis un présent de votre part en poudre, balles, tabac, haches, couteaux, tranches, alènes, le tout bien estimé parmi eux qui sont en grande nécessité de tout. Ils me reçurent en grande cérémonie, bien de pleurs pour témoignage de leur joie. Pour leur peine, je les reçus au nombre de vos enfants, leur faisant ensuite une ample instruction de vos ordres, répétant à plusieurs fois afin qu'ils le pussent concevoir. Cela parut leur faire un grand plaisir. Ils me firent de grands remerciements, en promettant des merveilles. Je leur recommandai de faire savoir aux Assiniboines de la rivière Rouge qu'il y avait des Français chez eux, que les Français ne les abandonneraient point tant qu'ils auraient de l'esprit. Ils devaient connaître la bonté que vous aviez pour eux en leur envoyant leurs besoins de si loin; que

us I sent [our people] there in recent years. Our needs had to be met. Ask those who have been on my side and who are here if they have heard me speak of anything similar to this. I can assure you that the Englishman is peaceful and does not talk to us about the Frenchman. They are liars who have told these tales, you will eventually find out the truth. As long as the Frenchman stays on our land we promise you we won't go anywhere else." I gave them a small present to encourage them to keep their word.

I told them of all I had told all the others about your orders and the news. Our elder then gave them a grand account of his trip, which pleased them very much. The chief whom I had accused said to me: "Father, we thank you for having spoken well for us to our Father far away. We know now that he has taken pity on us by sending the French to our lands to meet our needs. We will keep the peace, as he wishes; let the Sioux do the same. We are heartsick about your son, who was the first to come build a fort on our land. We loved him well. I have already been to war once to avenge him. I only defeated ten lodges, which is not enough to make us happy, but today our Father orders us to keep the peace, and we will do so."

He asked me afterwards where I intended to go, given that the Assiniboine River was quite low, and that we would run a great risk of damaging our canoes beyond repair. In addition we were going among people who did not know how to kill beaver, and who only dressed in buffalo hides, of which we had no need. These were people without discernment who had never seen the French, and who could not understand them. I answered that I wished to go in the fall to this nation of white men of whom I had heard so much, and that I would go up the river as far as possible in order to pursue my voyage according to your orders. I added that I wished to increase the number of your children, to teach the Assiniboines how to hunt and to give them guidance, and that next year I would go elsewhere: "You are taking a great risk, Father, that the canoes will leave there empty; there are many Assiniboines, it is true; they don't know how to hunt beaver. I hope that you can give them guidance."

I left on the 26th. My elder asked me to stay a few days with the Crees, who were insisting that he do so, saying that he would catch up to me in a little while. Since he had his own canoe, I willingly agreed, and advised him to encourage these people to hunt well, to take provisions to the French forts and to keep the promise that they had made me not to go to the English. He told me that he would speak to them as well as he could and that he hoped I would be happy.

I found the waters quite low; there had been no rain that summer. The river comes from the west, is very winding, wide and has a swift current with many sand bars. It is lined with fine woods along its banks and, as far as one can see in the distance, there are prairies full of buffalo and deer. I decided to go overland, following the prairies, leaving the people I did not need in the canoes. The way is much shorter over the prairies: you cut through several bends of the river and keep to a straight path. Abundant game is to be found along the river. I hadn't marched very far before meeting some Assiniboines who had been alerted that I was coming up their river, and who were coming to meet me. I still continued on my journey, putting off speaking to them until I reached their lands. Their company grew in number every day. I marched for six days, using my time well.

On the evening of October 2, the Indians warned me that I could not go any further, that the river was too shallow, and that my canoes could not get through. They told me that I was in the most advantageous part of the river, both for the woods and for being within reach of everyone, given that we were at the portage which goes to Lake of the Prairies, for this is the trail the Assiniboines take to go to the English. "Everyone will stop here because of you; you want to go to the Mandans, here you are close to the trail." I consulted the others as to what to do, estimating that we were sixty leagues from the Forks by water, and by land thirty-five or forty, going across the prairies. All agreed, seeing we couldn't go any further, and that we were running the risk of damaging the canoes so much that we would not be able to leave, given that we were in a place without materials for repairing them, as there were neither resin nor roots. It was better that we stay at a site which was ideal for building and which was on the way to the English. We had reason to hope many peo-

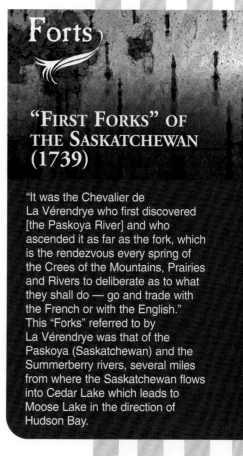

leur parent, le vieux que j'avais mené avec moi, leur pouvait dire ce qui en était arrivé à nous du jour. Il n'épargnait rien à la vérité pour les bien instruire, et leur apprendre ce qui en est d'avoir affaire aux Français. Tout finit par de grands pleurs et remerciements.

Quelques jours après, je m'assurai d'un guide, que je payai avec d'autres pour m'accompagner à ma découverte et me porter de l'équipage.

Le 9 au soir, monsieur de Lamarque avec le sieur Nolan son frère, huit hommes en deux canots, arrivèrent à nous, ce qui me fit beaucoup de plaisir. J'en témoignai ma reconnaissance à monsieur de Lamarque de la peine qu'il avait bien voulu prendre de nous amener du renfort. Je m'informai de lui s'il avait laissé bien du monde au fort Saint-Charles, lac des Bois, et ce qu'il avait laissé au fort Maurepas. Il me répondit qu'il avait laissé huit hommes au premier avec deux traiteurs, ayant amené tout ce qu'il y avait de canots, n'espérant pas pour cela les pouvoir charger, n'ayant pu apporter grand marchandises; qu'il m'avait promis de me venir joindre : il n'avait pas voulu me manquer de parole; que j'avais besoin de monde pour ma découverte, qu'il m'en amenait, et cela sans lui faire de tort, n'ayant pas besoin de son monde pendant le cours de l'hiver. Je le remerciai en lui disant que s'il ne gagnait dans notre découverte, il aurait toujours pour épargner, lui et tout son monde, des frais jusqu'au retour. Il me dit qu'il voulait entrer dans la dépense. Je lui répondis que cela ne serait pas : il me suff-

isait qu'il me fournît du monde et lui-même, sans qu'il fusse de besoin d'entrer dans la dépense; que j'avais déjà mis à part. Je lui donnai une place à sa demande dans mon fort pour y bâtir une maison, à loger tout son monde au retour de notre voyage.

Le 15 du mois, le fort et les maisons étant achevés, je songeai à tout faire apprêter pour mon départ. Monsieur de Lamarque me dit avoir amené monsieur de Louvières à la fourche avec deux canots pour y bâtir un fort à la commodité des gens de la rivière Rouge. Je trouvai cela bon si les Sauvages sont avertis.

Le 16, je fis battre la générale pour passer tout le monde en revue, et détachai ce qu'il me fallait de monde pour ma découverte. Après la revue des armes, je fis publier vos ordres de ce qui regarde le poste, détachai vingt hommes, dix à monsieur de Lamarque, et dix des miens. Je les avertis de se tenir prêts pour le 18, leur fis donner une livre de poudre, vingt balles à chacun, souliers, hache, chaudière pour leur utilité dans le voyage; donnai à chaque homme, Français et Sauvages, un sac de poudre de quatre livres, soixante balles, deux brasses de tabac, quelques menuités de marchandises, plus pour leurs besoins que pour autre chose, comme alènes,

After a successful hunt, the Plains tribes would prepare bison meat for transportation.

Après la chasse, les tribus des Prairies dépeçaient les bisons.

CUSB

ple would come, including all the people who certainly do not go to Fort Maurepas.

I determined on the morning of the 3rd to choose an advantageous spot to build a fort, which I ordered begun immediately. I was still hoping that Monsieur de Lamarque would come to join me. If I had gone further upriver he wouldn't have been able to find me. I spoke to the Assiniboines while we were hard at work building the fort; I assembled them all close to my tent, and I gave them a present on your behalf of gunpowder, musket balls, tobacco, hatchets, knives, hoes and awls, all of which are highly valued by them as they are in great need of everything. They received me with great ceremony and many tears as proof of their joy. For their troubles, I received them among your children, giving them afterwards ample instructions concerning your orders, and repeating myself many times to make sure they understood. This seemed to afford them great pleasure. They thanked me profusely, promising me great deeds. I urged them to let the

Assiniboines of the Red River know that there were Frenchmen on their land, and that the French would never abandon them as long as they showed good judgement. They should be aware of the kindness you felt for them in sending them their needs from so far, and that their relative, the elder I had taken with me, would be able to tell them what had happened to us from that day. In truth, he spared no effort to enlighten them and to teach them what it is like to deal with the French. All ended with many tears and thanks.

A few days later I obtained a guide whom I paid, along with some others, to accompany me on my mission of discovery, and to carry my belongings.

On the evening of the 9th Monsieur de Lamarque with his brother Sieur Nolan and eight men in two canoes arrived, which gave me great pleasure. I offered my thanks to Monsieur de Lamarque for the trouble that he had taken to bring us reinforcements. I asked him if he had left many men at Fort Saint-Charles on Lake of the Woods and what he had left at Fort Maurepas. He answered that he had left eight men and two traders at the first fort, having taken all the canoes that were there, not that he was expecting to be able to load them as he had not been able to bring many trade goods. He said that he had promised to meet me and did not wish to break his word. He said that I needed men for my mission and that he was bringing some to me, without doing himself any harm, since he did not need his men during the winter months. I thanked

pierres à fusil, tire-bourres, battefeux. Je fis mettre dans un sac de cuir ce que je voulais porter pour le présent, qu'une femme de notre guide me portait; et tout ce qui m'était utile pour mon particulier, mon domestique et mon esclave le portaient. Cela distribué, je fis recevoir Sanschagrin, homme d'esprit, sage et prudent, qui me fait la fonction de sergent, commandant à mon absence, menant mes deux enfants avec moi, lui laissant deux soldats et dix engagés pour la garde du fort, lui donnai ensuite l'ordre et instruction par écrit de tout ce qu'il avait à faire pendant mon absence.

Le 18, tout étant en bon ordre dans le fort, je fis partir tout notre monde avec ordre d'aller camper proche et partis ensuite avec monsieur de Lamarque sur le midi, en encourageant les Sauvages que je laissais au fort de chasser aux bœufs, le castor n'étant pas encore bon, pour fournir des vivres aux Français que je laissais. Notre petite bande consistait à cinquante-deux personnes : vingt engagés, tous bons hommes, monsieur de Lamarque, son frère, mes deux enfants, mon domestique, un esclave, le reste : des Sauvages. Le troisième jour de notre départ, un village de quarante cabanes assiniboines nous joignit à dessein de me parler. Le chef me demanda de vouloir bien lui accorder la journée pour avoir le plaisir de nous voir et nous donner à manger. Je le lui accordai à la sollicitation de notre guide. Je fis un petit présent au chef, de poudre, et lui fis tout le récit que j'avais fait à tous les autres.

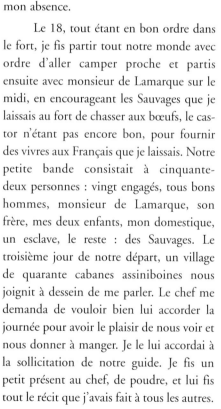

« Le troisième jour de notre départ, un village de quarante cabanes assiniboines nous joignit à dessein de me parler. »

Il me témoigna beaucoup de reconnaissance, en promettant bien des merveilles, qu'ils allaient porter des vivres aux Français et chasseraient de leur mieux, afin d'avoir leurs besoins.

Ils restent quelques jours chez les Assiniboines pour se préparer à aller chez les Mandanes. Puis, c'est le départ.

Le 20, tout le village se mit en marche pour se rendre à dix-sept lieues de là, où ils avaient marqué le rendez-vous aux Mandanes. Tous les jours l'on ne nous

After a lengthy discussion, the entire Assiniboine village decides to accompany La Vérendrye southwards in a search for the Mandan nation.

Après de longues discussions, un village entier d'Assiniboines décide d'accompagner La Vérendrye vers le sud à la recherche du pays des Mandanes.

NFB/ONF

him and told him that if he gained nothing from our discoveries, he and his people would at least be spared expenses until our return. He said that he wished to share in the expenses. I answered that I would not allow it, that it sufficed that he provide me with his men and with his own services, and that it was not at all necessary for him to share in the expenses, for which I had already made provision. At his request I gave him a place inside my fort so that he could build a house to lodge all his people upon our return from our voyage.

On the 15th of the month, the fort and the houses having been built, I turned my attention to getting ready for my departure. Monsieur de Lamarque told me he had taken Monsieur de Louvières to the Forks with two canoes to build a fort for the convenience of the people of the Red River. I thought this a good idea as long as the Indians are informed.

On the 16th I had the call to arms sounded in order to review all the men and to pick the ones I would need for my exploration. After the inspection I made known your orders concerning the post, picked twenty men, ten from Monsieur de Lamarque and ten of my own; I alerted them to make ready for the 18th, had them given a pound of gunpowder, twenty musket balls, shoes, an axe and a pot for their use during the trip. To each man, both French and Indian, I gave a sack of four pounds of gunpowder, sixty musket balls, two *brasses* of tobacco and a few small trade items, more for their own needs than anything else, such as awls, gunflints, ramrods, and firesteels. I had all that I wished to carry at that time in a leather bag, which one of our guide's women carried for me; and everything useful for my personal needs was carried by my servant and my slave. When this had been distributed, I appointed Sanschagrin commandant in my absence. He is a man of intelligence, wise and prudent, who serves as my sergeant. I took my two children with me, and left him two soldiers and ten *engagés* to guard the fort and afterwards gave him orders and written instructions for all he was to do during my absence.

> "...everything useful for my personal needs was carried by my servant and my slave."

Antoine Champagne

« Ils font porter à leurs chiens souvent jusqu'au bois pour faire du feu, étant obligés souvent de camper en pleine prairie. »

entretenait que des Blancs que nous allions voir, Français comme nous, qui se disaient descendants de nous. Tout ce que l'on nous disait nous donnait bonne espérance de faire une découverte qui méritât attention. Monsieur de Lamarque et moi, le long du chemin, nous nous faisions des projets sur tout ce que nous entendions dire, croyant véritable, dont nous avons bien eu à discompter.

Je fis remarquer à monsieur de Lamarque le bon ordre avec lequel les Assiniboines marchent pour prévenir toutes surprises, marchant toujours dans des prairies, de côtes et vallons depuis la première montagne, ce qui ne laisse pas d'être de fatigue à marcher, monter et descendre fort souvent dans la journée. Il y a des plaines magnifiques de trois et quatre lieues. La marche des villages assiniboines, surtout quand ils sont nombreux, est en trois colonnes, des découvreurs devant, sur les ailes, et une bonne arrière-garde. Les vieillards et estropiés marchaient dans celle du milieu, qui est le centre. Je faisais tenir tous les Français ensemble autant que faire se pouvait. Si les découvreurs aperçoivent sur la route des bandes de bœufs, comme il

arriva souvent, le cri se fait, qui est bientôt rendu à l'arrière-garde. Tout ce qu'il y a d'hommes dans les colonnes des plus alertes, joignent l'avant-garde pour cerner les bêtes, dont ils en tuent nombre. Chacun prend de la viande ce qu'il en veut, tant que cela arrête la marche. L'avant-garde marque le campement : il n'y a point à passer outre. Les femmes et les chiens portent tout l'équipage. Les hommes ne sont chargés que de leurs armes. Ils font porter à leurs chiens souvent jusqu'au bois pour faire du feu, étant obligés souvent de camper en pleine prairie. Les îles de bois sont de loin à loin.

Le 28, nous arrivâmes au matin à l'endroit marqué du rendez-vous pour les Mandanes, qui arrivèrent sur le soir : un chef avec trente hommes et les quatre Assiniboines. Le chef, après avoir considéré quelque temps de dessus une hauteur la grandeur de notre village, qui ne laissait pas que de paraître, je le fis conduire dans la cabane où j'étais, où l'on avait préparé une place pour le recevoir dans un côté de la cabane. Il se vint placer près de moi quelqu'un de ses gens en suite de lui, me présenta un présent de blé d'Inde en épi, et

de leur tabac en andouille, qui n'est pas bon, ne sachant pas l'accommoder comme nous. Il est bien comme le nôtre, avec cette différence qu'ils ne le plantent point et le coupent vert, mettant tout à profit, coton et les feuilles ensemble. Je lui en donnai du mien, qu'il trouva bien bon.

J'avoue que je fus surpris, m'attendant à voir des gens différents des autres Sauvages, surtout d'après le récit que l'on nous en avait fait. Il n'y a point de différence d'avec les Assiniboines, nus, couverts seulement d'une robe de bœuf portée négligemment sans brayet. Je connus dès lors que nous aurions bien à décompter de tout ce qui nous en avait été dit.

Le chef me parla en assiniboine, me témoignant la joie que je donnais à toute leur nation de mon arrivée chez eux; qu'il me priait de les accepter du nombre de vos enfants; qu'il voulait par la suite ne faire qu'un avec nous; que je pouvais disposer de tout ce qu'il avait; qu'il me priait de rester à son fort qui était le plus près, plus petit que tous les autres, mais bien muni de vivres; qu'ils étaient six forts à la même nation, qu'il était le seul un peu éloigné de la rivière; me dit avoir reçu deux colliers de

"The women and the dogs carry all the supplies.

The men only carry their weapons."

On the 18th, everything being in good order in the fort, I had all of our men leave with the order to camp nearby, and left afterwards with Monsieur de Lamarque towards noon, having encouraged the Indians I was leaving behind in the fort to hunt bison, since the beaver was not yet good, in order to keep the French whom I was leaving behind supplied with food. Our small band was made up of fifty-two people: twenty engagés, all good men, Monsieur de Lamarque, his brother, my two children, my servant, a slave, and the rest all Indians. The third day after our departure a village of forty Assiniboine lodges joined us with the intention of speaking to me. The chief asked me to grant him the whole day for the pleasure of seeing us and feeding us. I agreed on the insistence of our guide. I gave a present of gunpowder to the chief and related to him all that I had told all the others. He showed me much gratitude, while promising many good deeds: that they would bring supplies to the French and would hunt as well as they could, so as to provide for their needs.

The French stayed a few days with the Assiniboines in order to prepare themselves for their trip to the Mandan territories.

On the 20th the whole village set out for a site seventeen leagues away, where they had set up the meeting with the Mandans. Every day they talked of nothing but the white men that we were going to see, who were French like us, and who claimed to be our

descendants. Everything we were told made us hopeful of making a noteworthy discovery. Monsieur de Lamarque and I, during the journey, made plans based on all we were hearing, thinking it true, and which we have certainly had to disregard since.

I pointed out to Monsieur de Lamarque the orderly fashion in which the Assiniboines march to guard against surprise attacks, marching always in the prairies, through hillsides and valleys from the first mountain onwards, which is rather tiring as you climb and descend quite often throughout the day. There are magnificent plains which stretch out for three or four leagues. The march of the Assiniboine villages, especially when they are in great numbers, is done in three columns, with scouts in front and on the wings and a good rear guard. The elderly and the infirm march in the middle, which is the centre. I had all the French keep together as much as possible. If the scouts spot groups of bison on the way, as was often the case, the alarm is given, which is soon passed on to the rear guard. All of the most alert men in the columns join the scouts in order to surround the beasts, of which they kill a great number. Each one takes as much meat as he wants, to the extent that it stops the march. The scouts mark out the campsite: there is no going beyond this point. The women and the dogs carry all the supplies. The men only carry their weapons. Often they even make their dogs carry the wood to make their campfires, as they are often forced to camp in open prairie. Thickets of wood are sparse.

On the morning of the 28th we arrived at the location designated for the meeting with the Mandans, who arrived that evening: a chief, thirty men and four Assiniboines. After the chief looked over for a time the size of our village from on top of a hill, which was rather imposing, I had him shown to my own lodge, where a place had been prepared for him on one side. One of the men from his entourage placed himself next to me, and presented me with a gift of ears of corn and some of their rolled tobacco, which is not very good, as they do not know how to prepare it as we do. It resembles ours, with this difference: they don't plant it and they cut it when it is still green, using everything, both the blossoms and the leaves. I gave him some of mine, which he found good.

I must admit that I was surprised, since I had expected to see people different from the other Indians, especially in view of the accounts that we had been given. There is no difference between them and the Assiniboines; they go naked, covered only by a robe of bison worn loosely with no loincloth. I knew then that we would have to disregard everything that we had been told.

The chief spoke to me in Assiniboine, telling me of the joy that I gave to all their nation with my arrival in their land; he pleaded with me to accept them among your children, and he wished from then on to be one with us, and said that I could avail myself of all that he possessed. He entreated me to stay at his fort which was the nearest, smaller than all the others, but well provi-

moi, que l'on me ferait voir en arrivant; qu'on avait toujours espéré me voir. Je le remerciai de toutes ses honnêtetés et offres, lui disant que je venais de bien loin pour faire amitié avec eux, que je leur parlerais sitôt que je serais arrivé à leur fort.

Il nous joua sur-le-champ une marotte : ayant considéré notre village en arrivant, comme j'ai marqué; jugeant qu'il y aurait bien du monde si tout cela arrivait à son fort; qu'il fallait faire une grande consommation de grains (leur manière étant de nourrir gracieusement tous ceux qui vont chez eux, ne vendant le grain que pour emporter). Il fit de grands remerciements aux Assiniboines de leur avoir amené le Français chez eux; qu'ils ne pouvaient arriver plus à propos; que les Sioux ne devaient pas tarder à arriver chez eux, ayant été avertis; me priant comme les Assiniboines de vouloir bien leur donner secours; espérant beaucoup de notre valeur et courage. Je donnai dans le panneau comme les Assiniboines, avec cette différence que l'Assiniboine demeura interdit, et moi je m'en réjouis, croyant trouver occasion de me venger de cette maudite nation. Je lui promis, s'ils venaient pendant que nous serions chez eux, tout secours de moi et tous nos Français. Il me remercia. On le vint chercher pour le mener en festin, et on le questionnait au sujet des Sioux.

Les Assiniboines, nombreux, hommes forts et robustes, ne sont pas braves. Ils craignent beaucoup les Sioux qu'ils pensent plus braves. Les Mandanes con-

naissent leurs faibles et en profitent dans l'occasion. Le Conseil se tint pour délibérer sur ce qu'ils devaient faire. La plus forte voix était qu'il ne fallait passer outre, de m'avertir du risque que j'allais courir si je voulais poursuivre.

Un vieillard se leva fortement : « Ne pensez pas que notre Père est lâche. Je le connais mieux que vous-autres, j'ai toujours été avec lui depuis qu'il est parti de son fort. Ne croyez pas que les Sioux soient

« Les Assiniboines, nombreux, hommes forts et robustes, ne sont pas braves. Ils craignent beaucoup les Sioux... »

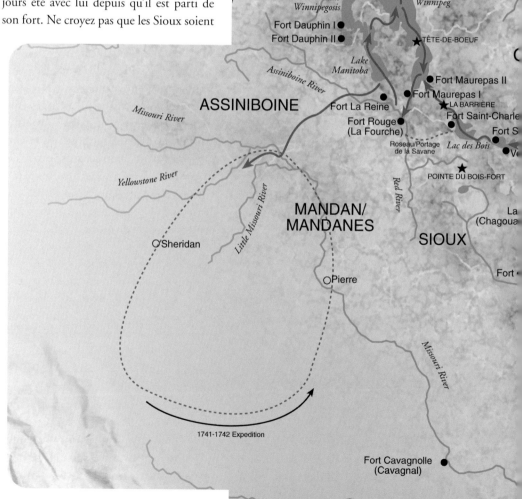

On his first journey south, La Vérendrye was disappointed when he arrived at the main Mandan village to discover that they were not descended from white men as he was led to believe by the Assiniboines.

Lors de son premier voyage vers le sud, La Vérendrye était déçu de constater, dès son arrivée chez les Mandanes, qu'ils étaient des Amérindiens et non pas des Blancs comme lui avaient dit les Assiniboines.

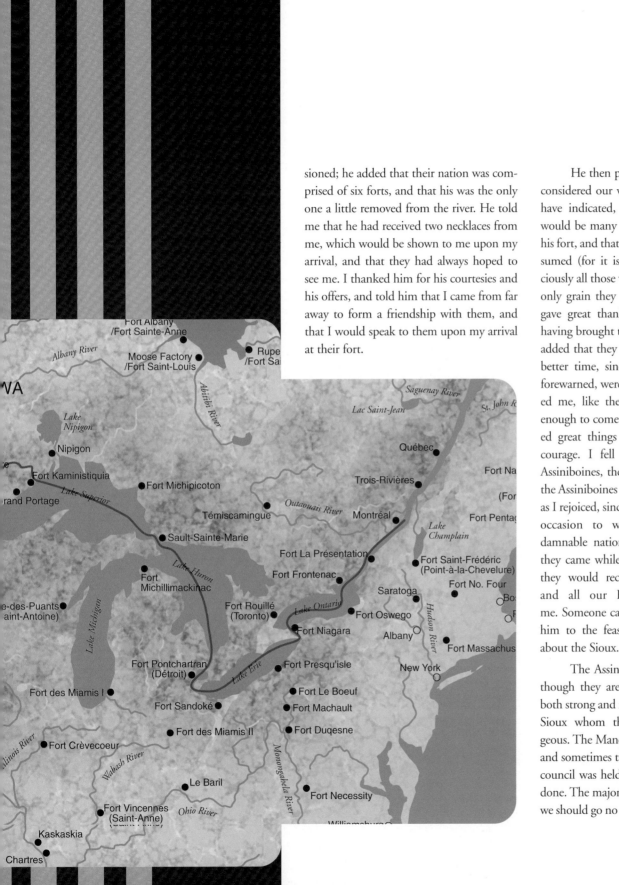

sioned; he added that their nation was comprised of six forts, and that his was the only one a little removed from the river. He told me that he had received two necklaces from me, which would be shown to me upon my arrival, and that they had always hoped to see me. I thanked him for his courtesies and his offers, and told him that I came from far away to form a friendship with them, and that I would speak to them upon my arrival at their fort.

He then played a trick on us. Having considered our village upon his arrival, as I have indicated, and estimating that there would be many people if everyone came to his fort, and that a lot of grain would be consumed (for it is their custom to feed graciously all those who come to visit them; the only grain they sell is for taking away), he gave great thanks to the Assiniboines for having brought the Frenchman to them. He added that they could not have arrived at a better time, since the Sioux, having been forewarned, were soon to arrive. He entreated me, like the Assiniboines, to be good enough to come to their aid, as they expected great things from our valour and our courage. I fell for the trick as did the Assiniboines, the only difference being that the Assiniboines were dumbfounded, whereas I rejoiced, since I thought I had found the occasion to wreak vengeance on this damnable nation. I promised him that if they came while we were in their territory, they would receive every help from me and all our Frenchmen. He thanked me. Someone came to look for him to take him to the feast, and he was questioned about the Sioux.

The Assiniboines are not brave, even though they are numerous and their men both strong and robust. They greatly fear the Sioux whom they consider more courageous. The Mandans know their weaknesses and sometimes take advantage of them. The council was held to discuss what should be done. The majority were of the opinion that we should go no further and that I should be

"The Assiniboines are not brave, even though they are numerous and their men both strong and robust."

« Les Mandanes ne voulurent pas me laisser marcher, s'offrirent à me porter. »

capables de l'épouvanter ni tout son monde. Que pensera-t-il de nous? Il a allongé son chemin pour nous venir joindre, accordant à notre demande pour l'accompagner chez les Mandanes et le reconduire à son fort. Il serait rendu aujourd'hui s'il ne nous avait point écoutés, et vous penseriez l'abandonner en le laissant aller seul, ce qui ne sera pas. Si vous appréhendez les Sioux, laissons notre village ici jusqu'au retour. Que tout ce qu'il y a d'hommes capables de marcher suivent notre Père. »

Tous s'accordèrent au sentiment du vieillard. Il fut décidé qu'il ne resterait que peu de monde pour garder les femmes. Tout le reste m'accompagnerait. L'on m'avertit du résultat du conseil. La harangue se fit par tout le village pour en avertir un chacun à se tenir prêt à marcher le surlendemain, 30 du mois, donnant un séjour aux Mandanes qui en surent bien profiter pour trafiquer les grains, tabac, poils et plumes peintes qu'ils savent que les Assiniboines estiment beaucoup, qui leur avaient apporté et tiré en échange fusils, haches, chaudières, poudre, balles, couteaux, alènes. Ils sont bien plus rusés que les Assiniboines dans leur commerce, et en tous les autres, ces derniers étant toujours leurs dupes.

Nous partîmes le 30 au matin, environ six cents hommes, plusieurs femmes sans enfants, des meilleures jambes. La troisième journée au soir de notre marche, environ sept lieues du premier fort des Mandanes, l'on m'avertit qu'un

Assiniboine avait pris le sac de mon esclave dans le chemin sous prétexte de soulagement, était retourné au village, avec ma boîte où étaient mes papiers et bien des choses à mon utilité dedans le sac. Je louai sur-le-champ deux jeunes gens pour courir après, que je payai, leur faisant promettre de me rapporter le sac chez les Mandanes, où je les attendrais. Ils partirent dans la nuit, rejoignirent le fripon qui était déjà décampé du village, lui firent rendre tout et revinrent à leur village, gardèrent le tout, espérant me le rendre à mon retour, n'osant point me venir trouver, craignant les Sioux. Je me vis privé de bien de choses qui m'étaient journellement fort utiles.

Le harangueur avertit qu'il fallait partir devant quatre heures du matin afin d'arriver de bonne heure au fort. Je trouvai, à une lieue et demie sur le midi, près d'une petite rivière, bien du monde qui étaient venus au-devant de nous, avaient allumé du feu en nous attendant et avaient apporté du petit blé cuit et farine roulée en pâte avec de la citrouille pour nous donner à manger à tous. Les deux chefs qui m'avaient préparé une place près du feu, me présentèrent d'abord à manger et à fumer. Monsieur de Lamarque arriva peu de temps après moi. Je le priai de se mettre à côté et de manger en se reposant. Nous restâmes bien deux heures à nous reposer.

L'on m'avertit qu'il était temps de nous rendre. Je fis prendre le pavillon peint aux armes de France à un de mes enfants pour marcher à la tête, donnai ordre aux Français de suivre par ordre, le sieur Nolan

soulageant mon fils, portant le pavillon chacun leur tour. Les Mandanes ne voulurent pas me laisser marcher, s'offrirent à me porter. Il me fallut bien consentir, en étant prié par les Assiniboines, me disant que je leur ferais un grand déplaisir si je les refusais.

À quatre arpents du fort, sur une petite hauteur, une partie des anciens du fort accompagnés d'un grand nombre de jeunes gens, m'attendaient pour me présenter le calumet et me faire voir les deux colliers que je leur avais envoyés il y a quatre ou cinq ans. L'on me donna un siège et à Monsieur de Lamarque. Je reçus leurs compliments qui ne consistaient qu'à [exprimer] la joie qu'ils ressentaient de notre arrivée. J'ordonnai à mon fils le chevalier de faire border la haie à tous nos Français, le pavillon devant à quatre pas de distance. Tous les Assiniboines qui avaient des fusils se mirent en rang comme nos Français. Après les compliments faits, je fis saluer le fort de trois décharges. Il était venu bien du monde au-devant de nous. Ce n'était rien à comparaison de ce qu'il en paraissait sur les remparts et le long des fossés.

Je marchai en bon ordre au fort où j'entrai le 3 décembre à quatre heures après midi, escorté de tous les Français et Assiniboines. L'on nous conduisit dans la cabane du premier chef, grande à la vérité, mais pas assez pour tenir tout le monde qui y voulait entrer. La foule était si grande qu'ils se portaient les uns sur les autres, Assiniboines et Mandanes. Il n'y avait que la place où nous étions, monsieur de

warned of the risk that I would be taking if I wanted to press on. An elder rose and said forcefully: "Do not think that our Father is a coward. I know him better than you others; I have been with him constantly since he left his fort; you mustn't think that the Sioux are able to scare him or his people. What will he think of us? He went out of his way to come and join us, giving in to our request to accompany him to the land of the Mandans and to escort him back to his fort. He would be there today if he hadn't listened to us, and now you are thinking of abandoning him and leaving him on his own. This cannot be. If you fear the Sioux, let us leave our village here until our return. Let all the men able to march follow our Father." All agreed with the elder's point of view. It was decided that only a very few men would stay to guard the women. All the others would accompany me. I was informed of the decision of the council. Word was sent throughout the village to notify each and every one to make ready to march two days later, the 30th of that month, which allowed the Mandans to stay long enough to take advantage by trading grains, tobacco, quills and painted feathers which they know the Assiniboines hold in high esteem. The latter brought to trade muskets, axes, pots, gunpowder, musket balls, knives and awls. The Mandans are much more clever than the Assiniboines, in their trading as in everything else; the latter are always taken in by them.

We left on the morning of the 30th with about six hundred men, and several women without their children, those who had the strongest legs. On the evening of the third day of our march, about seven leagues from the first Mandan fort, I was informed that an Assiniboine had taken a pouch from my slave, on the pretext of letting him rest, and had returned to the village, taking with him the pouch which contained my papers and many other things useful to me. I immediately hired two young men whom I paid to run after him, making them promise me to bring back the sack to the land of the Mandans, where I would be waiting for them. They left in the night and caught up with the rascal who had already left the village; they made him give everything back and returned to their village, keeping everything, hoping to give it all back to me upon my return, as they didn't dare come to find me for fear of the Sioux. I found myself deprived of many things which were most useful to me on a daily basis.

The orator announced that we should leave before four o'clock in the morning if we wished to reach the fort early. Near noon, a league and a half away, near a small river, I found a large group of people who had come to meet us, and who while waiting for us had lit a fire and had brought some cooked wheat and flour formed into a paste with pumpkin in order to feed us all. Two chiefs had prepared a place for me near the fire, and first gave me something to eat and tobacco to smoke. Monsieur de Lamarque arrived a little after me. I asked him to sit with me, and to relax while having something to eat. We stayed there for a good two hours, resting.

I was informed that it was time to leave. I had one of my sons take the flag painted with the French coat of arms to lead us and ordered the French to follow in order, with Sieur Nolan helping my son, each carrying the flag in his turn. The Mandans didn't want to let me walk and offered to carry me; I had to let them do this, being begged to do so by the Assiniboines, who said that it would displease them greatly if I refused.

Four *arpents* from the fort, on a small mound, some of the elders from the fort, accompanied by a large number of young men, were waiting for me in order to present me the peace pipe and to show me the two necklaces I had sent them four or five years earlier. Monsieur de Lamarque and I were given a seat. I received their compliments, which simply conveyed the joy they felt at my arrival. I ordered my son the Chevalier to have all our Frenchmen form an honour guard, with the flag four paces in front. All the Assiniboines who had muskets formed a line with our Frenchmen. After the compliments, I had the fort saluted with three salvoes. Many people had come to meet us but this was nothing compared to those who were to be seen on the ramparts and along the ditches.

I marched in good order to the fort, which I entered on December 3 at four o'clock in the afternoon, escorted by all the Frenchmen and the Assiniboines. We were led to the lodge of the first chief, which was indeed quite large, but not large enough to hold everyone who wished to enter. The crowd was so large that the Assiniboines and the Mandans were jostling each other. The

"The Mandans didn't want to let me walk and offered to carry me; I had to let them do this..."

Lamarque, son frère et mes enfants, qu'il y avait de libre. Je demandai que l'on fît sortir le grand monde pour débarrasser nos Français et leur faire mettre leur équipage dans un endroit de sûreté, leur disant qu'ils avaient tout le temps de nous voir. L'on fit sortir tout le monde. Je m'y pris trop tard : l'on nous avait volé le sac des marchandises où étaient tous mes présents, par la grande faute d'un de nos engagés à qui je l'avais donné à soin avant que d'arriver au fort. Il s'était déchargé en entrant dans la cabane, sans prendre garde au sac, qu'il avait mis contre lui dans la grande foule.

Je me trouvai un peu dérangé, ma boîte perdue, mon sac de présents qui nous étaient fort nécessaires pour l'endroit. Il y avait pour plus de trois cents livres dedans. Les Assiniboines parurent fort peinés et firent de grandes recherches sur l'heure, bien inutilement. Leur fort est rempli de caves où ils sont beaux à cacher. Le chef des Mandanes me paraissait fort touché de ma perte, me dit pour ma consolation qu'il y avait beaucoup de fripons parmi eux; il ferait son possible pour découvrir quelque chose. Si j'avais voulu me servir de l'offre des Assiniboines, je l'aurais bien fait trouver en peu par la force. J'aimai mieux perdre et pacifier toutes choses, voulant passer une partie de l'hiver chez eux pour prendre connaissance de plus loin.

Le 4, je fis assembler les principaux Mandanes et Assiniboines dans la cabane où j'étais. Je leur fis mon présent en poudre et balles, en leur disant que je ne pouvais leur donner autres choses; qu'ils savaient tout ce que l'on m'avait pris que j'avais fait apporter pour donner en présent. Je leur déclarai que j'étais dans le sentiment de rester quelque temps pour prendre connaissance du pays selon nos ordres, ce que je ne pouvais faire dans un jour. Les Mandanes me témoignèrent la joie qu'ils en avaient, en m'assurant que je ne devais pas appréhender de jeûner, qu'ils avaient des vivres en réserve bien plus qu'il nous en fallait et que tout leur fort en était bien muni : j'en pouvai disposer, étant maître chez eux.

L'ancien des Assiniboines, harangueur du village me dit : « Mon Père, nous t'avons amené ici. Je ne doute pas que tu n'y sois bien ici. Nous nous flattions de te ramener à ton fort : tu es le maître de faire ce que tu jugeras à propos, nous viendrons te chercher si tôt que tu le souhaiteras. » Parlant ensuite aux Mandanes : « Nous vous laissons notre Père : ayez-en grand soin, et de tous les Français. Apprenez à les connaître : c'est un esprit, ils savent tout faire. Nous l'aimons et le craignons : faites comme nous. Nous partons bien peinés du vol qui a été fait à notre Père en entrant chez vous. Que peut-il penser de vous autres? Vous ne pouvez disconvenir que c'est une chose indigne. Le Français nous vient voir et vous le volez. Vous ne savez point à qui vous vous adressez. Vous êtes fort heureux que notre Père soit bon. Cela n'aurait pas passé de même, je ne crains pas de vous le dire; il vous aurait bien fait trouver le sac s'il avait voulu; il est encore temps s'il le veut. »

« J'aimai mieux perdre et pacifier toutes choses, voulant passer une partie de l'hiver chez eux... »

Collège universitaire de Saint-Boniface
Painting by/Peinture par René Lanthier

"I preferred losing it and keeping the peace, since I wished to spend part of the winter with them..."

only free space was the one occupied by myself, Monsieur de Lamarque, his brother and my children. I asked to have most of the crowd leave to give our Frenchmen some room and allow them to put their belongings in a safe place, telling them that they would have plenty of time to see us. Everyone was ordered out, but I had I thought of it too late, as someone had stolen the sack of trade goods containing most of my presents, largely through the fault of one of our *engagés* whom I had put in charge of it before we arrived at the fort. He had set down his load while he entered the lodge, not paying attention to the sack, which he had placed close to himself in the large crowd.

I was a little put out by the loss of my box and of my bag of presents, which were quite necessary for us in the present location; the contents were worth more that three hundred *livres*. The Assiniboines seemed very distressed and immediately conducted a thorough search, but to no avail. Their fort is full of caves, where it is easy to hide things. The Mandan chief seemed very touched by my loss, and told me to console me that there were many rascals among their numbers and that he would do everything possible to find out something. If I had wished to take advantage of the offer of the Assiniboines, I would have used force to have it found: but I preferred losing it and keeping the peace, since I wished to spend part of the winter with them to further my knowledge of the country beyond.

On the 4th I had the most prominent Mandans and Assiniboines assembled in my

lodge. I gave them my present of gunpowder and musket balls, telling them that I couldn't give them anything else and that they knew about everything that had been stolen from me, which I had brought to give them as presents. I declared to them that I was of a mind to stay with them for a while to learn about the country, according to our orders, something which I could not do in a single day. The Mandans expressed their joy to me, reassuring me that I needn't fear going hungry, as they had more provisions stored away than we would need, and seeing as the whole fort was well stocked; I was to make use of the provisions as I pleased, being master in their house.

The Assiniboine elder, orator for the village, said to me: "Father, we have brought you here; I have no doubt that you will be well cared for. We were hoping to escort you back to your fort: you have the power to do as you see fit; we will come to get you as soon as you wish." Speaking next to the Mandans: "We are leaving our Father with you; take good care of him and of all the Frenchmen; learn to know them; he is a spirit, and they know how to do everything. We love him and fear him: do as we do. As we leave we are much saddened by the theft committed against our Father as he was entering your village. What must he think of you? You cannot deny that it is a shameful thing. The Frenchman comes to see us and you steal from him. You do not know with whom you are dealing; you are very lucky that our Father is good. Things would not have turned out the same, I don't mind telling

« Ce sont gens qui passent mieux le cuir de toutes les nations. »

Je fis finir ce discours, voyant le vieillard qui commençait à s'échauffer. Un des chefs mandanes répondit : « Ni moi ni mes gens n'avons point de part à ce dont tu nous accuses. Je ne réponds point des autres; j'en suis assez peiné. J'ai fait toutes recherches par mes jeunes gens : je n'ai rien à me reprocher. Qui sait si ce n'est point un Assiniboine? Il y avait des uns et des autres dans la grande foule, tu ne peux répondre de rien. Ne sois point inquiété de ce qui regarde notre Père et tout son monde; il est ici maître comme chez lui. Nous le prions de nous mettre au nombre de ses enfants. » Ce que je fis sur l'heure en mettant les mains sur la tête de chaque chef — qui est la cérémonie ordinaire —, répondant par de grandes acclamations de joie et de remerciements.

Je dis ensuite aux Assiniboines : « J'envoie quatre Français à mon fort pour y donner de mes nouvelles. Je vous recommande de les faire rendre le plus tôt que vous pourrez. J'ai laissé de la poudre au village et tout ce qui est nécessaire pour les faire conduire. » Le conseil finit par des grands remerciements de part et d'autre.

Comme les Assiniboines ne parlaient point encore de partir, ayant cependant fait leurs achats de tout ce qu'ils avaient pu être en état d'acheter, comme robes de bœuf peinturées, peaux de cerf et chevreuil bien passées et enjolivées de poils et plumes, des plumes peintes et poils, jarretières,

ouvrages, tours de tête, ceintures. Ce sont gens qui passent mieux le cuir de toutes les nations et travaillent bien délicatement en poils et plumes; les Assiniboines ne sont pas capables d'en faire autant. Ils sont fins commerçants, dépouillaient les Assiniboines de tout ce qu'ils peuvent avoir comme fusils, poudre, balles, chaudières, haches, couteaux, alènes. Voyant la grande consommation de vivres qui se faisait tous les jours par les Assiniboines, appréhendant qu'ils ne restassent longtemps, ils firent courir le bruit que les Sioux étaient proches, que plusieurs de leurs chasseurs les avaient aperçus. Les Assiniboines donnèrent dans le panneau et prirent leur parti bien vite pour décamper, ne voulant pas se trouver obligés de se battre. Un chef mandane me fit entendre par signe que le bruit qui courait au sujet des Sioux était pour faire partir les Assiniboines.

Le 6 au matin, tous partirent à grande hâte, croyant les Sioux proches, et craignaient qu'ils ne leur coupassent le chemin. Le chef chez qui j'avais logé dans le village m'amena cinq hommes pour rester avec moi, en me disant : « Mon Père, je te regrette. J'espère toujours que tu nous viendras joindre en peu. Je marcherai doucement. Voilà cinq de mes jeunes gens que je te donne pour rester ici avec toi, et ils te conduiront quand tu voudras partir. » Je lui fis un petit présent pour le remercier, lui disant qu'il connaîtrait que j'avais de

l'esprit dans peu, ayant dessein de le récompenser de son attention. Il partit avec de grandes protestations d'amitié.

L'on me vint avertir peu de temps après que notre interprète, que j'avais bien payé pour m'assurer de lui, était décampé malgré toutes les offres que mon fils le chevalier lui put faire, allant après une femme assiniboine dont il était amouraché, qui n'avait pas voulu rester avec lui. C'était un jeune homme cri de nation, parlant bon assiniboine, dont il y a plusieurs Mandanes qui en parlent assez bien. Je me faisais fort bien entendre; mon fils parlait en cri et les Cris interprétaient en assiniboine. Nous voilà réduits, pour comble de malheur, à ne nous pouvoir faire entendre que par signes et démonstrations. Si je m'étais méfié de mon interprète, qui tous les jours m'assurait de rester toujours avec moi, de ne jamais m'abandonner, j'aurais profité du temps que je l'avais auprès de moi pour faire les demandes que je voulais faire aux Mandanes. Me flattant d'avoir un homme sûr, j'avais remis après le départ des Assiniboines, étant toute la journée fort embarrassé. 🕊

"These people cure leather better than any other nation and do delicate work in quills and feathers..."

Louis XV became King of France in 1715 at the age of five. By the end of his reign in 1774, France had lost most of its colonies, including New France in 1763.

En 1715, Louis XV monta sur le trône alors qu'il avait 5 ans. Par la fin de son règne en 1774, la France avait perdu la plupart de ses possessions coloniales, y compris la Nouvelle-France en 1763.

you; he certainly would have made you find the bag if he had wanted to; there is still time if he so wishes."

I put an end to this speech, seeing that the old man was starting to get worked up. One of the Mandan chiefs answered: "Neither I nor my people have had any part in what you are accusing us of having done. I cannot answer for the others; I am quite upset. I have had my young men look everywhere: I have nothing with which to reproach myself. Who knows if it wasn't an Assiniboine? There were both groups in the crowd; you can be sure of nothing. Do not be concerned about our Father and all his people: here he is master as if he were in his own home. We beg him to count us among his children." This I did immediately, passing my hand over the heads of each chief as is the usual ceremony, with them responding by giving great cries of joy and thanks.

I then said to the Assiniboines: "I am sending four Frenchmen to my fort to give them my news. I urge you to lead them there as soon as you can. I have left some gunpowder at the village and everything that is necessary for you to take them there." The council ended with great thanks on the part of all.

The Assiniboines had not yet mentioned their departure, even though they had made all the purchases that their means allowed them to make, such as painted bison robes, deer and roebuck hides well cured and adorned with quills and feathers, painted feathers and quills, garters, trinkets, headbands, and belts. These people cure leather better than any other nation and do delicate work in quills and feathers — the Assiniboines can't do this kind of work. They are clever traders, and strip the Assiniboines of everything they have, such as muskets, gunpowder, musket balls, cooking pots, axes, knives, and awls. Seeing the large amount of provisions that were being consumed by the Assiniboines every day, and fearful that they would stay a long time, they circulated the rumour that the Sioux were near, and that many of their hunters had spotted them. The Assiniboines fell for it and decided quickly to strike camp, not wishing to find themselves forced to fight. A Mandan chief made a sign to let me know that the rumour about the Sioux was only to get the Assiniboines to leave.

On the morning of the 6th they all left in a great hurry, believing that the Sioux were near and fearing that they might cut off their route. The chief with whom I had stayed in the village brought me five men to stay with me, saying: "Father, I shall miss you. I still hope that you will catch up with us in a little while. I will march slowly. Here are five of my young men I give you who will stay here with you and escort you when you wish to leave." I gave him a little present to thank him, telling him that he would soon know my generosity, since I meant to reward him for his kindness. He left with great exclamations of friendship.

I was informed soon after that our interpreter, whom I had paid well to be sure of his loyalty, had left in spite of all the offers that my son the Chevalier could make to him; he was going after an Assiniboine woman with whom he was smitten, and who had not wished to stay with him. He was a young man of the Cree nation who spoke good Assiniboine, which many Mandans speak rather well. I made myself very well understood as my son spoke Cree and the Cree translated into Assiniboine. To cap it all off, here we were, reduced to having to use signs and gestures to make ourselves understood. If I had had any doubts about my interpreter, who every day assured me that he would always stay by my side and never abandon me, I would have taken advantage of the time I had him with me, in order to have him ask the Mandans the questions I wanted to ask. Thinking I had a reliable man, I had put this off until after the departure of the Assiniboines. I was quite hampered the whole day.

CHAPTER FIVE

TOWARDS
THE ROCKIES

CHAPITRE CINQ

VERS LES
ROCHEUSES

V

La Vérendrye revint à Montréal à la fin août 1740. De mauvaises nouvelles l'attendaient. Tout d'abord, il apprit la mort de sa femme Marie-Anne Dandonneau qui, tout au long des déplacements de l'explorateur dans l'Ouest, s'était occupée de ses affaires comme son avocat et sa procuratrice. De plus, La Vérendrye se trouvait de nouveau dans une situation financière précaire. Il dut faire face à des procès liés aux ententes qu'il avait eues avec certains marchands-équipeurs pour les années 1735-1739. En France, Maurepas s'acharnait de nouveau sur le sort du découvreur, puisqu'il lui refusa le rang de capitaine d'une compagnie de la Marine.

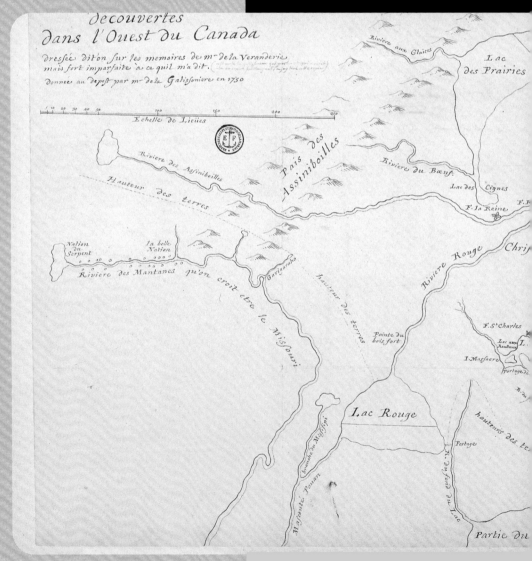

V

La Vérendrye returned to Montréal towards the end of August, 1740. He was greeted by bad news. First he learned of the death of his wife, Marie-Anne Dandonneau, who throughout his travels in the West had taken care of his business affairs, acting as both lawyer and buyer. In addition, the explorer found himself once more in a precarious financial situation. He had to face accusations concerning the agreements he had entered into with certain merchant suppliers during the years 1735-1739. In France Maurepas was once again unrelentingly critical of the explorer, refusing him the coveted rank of captain of a company of Marines.

Service historique de la Marine, Vincennes, Paris, Recueil 67, n° 20

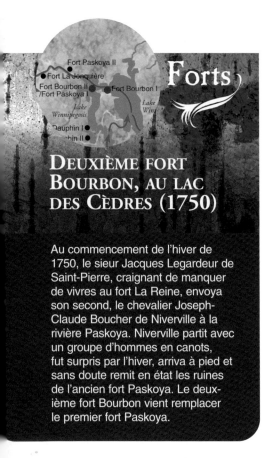

DEUXIÈME FORT BOURBON, AU LAC DES CÈDRES (1750)

Au commencement de l'hiver de 1750, le sieur Jacques Legardeur de Saint-Pierre, craignant de manquer de vivres au fort La Reine, envoya son second, le chevalier Joseph-Claude Boucher de Niverville à la rivière Paskoya. Niverville partit avec un groupe d'hommes en canots, fut surpris par l'hiver, arriva à pied et sans doute remit en état les ruines de l'ancien fort Paskoya. Le deuxième fort Bourbon vient remplacer le premier fort Paskoya.

La Vérendrye repartit pour l'Ouest le 26 juin 1741. Il était en droit à s'attendre à une opération commerciale fructueuse, puisque le système de l'affermage instauré de 1736 à 1740 était révolu et qu'il reprenait le monopole sur les fourrures, mais la guerre entre les différentes nations amérindiennes de l'Ouest se préparait, ce qui nuisit à ses plans.

La Vérendrye s'appliqua quand même à consolider la présence française dans l'Ouest. En 1741, Pierre, son fils, fit construire au lac des Prairies (lacs Manitoba et Winnipegosis), les forts Dauphin et Bourbon. Ces postes avaient l'avantage d'être situés à un endroit où les peuples de la région se réunissaient chaque année pour décider s'ils allaient traiter chez les Français où les Anglais de la baie d'Hudson. On éleva aussi le fort Paskoya au nord-ouest du lac des Cèdres.

Cependant, toutes ces initiatives n'empêchèrent pas Maurepas d'évincer les La Vérendrye de l'Ouest. Le ministre avait en effet conseillé à Beauharnois de trouver un officier compétent qui aurait aidé l'explorateur dans ses recherches. La Vérendrye, qui anticipa l'action du ministre, remit sa démission en 1743, mais Beauharnois prit soin de lui trouver comme remplaçant un de ses proches amis : le sieur Nicolas-Joseph de Noyelles. Les fils de La Vérendrye restèrent ainsi dans l'Ouest et le nouveau commandant put bénéficier de leur expérience.

Durant cette période, Louis-Joseph de La Vérendrye et son frère François firent un voyage assez extraordinaire qui les mena jusqu'à la montagne Bighorn. Les La Vérendrye se lièrent d'amitié avec de nouvelles nations, ce qui poussa l'influence française encore plus loin. Cependant, c'est durant ce voyage que Louis-Joseph se rendit compte que la rivière des Mandanes n'était autre que le Missouri et que la mer de l'Ouest ne pouvait se trouver qu'au-delà des montagnes Rocheuses.

PERSPECTIVE

Le journal du chevalier Louis-Joseph La Vérendrye, qui traite du voyage de 1742-1743, est intéressant à plusieurs égards. Les descriptions s'enchaînent naturellement au fil des grandes distances parcourues en si peu de temps. L'ordre chronologique est sans ambiguïté et les diverses nations avec qui les Français échangent des informations sur l'emplacement de la rivière de l'Ouest sont matière à exotisme et à aventure. Elles mettent aussi en lumière la grande hospitalité des peuples des plaines, leur noblesse. Les Beaux-Hommes, les Petits Renards et les Gens des Chevaux pourraient appartenir à des clans de la famille des Corbeaux, réputés pour leur fierté et leur indépendance : c'est une des seules nations qui refusa pendant bien longtemps de traiter pour de l'eau-de-vie. Ils s'habillaient d'une manière distinguée et magnifique.

Lors de ce périple, les La Vérendrye rencontrent d'autres nations : les Pioyas, sans doute des Kiowas; un clan des Gens de la Belle Rivière, des Cheyennes du groupe Arikara. Le portrait que Louis-Joseph nous donne du chef des Gens de l'Arc met en valeur sa noblesse d'esprit, ses manières civilisées. D'ailleurs, l'admiration et l'attachement de Louis-Joseph pour ce chef éclipse l'intérêt de la campagne lancée contre les Gens du Serpent ou Shoshonis. La visite des Français chez les Gens de la Petite Cerise, un clan de Panis-Arikakas, permet aussi à Louis-Joseph d'enfouir une plaque de plomb en souvenir du passage des Français. Le récit, à l'image des multiples territoires sillonés librement par les Français et les nombreuses nations des plaines, se présente aux yeux du lecteur comme un éventail de voyages et de rencontres d'où se dégage un sentiment de liberté inhérent à la rencontre spontanée des deux mondes.

...la rivière des Mandanes n'était autre que le Missouri et que la mer de l'Ouest ne pouvait se trouver qu'au-delà des montagnes Rocheuses.

Nevertheless, La Vérendrye set out again on June 26, 1741. The discoverer could legitimately hope for a profitable commercial venture, since the system of farming out from 1736 to 1740 had run its course and he recovered the monopoly on furs, but war was brewing between various Amerindian nations in the West, and this was to compromise his plans.

La Vérendrye applied himself to consolidating the French presence in the West. In 1741 Pierre, his son, had built Forts Dauphin and Bourbon on *Lac des Prairies* (Lakes Manitoba and Winnipegosis). These posts had the advantage of being located where the peoples of the region met each year to decide whether to trade with the French or the English on Hudson Bay. Fort Paskoya was also built to the north-west of Cedar Lake.

However, in spite of all this activity, an unrelentingly suspicious Maurepas removed the La Vérendryes from the West. In effect the minister had advised Beauharnois to find a competent officer who could help the explorer in his search. La Vérendrye, anticipating this decision, handed in his resignation in 1744, but Beauharnois was careful to replace him with one of his close friends, Sieur Nicolas-Joseph de Noyelles. Thus the sons of La Vérendrye stayed in the West and the new commandant was able to profit from their experience.

During this period Louis-Joseph de La Vérendrye and his brother François made a rather extraordinary journey as far as Bighorn Mountain. The La Vérendryes

struck a friendship with different First Nations, thus extending French influence even farther. However, it was during this voyage that Louis-Joseph realized that the river of the Mandans was none other than the Missouri and that the Western Sea was not to be found east of the Rocky Mountains.

PERSPECTIVE

The journal of the Chevalier Louis-Joseph La Vérendrye, recounting his trip of 1742-1743, is interesting for several reasons. The descriptions follow a natural progression as great distances are covered within a relatively short period of time. The chronology is straightforward and the numerous First Nations with whom the French exchange information on the location of the Western River provide material worthy of an exotic adventure. These encounters highlight the great hospitality and nobility of the Plains peoples. The *Beaux-Hommes*, the *Petits-Renards*, and the *Gens-des-Chevaux*, might well belong to the clans of the *Corbeaux* family, renowned for their pride and their independent spirit: they were one of the few nations who for a long time refused to trade for brandy. They were known for their distinguished and magnificent attire.

Here we meet other First Nations: the Pioyas, who are undoubtedly Kiowes, a clan of the *Gens de la Belle-Rivière*, who were

Cheyennes from the Arikara group. The portrait by Louis-Joseph of the great chief of the *Gens de l'Arc* highlights his noble presence as well as his polite and refined manners. In fact, the admiration and attachment felt by Louis-Joseph for this chief soon eclipse the interest for the campaign waged against the *Gens du Serpent* or Shoshonis. The visit of the French with the *Gens de la Petite-Cerise*, of the Panis-Arikaras clan, also allows Louis-Joseph to bury a lead plaque to commemorate the arrival of the French. The Plains Nations appear before the reader in an unfolding sequence of voyages and encounters from which emerges the spirit of freedom inherent in the encounter between these two worlds.

> **Louis-Joseph realized that the river of the Mandans was none other than the Missouri...**

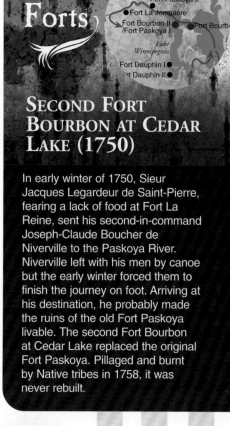

Forts

SECOND FORT BOURBON AT CEDAR LAKE (1750)

In early winter of 1750, Sieur Jacques Legardeur de Saint-Pierre, fearing a lack of food at Fort La Reine, sent his second-in-command Joseph-Claude Boucher de Niverville to the Paskoya River. Niverville left with his men by canoe but the early winter forced them to finish the journey on foot. Arriving at his destination, he probably made the ruins of the old Fort Paskoya livable. The second Fort Bourbon at Cedar Lake replaced the original Fort Paskoya. Pillaged and burnt by Native tribes in 1758, it was never rebuilt.

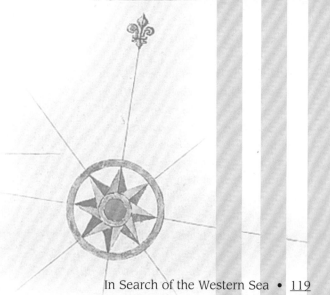

Le Journal

Louis-Joseph La Vérendrye et sa petite troupe sont partis du fort La Reine le 29 avril 1742. À la fin du mois de juillet, deux guides mandanes les amènent à la montagne des Gens des Chevaux, mais ils ne trouvent personne. En septembre, ils se rendent à un village de Beaux-Hommes qui les conduisent plus au sud. Nous sommes le 11 octobre 1742.

Journal du voyage fait par le chevalier de La Vérendrye avec un de ses frères, pour parvenir à la mer de l'Ouest, adressé à Monsieur le marquis de Beauharnois, 1742-1743.

Le deuxième jour, nous rencontrâmes un village de la nation des Petits Renards qui nous témoignèrent une grande joie de nous voir. Après leur avoir fait quelques présents, je leur fis dire par nos guides que je cherchais les Gens des Chevaux pour me conduire à la mer. Cela fit que tout le village marcha et toujours sur la même route. Je sentis bien pour lors que nous ne pouvions trouver qu'une mer connue. Le deuxième jour de marche, nous rencontrâmes un village fort nombreux de la même nation. Ils nous firent bien des amitiés. Je leur fis plusieurs présents, qu'ils regardèrent comme de grandes nouveautés, et ils m'y parurent fort sensibles. Ils nous conduisirent à un village de Pioya, où nous arrivâmes le 15. Nous y fûmes très bien reçus. Après leur avoir fait quelques présents, je leur proposai de nous conduire à quelque nation qui fût sur le chemin de la mer. Nous continuâmes notre route au sud-ouest. Le 17, nous rencontrâmes un village nombreux de la même nation. Je leur fis quelques

présents. Nous marchâmes tous ensemble jusqu'au 19 tenant le sud, où nous arrivâmes à un village des Gens des Chevaux. Ils étaient dans une grande désolation. Ce n'étaient que pleurs et hurlements, tous leurs villages ayant été détruits par les Gens du Serpent et dont il n'était réchappé que très peu des leurs. Cette nation du Serpent passe pour très brave. Ils ne se contentent pas dans une campagne de détruire un village, selon la manière de tous les Sauvages; ils continuent la guerre depuis le printemps jusqu'à l'automne; ils sont très nombreux, et malheur à ceux qui se trouvent sur leur route!

Ils n'ont aucune nation pour amie. L'on nous dit qu'en 1741, ils avaient entièrement défait dix-sept villages, avaient tué tous les hommes et les femmes âgées, fait esclaves les jeunes femmes et les avaient trafiquées à la mer pour des chevaux et quelques marchandises.

C'est chez les Gens des Chevaux où je m'informai si l'on avait la connaissance de la nation qui habitait la mer. Ils me répondirent qu'il n'y avait jamais été personne de leur nation, le chemin étant barré par les Gens du Serpent; que nous pourrions voir, par la suite, quelques nations, qui commerçaient avec les Blancs de la mer, en faisant un grand tour. J'engageai par présents le village à marcher pour me rendre chez les Gens de l'Arc, seule nation qui par leur bravoure ne craint point les Gens du Serpent. Ils s'en sont fait même redouter par la sagesse et la bonne conduite du chef qui est à leur tête. L'on me fit aussi espérer qu'il pourrait me donner quelques connaissances

de la mer, étant ami des nations qui y vont en commerce.

Ayant toujours marché au sud-ouest, nous fîmes rencontre, le 18 novembre, d'un village très nombreux des Gens de la Belle

■ As La Vérendrye's party made their way westward, they encountered for the first time Aboriginal tribes using horses. They returned to Fort La Reine with some, the first known example of horses on the northern prairie.

■ Lors d'une expédition au pays des Mandanes, les La Vérendrye rencontrèrent des tribus amérindiennes qui avaient des chevaux. Ils en ramenèrent deux au fort La Reine, le premier cas documenté de chevaux au Manitoba.

NFB/OFM

THE JOURNAL

Louis-Joseph La Vérendrye and his small company leave Fort La Reine on April 29, 1742. At the end of the month of July two Mandan guides lead them to the mountains where the Gens des Chevaux live, but no one can be found there. In September they travel to a village of Beaux-Hommes who in turn lead them further south. The date is October 11, 1742.

Journal of the voyage undertaken by the Chevalier de La Vérendrye with one of his brothers, in order find the Western Sea, addressed to the Marquis de Beauharnois, 1742-43.

The second day we found a village of the *Petits Renards* nation who expressed great joy at seeing us. After having given them a few presents, I had our guides tell them that I was seeking the *Gens des Chevaux* so that they could lead me to the Sea. Upon that, the whole village joined us, keeping on the same route. I now felt certain that we would only find a sea already known. The second day of the journey we came across quite a large village of the same nation. They made many gestures of friendship. I gave them many presents, which they looked upon as great novelties, and they seemed to me very appreciative. They led us to a *Pioya* village, where we arrived on the 15th, and where we were very well received. After having given them a few presents I proposed that they guide us to any nation found on the way to the sea. We continued our journey to the south-west. On the 17th, we met a large village of the same nation. I gave them a few presents. We marched together until the 19th, continuing southward, and we arrived at a village of the *Gens des Chevaux*. They were in great despair. All one heard were cries and laments, all their villages having been destroyed by the *Gens du Serpent*, and only a few of their people having escaped. This *Serpent* nation is considered to be very courageous. They are not satisfied, in a campaign, to destroy a village in the manner of all the other Indians; they wage war from spring to fall; there are very many of them and woe betide those who cross their path!

No nation is their friend. We have been told that in 1741 they completely defeated seventeen villages, killed all the men and the old women, enslaved the young women and traded them on the coast for horses and a few trade goods.

It was while among the *Gens des Chevaux* that I asked if they had any knowledge of the nation which lived by the sea. They answered that none from their nation had ever gone there, the way being blocked by the *Gens du Serpent*; and that we would be able to see, later, a few nations who traded with the White men who lived by the sea, by making a large detour. By giving them presents, I persuaded the village to march with me to the *Gens de l'Arc*, the only nation courageous enough to have no fear of the *Gens du Serpent*. They have even come to be feared because of the wisdom and the leadership of their chief. I was also given to hope that this chief could give me some information about the sea, since he was friendly with nations going there to trade.

On November 18, still marching south-west, we came across a very large village of the *Gens de la Belle-Rivière*. They gave us some information on the *Gens de l'Arc*, who were near there. We all marched together towards the south-west; on the 21st, we

« Le 1er janvier 1743, nous nous trouvâmes à la vue des montagnes. »

Rivière. Ils nous donnèrent connaissance des Gens de l'Arc, qui étaient près de là. Nous marchâmes tous ensemble au sud-ouest; le 21, nous découvrîmes le village qui nous parut fort grand. Toutes les nations de ces pays-là ont quantité de chevaux, ânes et mulets; ils leur servent à porter leurs équipages et de montures tant pour leurs chasses que pour leurs routes.

Arrivés au village, le chef nous mena à sa loge. Nous faisant des gracieusetés et des politesses qui ne sentaient en aucune façon le sauvage, il fit mettre tous nos équipages dans sa loge, qui était très grande, et prendre un grand soin de nos chevaux.

Jusque-là, nous avions été bien reçus dans tous les villages où nous avions passé, mais ce n'était rien en comparaison des belles manières du grand chef de l'Arc, homme nullement intéressé comme tous les autres, et qui a toujours pris un très grand soin de tout ce qui nous appartenait.

Je m'attachai à ce chef, qui méritait toute notre amitié. J'appris en peu de temps la langue, assez pour me faire entendre et entendre aussi ce qu'il me pouvait dire, par l'application qu'il avait à m'instruire.

Je lui demandai s'ils connaissaient les Blancs de la mer et s'ils pouvaient nous y conduire. Il me répondit : « Nous les connaissons par ce que nous en ont dit les prisonniers des Gens du Serpent que nous devons joindre dans peu. Ne soyez pas surpris, si vous voyez rassemblés avec nous tant de villages. Les paroles sont envoyées de tous côtés, pour nous joindre. Vous entendez tous les jours chanter la guerre, ce n'est pas sans

dessein : nous allons marcher du côté des grandes montagnes qui sont proches de la mer, pour y chercher les Gens du Serpent. N'appréhendez point de venir avec nous, vous n'avez rien à craindre, vous y pourrez voir la mer que vous cherchez. »

Il poursuivit son discours ainsi : « Les Français qui sont à la mer, me dit-il, sont nombreux; ils ont quantité d'esclaves, qu'ils établissent sur leurs terres dans chaque nation; ils ont des appartements séparés, ils les marient ensemble et ne les tiennent pas gênés, ce qui fait qu'ils se plaisent avec eux et ne cherchent pas à se sauver. Ils élèvent quantité de chevaux et autres animaux, qu'ils font travailler sur leur terre. Ils ont quantité de chefs pour les soldats, ils en ont aussi pour la prière. » Il me dit quelques mots de leur langue. Je reconnus qu'il me parlait espagnol, et ce qui acheva de me le confirmer fut le récit qu'il me fit du massacre des Espagnols qui allaient à la découverte du Missouri, dont j'avais entendu parler. Tout cela refroidit bien mon empressement pour une mer connue; cependant j'aurais fort souhaité y aller, si la chose avait été faisable.

Nous continuâmes notre marche, tantôt sud-sud-ouest, quelquefois nord-ouest; toujours notre troupe s'augmentait par la jonction de plusieurs villages de différentes nations. Le 1er janvier 1743, nous nous trouvâmes à la vue des montagnes. Le nombre des combattants passait deux mille; avec leurs familles cela faisait une troupe considérable, marchant toujours par des prairies magnifiques et où les bêtes sont en abondance. Toutes les nuits ce n'était que chants

et hurlements, et on ne faisait autre chose que de venir pleurer sur notre tête pour les accompagner à la guerre. Je résistais toujours en disant que nous étions pour aplanir la terre, et non pour la brouiller.

Le chef de l'Arc répétait souvent qu'il était peiné, à notre sujet, de savoir ce que penseraient de nous toutes les nations, voyant que nous faisions difficulté de les suivre; qu'il nous demandait en grâce (étant engagés avec eux et ne pouvant nous en retirer qu'au retour de la guerre) de vouloir bien l'accompagner pour être spectateurs seulement, ne nous demandant pas de nous exposer; que les Gens du Serpent étaient nos ennemis aussi bien que les leurs et que nous devions savoir qu'ils n'avaient personne pour amis.

Nous consultâmes entre nous ce que nous avions à faire. Nous nous résolûmes de les suivre, voyant l'impossibilité où nous étions de pouvoir prendre d'autre parti, joint à l'envie que j'avais de voir la mer de dessus les montagnes. Je fis part au chef de l'Arc de ce que nous avions décidé; il m'en parut très content. L'on assembla ensuite un grand conseil, où nous fûmes appelés comme de coutume; les harangues furent fort longues de la part de chaque nation. Le chef de l'Arc me les expliquait; tout roulait sur les mesures, qu'il y avait à prendre pour la sûreté de leurs femmes et enfants pendant leur absence et sur la manière de s'y prendre pour approcher les ennemis. L'on nous adressa ensuite la parole pour nous prier de ne pas les abandonner. Je répondis au chef de l'Arc, qui le répéta ensuite à toute l'assemblée, que le

discovered the village, which appeared quite large to us. All the nations in this country have many horses, donkeys and mules; they are used for carrying all their possessions and as mounts both for hunting and travelling.

Once we had arrived in the village, the chief led us to his lodge. Being very polite and gracious in a manner which was not at all usual for Indians, he had all our possessions put in his lodge, which was very large, and made sure that very good care was taken of our horses.

Up until then, we had been very well received in all the villages we had passed through, but this was nothing in comparison to the gracious welcome of the grand chief of the *Gens de l'Arc*, a man with no interest in personal gain, unlike all the others, and who always took great care of all that belonged to us.

I became attached to this chief, who was quite worthy of our friendship. I soon learned the language, at least well enough to make myself understood and also to understand what he wished to say to me, through the efforts he made to instruct me.

I asked him if they knew the white men who lived by the sea and if they could lead us there, and he answered: "We know them through what we have been told by the prisoners of the *Gens du Serpent*, whom we shall join shortly. Don't be surprised if you see so many villages gathered around us. The word has been sent on all sides to join us. You hear war chants every day for a good reason: we are going to march towards the great mountains which are close to the sea to look for the *Gens du Serpent*. Don't be afraid to come with us, you have nothing to fear and you will be able to catch sight of the sea you are seeking."

He continued his speech in this manner: "The French by the sea are very numerous; they have many slaves that they establish on their land in each nation; the slaves have separate apartments, they marry them to each other and don't bother them, and because of this the slaves are happy with them and don't try to escape. They raise many horses and other animals, which they use to work the land. They have many chiefs for their soldiers, and they also have some for prayer." He spoke for me a few words of their language. I realised that he was speaking Spanish, and I was able to confirm this by the account he gave me of the massacre of the Spaniards seeking to discover the Missouri, of which I had heard. All that cooled my enthusiasm to discover a sea already known; however, I would very much like to have gone there, if the thing had been possible.

We continued our march, sometimes south-south-west, sometimes north-west; our numbers kept growing through the addition of several villages from different nations. On January 1, 1743 we came within view of the mountains. The number of warriors exceeded two thousand; with their families that made for a considerable army, always marching through magnificent prairies where wild animals were in abundance. Each night was filled with chants and howling, and all came to cry on our shoulder

and to beg us to accompany them in the war. I steadily resisted, saying that our role was to keep the peace, not compromise it.

The chief of the *Gens de l'Arc* repeated often that he was aggrieved for us, knowing what all the other nations would think of us when they saw that we refused to follow them. He entreated us to at least accompany them, if only as spectators, and without exposing ourselves to danger, since we were committed to them and unable to withdraw before the return from the war. He added that the *Gens du Serpent* were our enemies as well as theirs and that we should know that nobody was their friend.

We consulted each other as to what we had to do. We decided to stay with them, since we saw no other possibility, and since I strongly desired to view the sea from the mountaintops. I informed the chief of the *Gens de l'Arc* of our decision; he seemed to me very happy. A great council was then called, to which we were invited as usual. The speeches from each nation were quite long. The chief of the *Gens de l'Arc* explained them to me; everything turned upon the measures that must be taken for the safety of the women and children during their absence, and around the best way to approach the enemy. We were then called upon not to abandon them. I answered the chief of the *Gens de l'Arc*, who repeated to all the assembly, that the great chief of the French wished for all his children to be at peace; I added that he had ordered us to bring peace to all nations, since he wished to see the land free of conflict and peaceful. Knowing there was a good reason for their

"On January 1, 1743 we came within view of the mountains."

grand chef des Français souhaitait que tous ses enfants fussent tranquilles et nous avait donné ordre de porter toutes les nations à la paix, désirant voir toute la terre aplanie et paisible; que connaissant leurs cœurs malades avec juste raison, je baissais la tête et que nous les accompagnerions puisqu'ils le souhaitaient avec tant d'ardeur, pour les aider seulement de nos conseils dans le besoin. On nous fit de grands remerciements et de longues cérémonies du calumet.

Nous continuâmes de marcher jusqu'au 8 janvier. Le 9, nous quittâmes le village; je laissai mon frère pour garder notre équipage, qui était dans la loge du chef de l'Arc.

La plus grande partie du monde était à cheval, marchant en bon ordre. Enfin, le douzième jour, nous arrivâmes aux montagnes. Elles sont la plupart bien boisées de toutes espèces de bois et paraissent fort hautes.

Étant près du gros du village des Gens du Serpent, les découvreurs vinrent nous avertir qu'ils s'étaient tous sauvés avec grande précipitation, qu'ils avaient abandonné leurs cabanes et une grande partie de leurs équipages. Ce discours mit la terreur parmi tout notre monde, dans l'appréhension où ils étaient que, les ennemis les ayant découverts, ils n'allassent sur leurs villages et ne s'y rendissent avant eux. Le chef de l'Arc fit ce qu'il put pour les dissuader et les engager à poursuivre. Personne ne voulut l'écouter. « Il est bien fâcheux, me

disait-il, que je vous aie amené jusqu'ici et de ne pouvoir passer outre. »

J'étais très mortifié de ne pas monter sur les montagnes, comme j'avais souhaité. Nous prîmes donc le parti de nous en retourner. Nous étions venus jusque-là en très bon ordre, mais le retour fut bien différent, chacun fuyait de son bord. Nos chevaux, quoique bons, étaient bien fatigués et ne mangeaient pas souvent. Je marchais de compagnie avec le chef de l'Arc, mes deux Français nous suivaient. Je m'aperçus, après avoir fait un grand bout de chemin, sans regarder derrière moi, qu'ils me manquaient. Je dis au chef de l'Arc que je ne voyais plus mes Français, il me répondit : « Je vais arrêter tout le monde qui est avec nous. » Je retournai à toute bride sur mes pas et je les aperçus à la pointe d'une île, qui faisaient manger leurs chevaux; les ayant joints, j'aperçus quinze hommes qui approchaient du bois en se couvrant de leurs pare-flèches. Il y en avait un bien plus avancé que les autres. Nous les laissâmes approcher à la demi-portée du fusil. Voyant qu'ils se mettaient en devoir de nous attaquer, je jugeai bon de leur décocher quelques coups de fusil, ce qui les obligea de se retirer promptement, cette arme étant très respectable parmi toutes ces nations qui n'en n'ont pas l'usage et leurs pare-flèches ne pouvant pas les garantir de la balle. Nous restâmes là jusqu'à la nuit, après quoi nous marchâmes, selon notre idée, dans l'espérance de trouver de nos Sauvages. Les prairies où nous passâmes sont rares et sèches; la piste des chevaux ne marquent point, nous continuâmes notre route à la

bonne aventure, ne sachant pas si nous allions bien. Enfin nous arrivâmes des premiers au village des Gens de l'Arc, le 9 février, qui était le deuxième de notre déroute.

Le chef de l'Arc avait bien couru pour faire arrêter la bande qui marchait avec nous, mais la terreur était trop grande parmi eux pour s'amuser sur un terrain si près de l'ennemi. Il fut très inquiet toute la nuit; le lendemain il fit faire un grand cerne pour nous couper le chemin. Il ne cessa de faire

chercher ses gens, sans pouvoir réussir à les trouver. Il arriva enfin au village, cinq jours après nous, plus mort que vif dans le chagrin où il était de ne savoir ce que nous étions devenus. La première nouvelle qu'il reçut fut que nous étions arrivés heureusement à la veille du mauvais temps, ayant tombé le lendemain de notre arrivée deux grands pieds de neige et un temps affreux. Sa tristesse se changea en joie; il ne savait quelles caresses et amitiés nous faire.

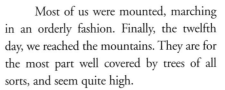

■ The great expedition to find the Western Sea effectively came to an end when Louis-Joseph and François La Vérendrye encountered the barrier of the Rocky Mountains on January 1, 1743.

Le rêve de trouver la mer de l'Ouest prit effectivement fin lorsque Louis-Joseph et François, deux des fils de La Vérendrye, aperçurent le 1er janvier 1743 les montagnes Rocheuses.

bitter hearts, I bowed my head and told them we would accompany them since they wished it so fervently, but only to aid them with our advice, if needed. They thanked us with great ceremony and many peace pipes were smoked.

We continued to march until January 8. On the 9th we left the village; I left my brother to keep watch over our possessions which were in the lodge of the chief of the *Gens de l'Arc*.

Being close to the main part of the village of the *Gens du Serpent*, the scouts came to warn us that they had all hastened to take flight, that they had abandoned their lodges and many of their possessions. This report sowed terror among us because of the fear that the enemy, having had wind of us, would now strike against our villages, getting there before us. The chief of the *Gens de l'Arc* did what he could to dissuade them, and to engage them to continue the expedition. No one cared to listen to him. "It is quite deplorable, he told me, that I've led you this far and to not been able to go further."

I was quite mortified to be unable to scale the mountains, as I had wished to do. We decided, then, to return. We had come this far in an orderly fashion, but the return voyage was quite different, each one taking flight on his own. Our horses, although solid, were quite tired and seldom grazed. I was marching with the chief of the *Gens de l'Arc*, with my two French companions following. I noticed, after having gone quite a ways, without looking behind me, that they were missing. I told the chief of the *Gens de l'Arc* that I could no longer see my companions, and he answered: "I am going to stop everyone who is with us." I went back at a gallop and caught sight of them grazing their horses at the tip of an island. Having rejoined them, I noticed fifteen men who were approaching from the woods, while

Most of us were mounted, marching in an orderly fashion. Finally, the twelfth day, we reached the mountains. They are for the most part well covered by trees of all sorts, and seem quite high.

taking cover behind their shields. There was one quite a bit ahead of the others; we let them get almost within musket range. Seeing that they were getting ready to attack, I decided to shoot a few rounds at them, which promptly obliged them to retreat, as the musket is very much respected by these tribes who have never used them, and as their shields couldn't protect them from the musket balls. We stayed there until nightfall, after which we marched, according to our best judgement, in the hope of finding our native friends. The prairies we were going through were sparse and dry; the horses hadn't left a clear trail and we continued, hoping for the best and not knowing if we were going in the right direction. Finally we arrived among the first at the village of the *Gens de l'Arc*, on February 9, the second day of our flight.

The chief had indeed hurried to halt the group that was marching with us, but their terror was too great for them to waste their time in an area so close to the enemy. He was quite anxious for the entire night. The next day he sent men in a great circle in order to intercept us. He ceaselessly ordered his people to continue searching, but with no success. He arrived finally at the village five days after us, more dead than alive, so upset was he at not knowing what had become of us. The first news he received was that we had luckily arrived on the day before bad weather, since the next day a good two feet of snow had fallen amidst frightful weather. His sadness changed to joy and he was at a loss to know how to express his friendship for us.

Tékamamiouen est par les 47 °15' De Latitude, le grand portage marqué
Camanestigouia est par les 47 °27'. le Fort Du Lac Des Bois, es[t]
par les 49 Degrez. ... en couleur d'eau que la Rivière nouvelle... découverte de...

« Je posai sur une éminence, près du fort, une plaque de plomb aux armes et inscriptions du roi... »

Ce qui nous surprit fut que le chef de l'Arc, avec plusieurs autres, avait séparé son monde pour nous cerner, afin de pouvoir nous découvrir. Il en arrivait tous les jours au village qui étaient bien tristes, nous croyant bien perdus. Toutes les autres nations s'étaient séparées, afin de trouver plus de facilité pour les vivres. Nous continuâmes à marcher avec les Gens de l'Arc jusqu'au premier jour de mars, faisant toujours l'est-sud-est.

J'envoyai un de nos Français avec un Sauvage chez les Gens de la Petite Cerise, ayant appris qu'ils étaient proches. Ils furent dix jours à leur voyage et nous apportèrent des paroles pour nous inviter à les aller joindre.

Je communiquai notre dessein au chef de l'Arc, qui fut sensiblement touché de nous voir résolus de le laisser. Nous ne l'étions pas moins de le quitter par les bonnes manières qu'il avait toujours eues pour nous. Pour le consoler, je lui promis de venir le trouver, supposé qu'il voulût aller s'établir près d'une petite rivière que je lui indiquai, y construire un fort et y faire du grain.

Il acquiesça à tout ce que je lui proposai, et me pria, sitôt que j'aurais vu mon père au fort La Reine, d'en partir ensuite, le printemps suivant, pour le venir joindre; je lui promis pour sa consolation tout ce qu'il souhaitait, et lui fis présent de tout ce que je croyais pouvoir lui être utile.

Ne voyant aucune apparence de nous faire mener chez les Espagnols, et ne doutant pas que mon père ne fût bien inquiet de nous, nous prîmes le parti de nous en aller au fort La Reine, et laissâmes les Gens de l'Arc avec bien du regret de part et d'autre.

Nous arrivâmes le 15 de mars chez les Gens de la Petite Cerise. Ils revenaient d'hivernement; ils étaient à deux jours de marche de leur fort, qui est sur le bord du Missouri.

Nous arrivâmes le 19 à leur fort et y fûmes reçus avec de grandes démonstrations de joie. Je m'appliquai à apprendre leur langue et y trouvai beaucoup de facilité. Il y avait un homme chez eux, qui avait été élevé chez les Espagnols et en parlait la langue comme sa langue naturelle. Je le questionnais souvent, et il me dit tout ce que l'on m'avait rapporté à son sujet, qu'il avait été baptisé et n'avait point oublié ses prières. Je lui demandai s'il était facile d'y pouvoir aller. Il me répondit qu'il y avait loin et bien des dangers à courir, par rapport à la nation du Serpent; qu'il faudrait au moins vingt jours pour s'y rendre à cheval.

Je m'informai de leur commerce. Il me dit qu'ils travaillaient le fer et faisaient un grand négoce de peaux de bœuf et d'esclaves, donnaient en échange des chevaux et des marchandises, à la volonté des Sauvages, mais point de fusils ni munitions.

Il m'apprit qu'il y avait, à trois journées de chez eux, un Français, établi depuis plusieurs années. J'aurais été le trouver, si nos chevaux eussent été en état. Je pris le parti de lui écrire pour l'engager à nous venir trouver, que nous l'attendrions jusqu'à la fin de mars, espérant partir au commencement d'avril, pour nous rendre aux Mandanes et de là au fort La Reine; que, s'il ne pouvait venir, il nous fît du moins savoir de ses nouvelles.

Je posai sur une éminence, près du fort, une plaque de plomb aux armes et inscriptions du roi et des pierres en pyramide pour Monsieur le Général. Je dis aux Sauvages, qui n'avaient pas connnaissance de la plaque de plomb que j'avais mise dans la terre, que je mettais ces pierres en mémoire de ce que nous étions venus sur leurs terres. J'aurais fort souhaité de prendre hauteur à cet endroit; mais notre astrolabe était, depuis le commencement de notre voyage, hors d'état de servir, l'anneau en étant cassé.

Nous voyant, au mois d'avril, sans nouvelles de notre Français, étant pressé par les guides que j'avais loués pour nous conduire aux Mandanes, et nos chevaux en bon état, je me préparai à partir et fis plusieurs présents aux chefs de la nation, qui nous avaient toujours bien gardés et bien traités chez eux, ainsi qu'à plusieurs autres des plus considérables de nos bons amis.

Je recommandai aux chefs que si, par hasard, le Français à qui j'avais écrit venait à leur fort peu de temps après notre départ, il pouvait venir nous trouver aux Mandanes, comptant y faire quelque séjour. J'aurais été flatté de le retirer d'avec les Sauvages. J'assurai le chef de la nation que j'aurais un très grand soin des trois jeunes gens qu'il nous donnait pour nous guider, et que, quoique les Mandanes fussent leurs ennemis, ils n'avaient rien à craindre étant avec nous.

Nous partîmes le 2 avril, bien regrettés de toute la nation. Ils nous firent de grandes instances pour revenir les voir.

We were surprised to learn that the chief of the *Gens de l'Arc*, with many others, had separated his people in order to search for us. Groups of them arrived every day at the village, quite sad, thinking that we had been lost. All the other nations had separated into smaller groups, since it was easier that way to find food. We continued to march with the *Gens de l'Arc* until the first day of March, always heading east-south-east.

I sent one of our Frenchmen with an Indian to the people of the *Petite Cerise*, having learned that they were close. They were gone for ten days and brought back an invitation to join them.

I informed the chief of the *Gens de l'Arc* of our plan, and he was quite touched to see us resolved to leave him. We were no less saddened to leave him, because of his considerate treatment of us. In order to console him, I promised to come back to find him if he was willing to make an encampment near a little river that I showed him, to build a fort there and grow some grain.

He accepted all that I proposed to him, and begged me, as soon as I returned to my father at Fort La Reine, to leave the following spring to come back to join him. In order to console him, I promised him everything he wished, and gave him presents of everything I thought might be useful to him.

Seeing no possibility of having ourselves led to the Spaniards, and having no doubt that my father was quite anxious about us, we decided to set out for Fort La Reine, and we left the *Gens de l'Arc* with much regret on both sides.

We arrived on March 15 at the land of the people of the *Petite Cerise*. They were coming back from their winter encampment; they were two days' march from their fort, which is on the shores of the Missouri.

We arrived on the 19th at their fort and were received with great displays of joy. I applied myself to learning their language, which I found quite easy. There was a man with them who had been raised by the Spaniards and who spoke Spanish as if it were his mother tongue. I questioned him often, and he told me everything that I had already been told about him, that he had been baptised and had not forgotten his prayers at all. I asked him if it was easy to go there. He answered that it was quite far and that there were many dangers to confront because of the *Gens du Serpent*, and that it would take twenty days to get there on horseback.

I inquired about their commerce. He told me that they worked iron and did a lot of trade in cattle hides and in slaves for which they gave in return horses and trade goods, according to the Indians' wishes, but not guns or ammunition.

He informed me that at a distance of three days' march there lived a Frenchman, who had settled there for several years. I would have gone to look for him if our horses had not been in a weak state. I decided to write him to encourage him to come and find us, telling him we would wait until the end of March, as we hoped to leave at the beginning of April to go to the Mandans and from there to Fort La Reine. I asked him, if he was unable to come, to let us know about himself.

I had deposited on a knoll near the fort a lead plaque, bearing the arms and the inscription of the king and a pyramid of rocks for M. le Général. I told the Indians, who had no knowledge of the lead plaque I had buried, that I had erected these stones in memory of the voyage we had made on their lands. I would have very much liked to measure the latitude at this point, but our astrolabe had been damaged at the very start of our voyage, the ring having been broken.

In the month of April, still having had no news of our Frenchman, and being pressed by the guides I had hired to take us to the Mandans, and with our horses in good health, I started preparations for our departure, and gave many presents to the chiefs of the nation, who had always treated us well and taken care of us, and also to several others among the most important of our good friends.

I told the chiefs that if, by chance, the Frenchman to whom I had written came to their fort shortly after our departure, he could come to find us with the Mandans, with whom we intended to spend a little time. I would have liked to take him away from his life with the Indians. I assured the chief of the nation that I would take very good care of the three young men that he had given us to serve as guides, and that, although the Mandans were their enemies, they had nothing to fear as they were with us.

We left on April 2, to the regret of the whole nation. They made a great show of insisting we come back to visit them.

"I had deposited on a knoll near the fort a lead plaque, bearing the arms and the inscription of the king..."

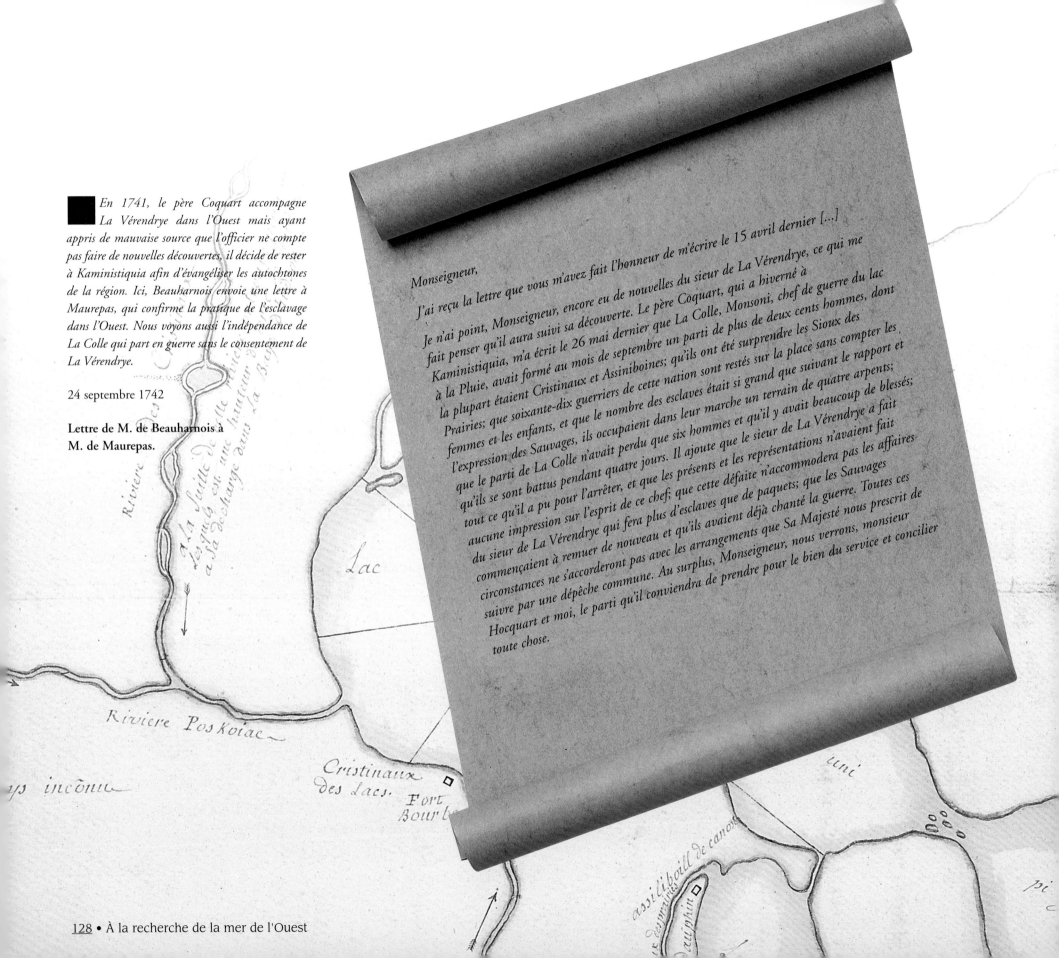

En 1741, le père Coquart accompagne La Vérendrye dans l'Ouest mais ayant appris de mauvaise source que l'officier ne compte pas faire de nouvelles découvertes, il décide de rester à Kaministiquia afin d'évangéliser les autochtones de la région. Ici, Beauharnois envoie une lettre à Maurepas, qui confirme la pratique de l'esclavage dans l'Ouest. Nous voyons aussi l'indépendance de La Colle qui part en guerre sans le consentement de La Vérendrye.

24 septembre 1742

Lettre de M. de Beauharnois à M. de Maurepas.

Monseigneur,

J'ai reçu la lettre que vous m'avez fait l'honneur de m'écrire le 15 avril dernier [...]

Je n'ai point, Monseigneur, encore eu de nouvelles du sieur de La Vérendrye, ce qui me fait penser qu'il aura suivi sa découverte. Le père Coquart, qui a hiverné à Kaministiquia, m'a écrit le 26 mai dernier que La Colle, Monsoni, chef de guerre du lac à la Pluie, avait formé au mois de septembre un parti de plus de deux cents hommes, dont la plupart étaient Cristinaux et Assiniboines; qu'ils ont été surprendre les Sioux des Prairies; que soixante-dix guerriers de cette nation sont restés sur la place sans compter les femmes et les enfants, et que le nombre des esclaves était si grand que suivant le rapport et l'expression des Sauvages, ils occupaient dans leur marche un terrain de quatre arpents; que le parti de La Colle n'avait perdu que six hommes et qu'il y avait beaucoup de blessés; qu'ils se sont battus pendant quatre jours. Il ajoute que le sieur de La Vérendrye a fait tout ce qu'il a pu pour l'arrêter, et que les présents et les représentations n'avaient fait aucune impression sur l'esprit de ce chef; que cette défaite n'accommodera pas les affaires du sieur de La Vérendrye qui fera plus d'esclaves que de paquets; que les Sauvages commençaient à remuer de nouveau et qu'ils avaient déjà chanté la guerre. Toutes ces circonstances ne s'accorderont pas avec les arrangements que Sa Majesté nous prescrit de suivre par une dépêche commune. Au surplus, Monseigneur, nous verrons, monsieur Hocquart et moi, le parti qu'il conviendra de prendre pour le bien du service et concilier toute chose.

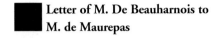

Letter of M. De Beauharnois to M. de Maurepas

September 24, 1742

In 1741 Father Coquart accompanies La Vérendrye to the West, but having learned from an unreliable source that the latter would no longer make any new discoveries, he decides to stay at Kaministiquia in order to convert the Amerindians in the region. Here is a letter from Beauharnois to Maurepas which confirms the fact that slavery existed in the West. We can also see how La Colle acts independantly as he goes off to war without La Vérendrye's consent.

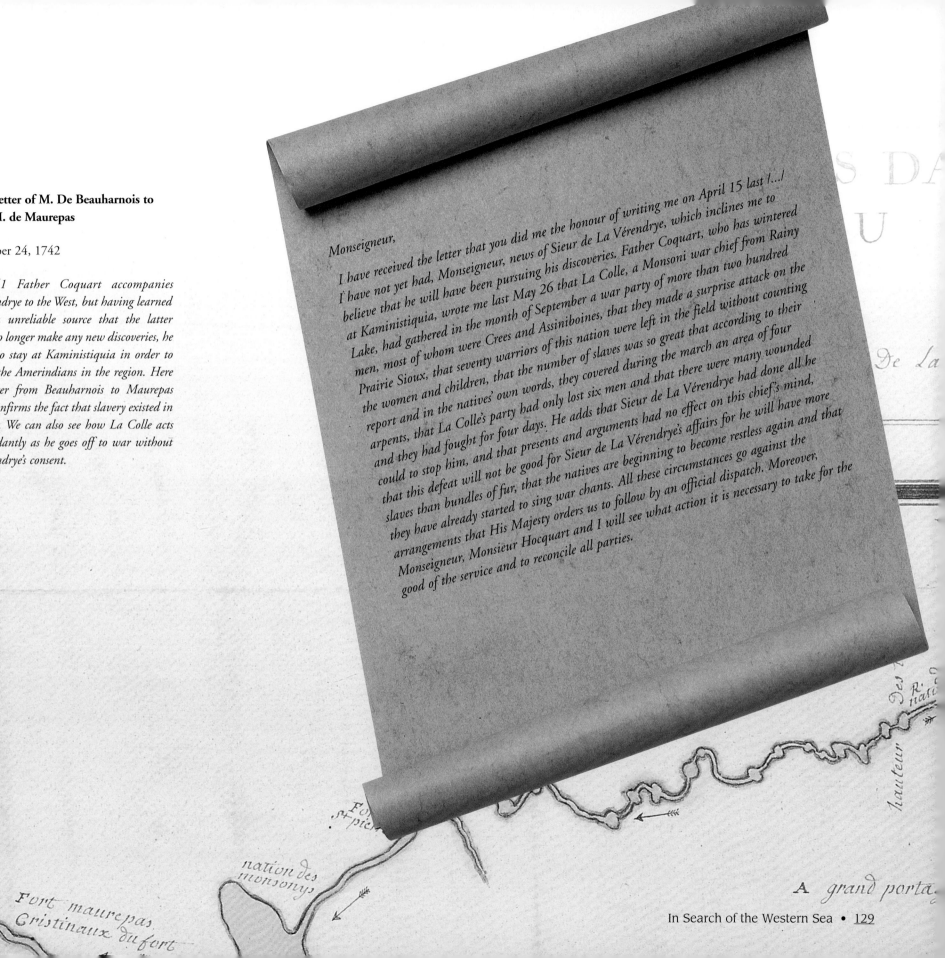

Monseigneur,

I have received the letter that you did me the honour of writing me on April 15 last [...] I have not yet had, Monseigneur, news of Sieur de La Vérendrye, which inclines me to believe that he will have been pursuing his discoveries. Father Coquart, who has wintered at Kaministiquia, wrote me last May 26 that La Colle, a Monsoni war chief from Rainy Lake, had gathered in the month of September a war party of more than two hundred men, most of whom were Crees and Assiniboines, that they made a surprise attack on the Prairie Sioux, that seventy warriors of this nation were left in the field without counting the women and children, that the number of slaves was so great that according to their report and in the natives' own words, they covered during the march an area of four arpents, that La Colle's party had only lost six men and that there were many wounded and they had fought for four days. He adds that Sieur de La Vérendrye had done all he could to stop him, and that presents and arguments had no effect on this chief's mind, that this defeat will not be good for Sieur de La Vérendrye's affairs for he will have more slaves than bundles of fur, that the natives are beginning to become restless again and that they have already started to sing war chants. All these circumstances go against the arrangements that His Majesty orders us to follow by an official dispatch. Moreover, Monseigneur, Monsieur Hocquart and I will see what action it is necessary to take for the good of the service and to reconcile all parties.

« …que douze années qu'il a passées dans ces postes ne lui produisent pas environ quatre mille livres… »

Dans cette lettre plutôt émouvante, Beauharnois prend la défense de La Vérendrye. Maurepas vient en effet de refuser à ce dernier son rang de capitaine. De plus, le gouverneur reconnaît l'importance des découvertes de La Vérendrye aussi bien sur le plan politique que commercial.

Lettre de M. de Beauharnois à M. de Maurepas

Monsieur de Beauharnois
le 27 octobre 1744

Monseigneur,

J'ai l'honneur de vous envoyer ci-joint le journal que le fils du sieur de La Vérendrye m'a adressé à l'occasion du voyage qu'il a fait chez les Mandanes pour suivre la découverte de la mer de l'Ouest suivant les ordres et instructions que le sieur de La Vérendrye lui en avait donnés et dont j'ai eu l'honneur de vous rendre compte l'année dernière.

Quoi qu'il ne soit pas encore parvenu au but qu'il s'était proposé, il ne me paraît pas, Monseigneur, qu'il ait rien négligé sur la diligence qu'il devait y apporter, et il ose se flatter que vous voudrez bien en juger ainsi, si vous avez la bonté d'attacher quelques considérations aux oppositions qu'il a eu à surmonter, soit pour se concilier l'amitié des nations chez lesquelles on n'avait point encore pénétré, ou pour parvenir même à s'en servir comme il était indispensable de le faire, afin d'avoir d'eux les secours et les connaissances qui sont nécessaires pour cette entreprise.

Cet officier, Monseigneur, m'a paru dans la dernière des mortifications, de ce que l'on ait essayé de donner à la pureté de ses sentiments pour parvenir à cette découverte un caractère opposé aux vues qu'il avait. Je ne prendrai point la liberté d'entrer dans le détail des raisons qui peuvent justifier sa conduite. Mais je ne puis lui refuser les témoignages qui me paraissent lui être dus, qu'il n'a dans cette découverte fait que l'avantage de la colonie par le nombre d'établissements qu'il a faits dans des endroits où personne n'avait encore pénétré, qui produisent aujourd'hui quantité de castors et pelleteries dont les Anglais profiteraient, sans qu'il ait occasionné aucune dépense à Sa Majesté pour ces établissements. Que l'idée qu'on s'est faite des biens qu'il avait ramassés dans ces endroits tombe d'elle-même par l'indigence où il est, pouvant vous assurer, Monseigneur, sans aucune complaisance ni prédilection pour lui, que douze années qu'il a passées dans ces postes ne lui produisent pas environ quatre mille livres, qui est tout ce qu'il a et qui pourront peut-être lui rester après qu'il aura payé les dettes qu'il a contractées pour cette entreprise, et qu'enfin, Monseigneur, les choses dans l'état où il les a mises me paraissent toujours entièrement dignes de vos bontés pour lui.

C'est aussi dans l'espérance où je suis que vous voudrez bien les lui accorder que je vous supplie, Monseigneur, de lui en donner des marques sensibles en lui procurant son avancement à la première occasion, ainsi que son ancienneté sur ceux qui ont été pourvus des compagnies vacantes cette année. Je ne connais aucun endroit par lequel il ait pu mériter la mortification qu'il a eue de n'être point avancé, et j'oserais même ne l'attribuer qu'à l'oubli que vous avez fait, Monseigneur, de la proposition que j'ai eu l'honneur de vous faire du sieur de La Vérendrye comme le plus ancien des lieutenants, et le sujet qui me paraissait être le plus digne des grâces du roi. En effet, Monseigneur, six années de services en France, trente-deux en cette colonie sans reproches (du moins je n'en sais aucun à lui faire) et neuf blessures sur le corps, étaient des motifs qui ne m'ont pu faire balancer à vous le proposer pour remplir une des compagnies vacantes, et si j'ai eu lieu de me flatter, Monseigneur, que vous étiez persuadé que je n'admettais sur mes listes que des officiers capables de servir et qui méritaient vos bontés, c'était particulièrement dans l'attention que vous auriez bien voulu faire en faveur du sieur de La Vérendrye.

Je suis avec un très profond respect,
Monseigneur,
Votre très humble et très obéissant serviteur,
Beauharnois,
À Québec, le 27 octobre 1744.

In this rather moving letter Beauharnois comes to La Vérendrye's defence. Maurepas has in fact just refused to promote Sieur de La Vérendrye to the rank of captain. Moreover, the Governor understands the importance of La Vérendrye's discoveries, in both political and commercial terms.

Letter of M. de Beauharnois to M. de Maurepas

Monsieur de Beauharnois,
October 27, 1744

Monseigneur,

I have the honour of sending you with this letter the journal that the son of Sieur de La Vérendrye sent me on the occasion of the journey he made to the Mandans in order to pursue the discovery of the Western Sea, following the orders and instructions that Sieur de La Vérendrye had given him and of which I have had the honour of giving you an account last year.

Although he has still not reached the goal he had set for himself, it seems to me that he has neglected nothing in the zeal which was recommended to him, and he dares flatter himself that you will be kind enough to agree, if you will only have the generosity to consider the obstacles that he had to overcome, whether to win the friendship of nations which had not yet been discovered, or even to make use of their services, as it was indispensable to do, in order to obtain from them the help and

the knowledge which are necessary for this endeavour.

This officer, Monseigneur, seemed to me to be utterly mortified that people should have attributed to the purity of his intentions to pursue his discovery a character opposite to the views he had. I will not take the liberty of going into detail as to the reasons which might justify his conduct. But I cannot deny him what it seems to me he is due, that he has only, through his discoveries, benefited the colony through the number of posts he has established in places where no one had yet penetrated and which produce today quantities of beaver and furs which would profit the English, without him having caused any expense to His Majesty through the establishment of these posts. The idea that some have entertained of the fortune he has amassed in these places is absurd, given the poverty in which he finds himself. I can assure you, Monseigneur, without any indulgence or favouritism for him, that the twelve years he has spent in these posts only bring him about four thousand *livres*, which is all he has and which is all that he will be able to keep after having paid the debts that he has incurred in this endeavour, and that finally, Monseigneur, he has put things in a state which is entirely worthy of the generosity you have had for him.

It is therefore in the hope that it will please you to grant him these things that I beg you, Monseigneur, to give him a tangible sign of your generosity by obtaining his promotion as soon as possible, as well as

his seniority over those who have been given the command of available companies this year. I know of no reason for him to have deserved the mortification he has received by not being promoted, and I would even dare explain this Monseigneur, by your oversight in not accepting the proposition I made to you of Sieur de La Vérendrye as your longest-serving lieutenant, and the subject which seems to me the most worthy of the King's grace. In effect, Monseigneur, six years of service in France, thirty-two in this colony, all above reproach (I at least know of none to be made) and nine wounds were reason enough to decide me to propose to you, with no hesitation, that he be given one of the available companies. If I have been right to flatter myself, Monseigneur, that you were of the opinion that I only permitted on my lists those officers capable of serving and who were worthy of your generosity, it was particularly because of the attention that you might have been pleased to give in favour of Sieur de La Vérendrye.

I am, with a very profound respect,
Monseigneur,
Your very humble and very obedient servant,
Beauharnois,
At Québec, October 27, 1744

"...that the twelve years he has spent in these posts only bring him about four thousand livres..."

Cette lettre de La Vérendrye accompagne le mémoire justificatif de 1744. C'est un homme abattu qui écrit, terrassé et humilié par l'injustice et le manque de sensibilité du ministre de la Marine.

Lettre de M. de La Vérendrye à M. de Maurepas

Québec, le 31 octobre 1744

Monseigneur,

Les discours peu favorables, ainsi que ce que la jalousie a pu insinuer d'être mandé à Votre Grandeur, à l'occasion de l'entreprise que j'ai suivie depuis 1731 pour parvenir à la découverte de la mer de l'Ouest, et dont j'ai été informé, rendent le zèle dont j'ai toujours été animé pour le service et particulièrement pour cette découverte, d'autant plus sensible au ridicule que l'on m'y donne que l'on n'y attaque pas moins la pureté des motifs qui faisaient seuls l'objet de mon entreprise, vers lequel toutes mes vues réfléchissaient entièrement. Je ne puis attribuer d'ailleurs, Monseigneur, qu'aux calomnies qui vous ont été dites ou mandées sur mon compte, la mortification, que je reçois aujourd'hui de n'avoir point eu part à la promotion de cette année, quoique je fusse l'officier dont l'ancienneté et les services pouvaient le plus se flatter dans cette occasion, de la justice et des bontés de Votre Grandeur.

Je sens, Monseigneur, tout l'intérêt que j'ai eu de me justifier auprès de vous, et je ne puis vous en donner de plus grande preuve que la liberté, que j'ose prendre, de vous supplier d'agréer le mémoire abrégé que

j'ai l'honneur de joindre, qui contient la conduite que j'ai observée depuis 1731 pour pouvoir parvenir à cette découverte, les accidents dont je n'ai pu me garantir, et les oppositions qu'il ne m'a pas été possible de surmonter pour en accélérer plus tôt la perfection.

Si j'osais me flatter, Monseigneur, que vous voulussiez bien être persuadé de la sincérité et du vrai qui fait la base de ce mémoire, ce qui regarde l'aisance que l'on a mandé à Votre Grandeur que je me suis procuré dans les différents postes que j'ai établis, se trouverait aisément détruit par la situation où je me trouve, qui me fournit à peine les moyens de satisfaire aux emprunts que j'ai été obligé de faire pour cette entreprise.

C'est au surplus, Monseigneur, l'objet qui a de tout temps le moins fait celui de mes désirs, et quoique je sois plus indigent que je ne l'étais avant cette découverte, je m'en serais trouvé entièrement dédommagé si les soins et les attentions que j'y ai apportés m'avaient pu mériter les bontés de Votre Grandeur et que j'ose espérer, si elle veut bien les accorder à neuf blessures que j'ai sur le corps, à trente-neuf années de service tant en France qu'en cette colonie, et aux peines et fatigues que j'ai essuyées, depuis treize ans, pour parvenir aux établissements que j'ai faits dans ces endroits, où personne n'avait encore pénétré, qui formeront toujours une augmentation considérable de commerce à la colonie, si l'on ne peut parvenir entièrement à trouver la mer de l'Ouest et pour lesquels je n'ai occasionné aucune dépense à Sa Majesté.

Je suis avec un très profond respect, Monseigneur,
Votre très humble et très obéissant serviteur,
Monseigneur
Varennes de La Vérendrye

■ This plaque was placed beneath a stone cairn by Louis-Joseph and François near the present day capital of South Dakota, Pierre, to commemorate their journey.

Cette plaque fut placée sous un amont de pierre par Louis-Joseph et François La Vérendrye près de Pierre, capitale du Dakota du Sud, pour indiquer la prise en possession officielle de la région au nom du roi de France.

Letter of M. de La Vérendrye to M. de Maurepas

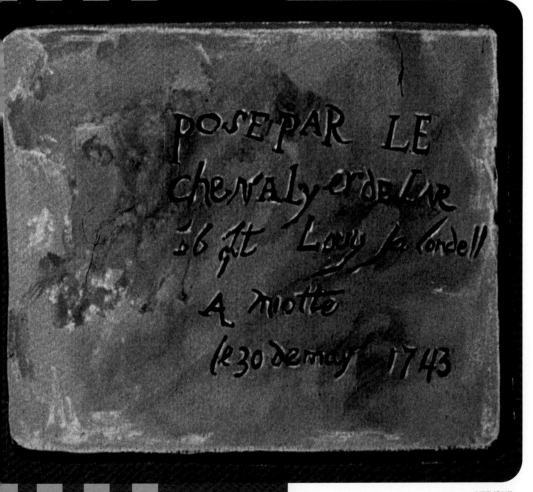

NFB/ONF

Québec, October 31, 1744.

Monseigneur,

Unflattering words, as well as that which jealousy has caused to be sent to Your Highness concerning the endeavour I have been pursuing since 1731 to succeed in the discovery of the Western Sea, and of which I have been informed, make the zeal which has always been mine for service, and particularly for this discovery, all the more sensitive to the ridicule to which I have been subjected because I have been attacked even in the purity of the motivations which were alone the goals of my endeavour, towards which my thoughts were entirely directed. Moreover, Monseigneur, I can only attribute to slanderous things which have been said to you or sent to you about me the mortification which I receive today to not have been among this year's promotions, even though I was the officer whose seniority and service were the most to be flattered this time by the justice and the generosity of Your Highness.

I feel, Monseigneur, that it is quite in my best interest to make my case to you, and I cannot give you greater proof of this than the liberty I dare take to beg you to accept the abbreviated memoir which I have the honour to join to this letter, which relates the conduct I have observed since 1731 to be able to succeed in this discovery, the unfortunate accidents which I was unable to foresee and the obstacles which I was unable to overcome so that success might come more quickly.

If I dared flatter myself, Monseigneur, that you will be convinced of the truth and the sincerity which are at the heart of this memoir, as concerns the riches which Your Highness has been told that I obtained in the various posts which I established, this will be easily confounded by my present situation, which hardly gives me the means to pay off the loans that I have been forced to take for this endeavour.

Moreover, Monseigneur, riches have always been the least of my desires, and although I am poorer than I was before my explorations, I would yet be entirely rewarded if the effort and the care which I brought to them had won the generosity of Your Highness and which I dare hope for, if it pleases Your Highness to grant this generosity to the nine wounds I have received, to the thirty-nine years of service, both in France and in this colony, and to the hardships and suffering that have been mine for the last thirteen years in order to establish posts in places where no one had yet penetrated, and which will always represent a considerable increase in the trade of the colony, and for which, even if they do not lead to the discovery of the Western Sea, I have incurred no expense to His Majesty.

I am, with the most profound
respect, Monseigneur,
Your very humble and obedient servant,
Monseigneur,
Varennes de La Vérendrye

« La gloire du roi et le bien de la colonie ont toujours été les seuls motifs qui m'ont engagé dans cette entreprise. »

■ *Ce témoignage du découvreur est intéressant à plus d'un égard. Tout d'abord, La Vérendrye, avec du recul par rapport aux événements, est capable de récapituler ce qui l'a empêché de réussir. De plus, nous percevons sa déception d'avoir échoué. C'est le dernier témoignage d'un homme d'intégrité.*

Mémoire du Sieur de La Vérendrye au sujet des établissements pour parvenir à la découverte de la mer de l'Ouest et dont il a été chargé par Monsieur le marquis de Beauharnois, gouverneur général de la Nouvelle-France en l'année 1731.

La gloire du roi et le bien de la colonie ont toujours été les seuls motifs qui m'ont engagé dans cette entreprise. Personne n'ignore que le Canada est très pauvre, peu de marchands sont en état de pouvoir faire des avances, surtout pour une entreprise de cette nature, ayant besoin de faire leurs retours tous les ans. Sur des mémoires que j'ai eu l'honneur de représenter à Monsieur le Général au sujet des découvertes et établissements nécessaires à faire pour parvenir à la mer de l'Ouest, il eut la bonté de m'honorer de ses ordres pour y aller travailler efficacement. Je partis de Montréal le 8 juin 1731, dans l'intention de lui donner des marques de mon parfait attachement pour le service et auquel je borne toute mon ambition.

J'associai plusieurs personnes avec moi afin de pouvoir plus facilement fournir aux dépenses que cette entreprise pouvait occasionner, et je pris, en passant à Michillimakinac, le Révérend Père Mesaiger, jésuite pour notre missionnaire.

Nous arrivâmes le 26 août au Grand Portage du lac Supérieur qui est à quinze lieues au sud-sud-ouest de Kaministiquia.

1ᴱᴿ EMPÊCHEMENT

Le 27, tout notre monde épouvanté de la longueur du portage qui est de trois lieues se mutina, et tous me demandèrent avec de grandes instances à relâcher, mais à l'aide de notre père missionnaire, je trouvai le moyen de gagner quelqu'un parmi le nombre de mes engagés pour aller avec mon neveu La Jemerais (qui était mon second) et mon fils, établir le poste du lac à la Pluie. J'en eus assez pour équiper quatre moyens canots : je fis faire sur-le-champ le portage et leur donnai un bon guide.

J'ai été ensuite obligé d'hiverner à Kaministiquia, ce qui m'a fait un tort notable, tant pour le payement des engagés et les marchandises dont j'étais chargé, sans aucune espérance de pouvoir rien retirer de tous ces frais qui étaient considérables.

1732. Le 29 mai suivant, à l'arrivée des canots que j'avais envoyés dans les terres, j'envoyai mon fils aîné conduire à Michillimakinac le peu de pelleteries qui m'était venu et pour me rapporter les effets qui devaient me venir de Montréal.

Le 8 juin, nous partîmes, le père missionnaire, mon neveu et deux de mes enfants, avec sept canots pour suivre ma découverte. J'eus grand soin de faire accommoder tous les portages par où il nous fallait passer. Enfin nous arrivâmes le 14 juillet au fort Saint-Pierre qui est à la décharge du lac à la Pluie que nos Français avaient bâti l'automne précédent. Plus de cinquante canots de Sauvages nous accompagnèrent et nous conduisirent au fort Saint-Charles.

Le 12 novembre, notre convoi de Michillimakinac arriva sur les glaces, ayant été obligé de laisser ses canots à dix lieues de notre fort.

1733. Le printemps suivant, comme j'avais formé le dessein d'aller établir un fort à la portée des Assiniboines, mes intéressés me représentèrent que je ne pouvais rien entreprendre que les canots que j'envoyais à Kaministiquia et à Michillimakinac ne fussent de retour. Le père missionnaire, s'étant trouvé très incommodé, prit la résolution de retourner à Montréal.

J'envoyai dans le même temps mon neveu rendre compte à Monsieur le Général des établissements que j'avais faits et de la manière favorable dont j'avais été reçu de toutes les nations et des nouvelles connaissances que les Sauvages m'avaient données dans le cours de l'hiver.

2ᴱ EMPÊCHEMENT

J'attendais quatre canots que j'avais laissés à Kaministiquia l'automne précédent. Il en arriva un allégé pour me faire savoir que celui que mes intéressés avaient laissé pour faire la traite et garder les marchandises avait tout consommé. Le 27 septembre, les canots de Michillimakinac arrivèrent très mal assortis, de façon que je me trouvai très endetté et dans l'impossibilité de pouvoir rien entreprendre.

Memoir of Sieur de La Vérendrye concerning the establishments for achieving the discovery of the Western Sea, under the orders of Monsieur le Marquis de Beauharnois, Governor General of New France.

The glory of the king and the good of the colony have always been my only motivation in this undertaking. Everyone knows that Canada is very poor. Few merchants are in a position to give advances especially for an undertaking of this nature, since they must show a profit every year. Based on the Memoirs that I have had the honour to present to Monsieur le Général on the discoveries and the establishments necessary to reach the Western Sea, he was kind enough to honour me with his orders to proceed efficaciously with this endeavour. I left Montréal on June 8, 1731 with the intention of giving him proof of my perfect allegiance to his service, which is the extent of my ambition.

I took several associates with me in order to more easily meet the expenses that this enterprise might require, and, on proceeding to Michillimakinac, I brought along a Jesuit as our missionary, the Reverend Father Mesaiger.

We arrived on August 26 at Grand Portage, Lake Superior, which is fifteen leagues to the south-south-west of Kaministiquia.

FIRST IMPEDIMENT

On the 27th all the men, distressed by the length of the portage, which is three leagues, rebelled, and all implored me to stop, but with the help of our missionary Father, I found a way to persuade one of my *engagés* to go with my nephew La Jemerais, who was my second in command, and my son to establish the post on Rainy Lake. I had sufficient means to equip four canoes of medium size: I had the portage made immediately and gave them a good guide.

Afterwards I was forced to winter at Kaministiquia which caused me considerable harm with regards to paying the *engagés* and transportation of the trade goods, without hope of gaining anything from all these considerable expenses.

1732. On May 29 of the following year, upon the arrival of the canoes that I had sent further inland, I sent my eldest son to take to Michillimakinac the few peltries that had come to me and to bring me back articles that were to come to me from Montréal.

On June 8 I left with the missionary Father, my nephew and two of my children with seven canoes in order to further my discovery. I took great pains to facilitate all the portages that we had to make. Finally we arrived on July 14 at Fort Saint-Pierre, which is at the outlet of Rainy Lake and which our Frenchmen had built the preceding autumn. Over fifty Indian canoes accompanied us and led us to Fort Saint-Charles.

On November 12 our convoy from Michillimakinac came over the ice, having been obliged to leave our canoes at a distance of ten leagues from our fort.

1733. The following spring, as I had formed a plan to establish a fort within reach of the Assiniboines, my associates pointed out to me that I could not start any undertaking before the return of the canoes that I had sent to Kamanistiquia and Michillimakinac. The missionary Father, feeling quite indisposed, decided to return to Montréal.

At the same time I sent my nephew to give an account to Monsieur le Général of the establishments that I had achieved and of the favourable welcome that I had received from all the nations, as well as of the new information that the Indians had given me over the course of the winter.

SECOND IMPEDIMENT

I was waiting for four canoes that I had left at Kaministiquia the preceding autumn. An empty one arrived to let me know that the man my associates had left behind for trading purposes and to guard the trade goods had exhausted the supplies. On July 27 the canoes from Michillimakinac arrived very poorly stocked and as a result I found myself seriously in debt and unable to embark upon any further undertaking.

At the insistence of the Nipigon Crees and the Assiniboines, at the beginning of March I sent my eldest son to the lower part

> "The glory of the king and the good of the colony have always been my only motivation in this undertaking."

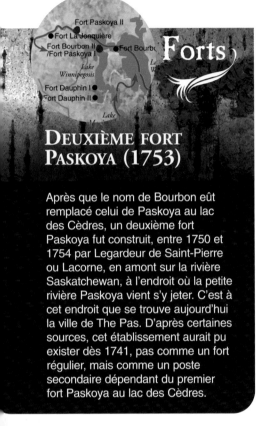

DEUXIÈME FORT PASKOYA (1753)

Après que le nom de Bourbon eût remplacé celui de Paskoya au lac des Cèdres, un deuxième fort Paskoya fut construit, entre 1750 et 1754 par Legardeur de Saint-Pierre ou Lacorne, en amont sur la rivière Saskatchewan, à l'endroit où la petite rivière Paskoya vient s'y jeter. C'est à cet endroit que se trouve aujourd'hui la ville de The Pas. D'après certaines sources, cet établissement aurait pu exister dès 1741, pas comme un fort régulier, mais comme un poste secondaire dépendant du premier fort Paskoya au lac des Cèdres.

Comme les Cristinaux du Nipigon ainsi que les Assiniboines me demandaient avec instance, j'envoyai mon fils aîné au commencement de mars dans le bas de la rivière que nous appelons aujourd'hui Maurepas, et qui est dans le voisinage de ces nations. Cette rivière est la décharge de toutes les eaux qui viennent de la hauteur des terres, ce qui en forme une très grande et qui va se rendre dans celle du Nipigon.

1734. Je fis différer, le printemps, le départ de mes canots, attendant mon fils qui arriva le 27 mai. Voyant le mauvais état de mes affaires, je mis tout en bon ordre et pris le parti de descendre à Montréal. Je donnai commission à mon fils, sitôt l'arrivée de mon neveu, d'aller avec trois canots bien équipés pour établir le fort Maurepas à la portée des Cristinaux et Assiniboines.

J'arrivai à Montréal le 25 août. J'y trouvai Monsieur le Général à qui j'eus l'honneur de rendre compte des établissements que j'avais faits et de ceux que j'avais espérance de faire par la suite pour le bien de la colonie par la grande étendue de pays que j'avais découverts et qui avaient été inconnus jusqu'alors.

1735. Le printemps, étant chargé des ordres de Monsieur le Général, je partis de Montréal le 6 juin et me rendis au fort Saint-Charles, lac des Bois, le 6 septembre. Je le trouvai bien dénué de vivres sans espérances de folles avoines par la grande abondance des eaux. Sitôt mon arrivée, j'envoyai mon neveu au fort Maurepas que mon fils avait établi l'automne précédent. Je l'équipai de ce que j'avais apporté pour ma découverte, dans

l'espérance que les intéressés me rendraient les avances que je faisais pour eux, ayant dessein d'aller joindre mon neveu sitôt l'arrivée des canots. J'avais, avant mon départ, donné à mes marchands-équipeurs la traite et le commerce des postes que j'établissais, les intéressés précédents étant à bout de leur terme.

Le père Aulneau étant dans la résolution de me suivre, j'attendis inutilement mes canots. Ils étaient restés au Grand Portage par la mauvaise manœuvre du conducteur, ce qui m'obligea de donner tout ce qui me restait pour faire subsister mon monde pendant l'hiver.

1736. Je me trouvai le printemps suivant dénué de tout. J'avais envoyé deux de mes enfants avec deux hommes pour la garde du fort Maurepas pendant l'hiver en attendant mon retour. Ils me surprirent par leur arrivée le 4 juin et m'apportèrent la triste nouvelle de la mort de mon neveu La Jemerais et de la disette de vivres dans laquelle ils s'étaient trouvés, ayant laissé la charge de leurs canots au portage de la Savane, à vingt lieues du poste où j'étais.

3ᴱ EMPÊCHEMENT

J'avais bien du monde dans le fort et point de vivres, ce qui me détermina à envoyer en diligence trois canots pour nous apporter du secours et quelques marchandises. Le Révérend Père prit sur-le-champ la résolution d'aller à Michillimakinac. Il me demanda mon fils aîné dans l'espérance où il était que son voyage serait prompt. Il ne me fut

pas possible de m'y opposer, son parti était absolument pris. Ils embarquèrent le 8 juin et furent tous massacrés par les Sioux à sept lieues de notre fort par la plus grande de toutes les trahisons. J'y ai perdu mon fils, le Révérend Père et tous mes Français, que je regretterai toute ma vie.

L'automne suivant, il ne me vint qu'un très petit secours. Je manquais des choses les plus nécessaires, ce qui me fit prendre la résolution, à la sollicitation des Sauvages, de descendre à Montréal pour porter leurs paroles, me demandant avec instance du secours pour se venger de l'indigne coup des Sioux.

1737. Le 6 juin, je partis, ayant laissé tout en bon ordre tant pour les Français que pour les Sauvages. J'arrivai à Montréal le 24 août. J'allai saluer Monsieur le Général et lui rendis compte des raisons qui m'avaient obligé à descendre. Il eut la bonté de m'approuver et me fit l'honneur de me continuer ses ordres pour la poursuite de la découverte dont j'étais chargé.

1738. Le 18 juin suivant, je partis, ayant pris toutes mesures nécessaires pour pouvoir continuer mon entreprise et je me rendis au fort Saint-Charles, lac des Bois, le 2 septembre. Après y avoir mis tout en bon ordre à la sollicitation des Sauvages, j'y laissai un de mes enfants. Je repartis avec six canots bien équipés et arrivai au fort Maurepas le 23. Le lendemain, je poursuivis ma route et entrai dans la rivière des Assiniboines qui est à quinze lieues du fort. Je montai ensuite environ soixante lieues et, ne pouvant aller plus loin, les eaux étant trop basses, j'arrêtai

of the river which we now call Maurepas, which is in the vicinity of these nations. It carries the run-off from all the waters that flow from the height of land; this forms a very large river which then flows into the Nipigon River.

1734. In the spring I put off the departure of my canoes, as I was waiting for my son who arrived on May 27. Given the sorry state of my finances, I put everything in order and decided to go down to Montréal. Upon the arrival of my nephew, I entrusted my son with the task of going with three well equipped canoes to build Fort Maurepas within reach of the Crees and the Assiniboines.

I arrived at Montréal on August 25. There I found Monsieur le Général, to whom I had the honour of giving an account of all the posts that I had established and of those I hoped to establish next for the good of the colony through the great expanses of land that I had discovered and which had up until then been unknown.

1735. In the spring, having received my orders from Monsieur le Général, I left Montréal on June 6 and arrived at Fort Saint-Charles on Lake of the Woods on September 6. I found it sadly lacking in provisions and with no hope for wild rice because of the high waters. As soon as I arrived, I sent my nephew to Fort Maurepas, which my son had built the previous autumn. I equipped him with all that I had brought for my expedition of discovery in the hope that my associates would repay me the advances that I made in their name, as I was intending to rejoin my nephew as soon as the canoes arrived. Before my departure I had given to the merchants who had equipped me the trading and commercial rights to the posts I was to establish, since the previous associates were at the end of their term.

Father Aulneau having resolved to follow me, I waited futilely for my canoes: they had stayed at Grand Portage because of the poor manoeuvering of the helmsman. This forced me to use all my remaining supplies to keep my men alive during the winter.

1736. The following spring I found myself completely lacking in provisions. I had sent two of my children with two men to guard Fort Maurepas during the winter, while awaiting my return. They surprised me by arriving on June 4 and giving me the sad news of the death of my nephew La Jemerais, and of their dire lack of supplies, as they had left the cargo of their canoes at Muskeg Portage, twenty leagues from my post.

THIRD IMPEDIMENT

I had many men in the fort and few supplies, so I decided to send urgently three canoes to bring us help and a few trade goods. The Reverend Father decided immediately to go to Michillimakinac. Since he hoped his voyage would be brief, he asked for my eldest son to accompany him. I could not refuse as his mind was quite made up. They embarked on June 8, and were all massacred by the Sioux seven leagues from our fort, by the greatest of treacheries. I lost my son, the Reverend Father and all my Frenchmen, a loss I shall regret all my life.

The following autumn I received but little aid. I was lacking in the most necessary things, and this made me resolve, at the insistence of the Indians, to go down to Montréal to carry their message, as they asked me forcefully for help in avenging the treacherous attack by the Sioux.

1737. On June 6 I departed, having left everything in good order both for the French and for the Indians. I arrived in Montréal on August 24. I went to pay my respects to Monsieur le Général and I gave him an account of the reasons which had obliged me to come down. He was kind enough to give me his approval and did me the honour of maintaining his orders to continue the mission of discovery that I had been assigned.

1738. On June 18 of the following year, I left, having taken all necessary measures to be able to continue my mission, and I reached Fort Saint-Charles, on Lake of the Woods, on September 2. After having put everything in order, at the behest of the Indians, I left behind one of my children. I left with six well supplied canoes and arrived at Fort Maurepas on the 23rd. The next day I continued my journey and entered the River of the Assiniboines, which is at a distance of fifteen leagues from the fort. Subsequently I went sixty leagues up the river and, not being able to go any further since the water levels were too low, I stopped and had Fort La Reine built at this site, on October 3.

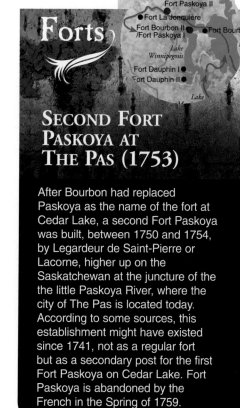

Forts

SECOND FORT PASKOYA AT THE PAS (1753)

After Bourbon had replaced Paskoya as the name of the fort at Cedar Lake, a second Fort Paskoya was built, between 1750 and 1754, by Legardeur de Saint-Pierre or Lacorne, higher up on the Saskatchewan at the juncture of the the little Paskoya River, where the city of The Pas is located today. According to some sources, this establishment might have existed since 1741, not as a regular fort but as a secondary post for the first Fort Paskoya on Cedar Lake. Fort Paskoya is abandoned by the French in the Spring of 1759.

et fis bâtir en cet endroit, le 3 octobre, le fort La Reine.

Le sieur de Lamarque, son frère et dix hommes, dans deux canots, vinrent me joindre le 8 dans l'intention de me suivre aux Mandanes après que le fort et la maison eurent été achevés. Je choisis vingt hommes que je munis de ce qui pouvait nous être nécessaire et je pris plusieurs Sauvages pour nous guider. Notre petite bande était composée de vingt Français, monsieur Lamarque, son frère, deux de mes enfants, mon domestique, un esclave, quatre Sauvages avec leurs femmes. Nous nous rendîmes aux Mandanes après avoir essuyé bien des misères.

4ᴱ EMPÊCHEMENT

Nous trouvâmes un village de cent deux cabanes d'Assiniboines dans les prairies qui nous accompagnèrent jusqu'aux Mandanes. Le jour de mon arrivée, il me fut pris une cassette par un Assiniboine et un sac où étaient les présents des Sauvages et cela par la faute de nos Français, et l'Assiniboine a disparu et s'est retiré dans les prairies.

J'avais résolu de passer l'hiver chez les Mandanes et m'était assuré d'un interprète. Après que je l'eus bien payé, il décampa avec les Assiniboines, ce qui me fit prendre la résolution (joint à ce que j'avais perdu) de m'en retourner à mon fort, laissant seulement deux Français chez les Mandanes pour y apprendre la langue, et leur laissai une

instruction pour me donner les connaissances que je voulais avoir. Je partis quoique très malade dans l'espérance de me mieux porter en chemin. J'éprouvai tout le contraire, étant dans la plus rude saison de l'année. Je me rendis le 11 février avec toute la misère possible et on ne peut souffrir davantage. Il n'y a que la mort qui puisse nous délivrer de pareilles peines.

Le 10 avril, j'envoyai mon fils le Chevalier afin de prendre connaissance de quelque endroit favorable à construire un fort dans le lac des Prairies, suivant la demande que les Cristinaux de cet endroit m'en avaient faite, et pour se rendre ensuite à la rivière Paskoya en examiner dans le bas à l'entrée du fond du lac Népigon, et voir s'il n'y aurait pas lieu d'y trouver un endroit avantageux pour y construire un second fort.

1739. Nos canots partirent le 27 mai pour aller au Grand Portage et y prendre les effets que mon équipeur m'avait promis d'y envoyer. Il ne put le faire, et mes gens restèrent dix-huit jours à attendre et jeûnèrent pendant ce temps-là malgré eux.

5ᴱ EMPÊCHEMENT

Ils prirent le parti d'aller à Michillimakinac, et en arrivant on leur présenta un ordre de Monsieur l'Intendant à la requête de mon équipeur pour saisir la valeur d'une somme de quatre mille livres quoiqu'il m'eût manqué de parole.

Dans l'embarras où mes gens se trouvèrent, ils s'adressèrent à monsieur le commandant de Michillimakinac et lui représentèrent les risques que je courrais dans les terres si je n'étais pas secouru. Il leur fit trouver quelque peu de marchandises très chères et vinrent me rejoindre le 20 octobre dans trois canots allégés et très fort de monde. Je me trouvai fort en peine, ayant bien à payer et à faire vivre, et obligé d'abandonner l'entreprise de deux forts que j'avais dessein d'établir, et le tout faute de marchandises.

1740. Me voyant sans aucunes ressources, je pris le parti de descendre à Montréal pour avoir l'honneur de représenter à monsieur le général la triste situation dans laquelle je me trouvais. Je laissai le commandement du fort à mon fils le chevalier avec une ample instruction de ce qu'il avait à faire pendant mon absence.

J'arrivai à Michillimakinac le 16 juillet et j'envoyai un équipement à mes enfants qui étaient dans les terres, et je donnai ordre à l'aîné de se rendre chez les Mandanes dès l'automne avec deux Français dont l'un est interprète. Je lui envoyai tout ce qui pouvait lui être nécessaire pour son voyage et de s'assurer chez les Mandanes de guides pour se faire conduire à la mer.

Je me rendis enfin le 25 août à Montréal et je trouvai en y arrivant que l'on m'intentait au sujet des postes que j'avais établis, un procès, moi qui les ai en horreur n'en ayant jamais eu de ma vie. Je m'accommodai à ma grande perte, n'ayant cependant, à beaucoup près, aucun tort.

Sieur de Lamarque, his brother, and ten men in two canoes met up with me on the 8th with the intention of coming with me to the Mandans after the fort and the house were built. I picked twenty men with whom I provided the things that we might find necessary and I took along several Indians to guide us. Our small group was made up of twenty Frenchmen, Monsieur Lamarque, his brother, two of my children, my servant, a slave and four Indians with their women. We reached the Mandans after having endured many hardships.

Fourth Impediment

We found a village of one hundred and two Assiniboine lodges on the prairies, and they accompanied us to the Mandans. The day of my arrival, an Assiniboine took a chest and a bag containing the presents for the Indians, and this through the fault of the French; the Assiniboine made off into the prairies.

I had resolved to spend the winter with the Mandans and had secured an interpreter. After I had paid him well, he left with the rest of the Assiniboines. This, together with what I had lost, made me decide to return to my fort, leaving just two Frenchmen with the Mandans to learn their language; I left them with instructions to obtain the information I wanted. Although very sick, I left in the hope of recovering on the way back. What happened, during the most rigorous season of the year, was quite the opposite. On February 11, I arrived at the fort with the greatest difficuly; one could

hardly suffer more. Only death could deliver one from such misery.

On April 10 I sent my son the Chevalier to find out about a favourable site for the construction of a fort on Lake of the Prairies at the request of the Crees of this region. He was to go afterwards to the Poskoya River to search its lower reaches at its entry at the far end of Lake Nipigon, and to see if he could not find an advantageous site for the construction of a second fort.

1739. Our canoes left on May 27 to go to Grand Portage and to gather the articles that my supplier had promised to send there. He was unable to do so and my people waited there for eighteen days, and had no choice but to go hungry during this time.

Fifth Impediment

They decided to go to Michillimakinac and having arrived there were presented with an order from Monsieur l'Intendant, at the request of my supplier, to seize the equivalent of the sum of four thousand pounds, even though he had not kept his promise.

In the difficult situation in which my people found themselves, they turned to the Commandant of Michillimakinac and pointed out to him the risks to which I would be exposed in the interior if I received no help. He found for them a few very expensive trade goods and they managed to rejoin me on October 20 in three lightly laden but heavily manned canoes. I was quite distressed, having many to pay and to support and being forced to abandon the

plan of two forts that it had been my intention to build, and all this through lack of trade goods.

1740. Finding myself without supplies, I decided to go down to Montréal where I would have the honour of explaining to Monsieur le Général the unfortunate situation in which I found myself. I left the command of the fort in the hands of my son the Chevalier, with ample instructions on what to do during my absence.

I arrived at Michillimakinac on July 16. I sent supplies to my children who were in the interior and I gave the order to the eldest to go to the Mandans with two Frenchmen, one of whom is an interpreter. I sent him everything he would find necessary for his journey and for obtaining guides among the Mandans to lead him to the Sea.

I finally arrived in Montréal on August 25 and I found upon my arrival that I was being sued over the forts that I had established. I am particularly upset by suits, as I have never been sued in my life. I settled the matter to my great personal loss, even though, as far as I know, I was not in the wrong.

I went down to Québec where I had the honour of giving an account of my voyage to Monsieur le Général. He was kind enough to offer me his hospitality. I stayed there and accompanied him the following spring to Montréal. He was good enough to honour me once again with his orders to resume my mission of discovery.

Since Monsieur de Laporte was in Québec at this time, I had the honour of

"Only death could deliver one from such misery."

Je descendis à Québec où j'eus l'honneur de rendre compte à Monsieur le Général de mon voyage. Il eut la bonté de m'offrir sa maison. J'y restai et le suivis le printemps suivant à Montréal. Il me fit encore la grâce de m'honorer de ses ordres pour retourner à la poursuite de ma découverte.

Monsieur de Laporte étant à Québec dans le temps, j'eus l'honneur de l'informer de toutes mes traverses, et malgré le dérangement où je me trouvais dans mes affaires, l'envie et la jalousie de plusieurs personnes les ont engagées à en imposer à la cour, insinuant dans leurs lettres que je ne pensais qu'à amasser de gros biens. Si plus de quarante mille livres de dettes que j'ai sur le corps sont un avantage, je puis me flatter d'être fort riche et le serais devenu par la suite beaucoup plus si j'avais continué.

Je suis mal connu, ce n'a jamais été le bien qui m'ait fait agir, je me suis sacrifié avec mes enfants pour le service de Sa Majesté et le bien de la colonie, on pourra connaître par la suite les avantages qui en peuvent résulter.

Au surplus, ne compte-t-on pour rien le grand nombre de gens à qui cette entreprise fait gagner la vie, les esclaves que cela procure au pays et toutes les pelleteries dont les Anglais profitaient ci-devant?

Dans tous mes malheurs, j'ai la consolation de voir que Monsieur le Général pénètre mes vues et reconnaît la droiture de mes intentions, et continue de me rendre justice malgré les oppositions qu'on voudrait y mettre.

1741. Pour reprendre la suite de mon discours duquel je ne me suis [éloigné] que par la peine que je ressens continuellement des mauvais discours que l'on a débités sur mon compte, je suis parti de Montréal le 26 juin avec le Révérend Père Coquart qu'on m'avait donné pour missionnaire.

Dans le séjour que je fus obligé de faire à Michillimakinac, la jalousie s'attacha contre le père Coquart et l'empêcha de nous suivre au grand regret de tout mon monde et de moi en particulier. Cependant, par les invitations de Monsieur le Général, nous le possédons aujourd'hui au grand contentement de tout le monde.

Le 16 septembre, j'arrivai au fort Saint-Charles, lac des Bois. J'y trouvai tout en bon état, excepté les Sauvages qui étaient très animés pour la guerre. Je leur parlai avec des présents qu'ils acceptèrent et me promirent de n'y point aller ainsi que les Cristinaux que je trouvai sur ma route. Ils m'avaient tous promis la même chose; mais de mauvais esprits leur ont fait fausser leur parole.

Le 13 octobre, j'arrivai au fort La Reine, j'y trouvai mon fils aîné qui était de retour des Mandanes, n'ayant pu passer outre faute de guide. Il me remit une couverture de coton de la façon des Blancs qui sont à la mer, que j'ai envoyée à Monsieur le Général.

Je le renvoyai sur-le-champ pour établir le fort Dauphin au lac des Prairies.

J'avais aussi donné mes ordres pour établir le fort Bourbon dans le fond du lac Népigon à la décharge de la grande rivière Paskoya.

1742. Le 29 avril, j'envoyai deux de mes enfants aux Mandanes, bien équipés de tout ce qui pouvait être nécessaire pour leur découverte et pour y attendre les Gens des Chevaux, comme je l'ai déjà marqué dans mon dernier journal.

Je n'ai reçu de leurs nouvelles que par eux-mêmes après quinze mois d'absence, mon fils le chevalier en a fait un petit journal.

1743. L'on peut bien penser que tous ces voyages à plusieurs reprises ne se sont pas faits sans bien de la dépense. Les Sauvages de tous les postes des terres se sont envoyé des paroles pour aller ensemble frapper sur les Sioux. Je n'ai rien épargné pour rompre leurs desseins sans y pouvoir réussir, malgré tous les présents que j'ai donnés et fait donner à ce sujet. Elles sont frappées à leur grande perte des gens qui les attendaient et qui étaient en fort, comme je leur avais dit. L'on ne pourra de longtemps pacifier toutes ces nations ayant de mortels ennemis de tout temps. ☙

informing him of all my troubles. In spite of all the upheaval I was experiencing in my affairs, the envy and the jealousy of several people have led them to mislead the court, insinuating in their letters that I was only thinking of accumulating personal wealth. If forty thousand *livres* of personal debt are an advantage, I may congratulate myself on being quite rich, and would have become much more so later on if I had continued.

Contrary to what people think, my personal wealth has never been my principal motivation. My children and I have made many sacrifices in the service of His Majesty and for the good of the colony, and the advantages which can result from this will soon enough be known.

Moreover, shall we count for nothing the many people who earn their living from this enterprise, the slaves that it brings to our country and all the pelts that previously went to the English?

In all my suffering I have the solace of seeing that Monsieur le Général shares the purety of my vision and recognizes my honest intentions, and that he continues to treat me fairly inspite of those who would wish to oppose me.

1741. I now take up the rest of my narrative, from which I have been distracted only by the pain that I feel continually from the malicious stories that have been circulated about me. I left Montréal on June 26 with the Reverend Father Coquart, who had been assigned to me as missionary.

During the halt that I was obliged to make at Michillimakinac, Father Coquart was the victim of jealousy, and he was prevented from accompanying us, to the regret of all, and particularly of myself. However, at the insistence of Monsieur le Général, we have him with us now, which makes everyone happy.

On July 16 I arrived at Fort Saint-Charles on Lake of the Woods. I found everything in order, except for the Indians who were intent on going to war. I spoke to them and gave them presents which they accepted, while promising me not to go to war, as did the Crees whom I found on my way. They all promised me the same thing: but evil minds made them break their promise.

On October 13 I arrived at Fort La Reine. There I found my eldest son who had returned from the Mandans, not having been able to continue onward through lack of a guide. He gave me a cotton blanket, which resembled those of the white people found near the sea, and which I sent to Monsieur le Général.

I sent him right away to establish Fort Dauphin on Lake of the Prairies.

I had also given the order to establish Fort Bourbon at the end of Lake Nepigon at the source of the great Paskoya River.

1742. On April 29 I sent two of my sons to the Mandans, well supplied with everything that might be necessary for their mission, so that they could wait there for the Gens de Chevaux (Horse People), as I already indicated in my last journal.

I only had news of them when they returned in person, after a fifteen month absence. My son the Chevalier has given an account of this in a short journal.

1743. It might well be thought that all these repeated voyages have not been made without considerable expenditure. The Indians of all the outlying posts have sent word to each other to go together to attack the Sioux. I have spared no effort to thwart this plan, but my efforts have been in vain, in spite of all the presents that I've given and had others give with this goal in mind. These nations have suffered heavy losses at the hands of superior forces who were waiting for them, as I had warned them. It will not be possible for a long time to keep the peace among these nations who have always been mortal enemies. ◗

Chapter Six

The End of
the Dream

Chapitre six

La fin
du rêve

René J. Lanthier

VI

■ After mourning the death of
La Vérendrye, his sons asked
in vain to take over their father's
explorations in the West.

■ À la mort de leur père, les fils
de La Vérendrye demandèrent en
vain l'honneur de lui succéder
dans l'Ouest.

Quand Nicolas-Joseph de Noyelles arriva au fort La Reine en 1745, les Sioux avaient fait subir aux Cris de lourdes pertes et il ne put ni s'occuper de la traite des fourrures, ni harceler avec ses alliés amérindiens le poste de la baie d'Hudson comme il l'avait planifié avec Beauharnois. Découragé, il démissionna en 1747. Entre temps, La Vérendrye avait reçu de la cour de France le rang de capitaine, et Beauharnois l'avait mis à la tête de sa garde personnelle. Le gouverneur demanda alors à La Vérendrye de reprendre la découverte de la mer de l'Ouest, ce qu'il accepta de faire.

Beauharnois fut remplacé peu de temps après par le marquis de La Galissonière qui, tout en s'appuyant sur le jugement de son prédécesseur, donna à l'explorateur toute sa confiance et son respect. Plus important, Maurepas était remplacé par Antoine-Louis Rouillé le 24 avril 1749. La Vérendrye reçut du nouveau ministre de la Marine, l'honneur militaire le plus haut dans la France de l'Ancien Régime, la croix de Saint-Louis.

NFB/ONF

When Nicolas-Joseph de Noyelles arrived at Fort La Reine in 1745, the Sioux had inflicted heavy losses on the Crees. He wasn't able to devote his attention to the fur trade, nor could he use his Indian allies to harass the posts on Hudson Bay as he had planned to do with Beauharnois. Discouraged, he resigned in 1747. In the meantime, La Vérendrye had finally received from the French court the rank of captain, and Beauharnois had given him the command of his personal guard. The governor asked La Vérendrye to resume the search for the Western Sea. He accepted the offer.

Beauharnois was replaced shortly after by the Comte de La Galissonière who, trusting the judgement of his predecessor, gave the explorer his entire confidence and respect. More importantly, Maurepas was replaced by Antoine-Louis Rouillé on April 24, 1749. La Vérendrye received from the new Minister of Marine the highest military decoration in France under the *Ancien Régime*, the Cross of Saint-Louis.

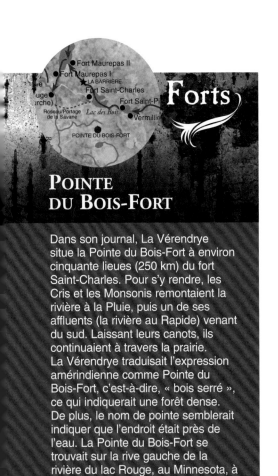

Forts

POINTE DU BOIS-FORT

Dans son journal, La Vérendrye situe la Pointe du Bois-Fort à environ cinquante lieues (250 km) du fort Saint-Charles. Pour s'y rendre, les Cris et les Monsonis remontaient la rivière à la Pluie, puis un de ses affluents (la rivière au Rapide) venant du sud. Laissant leurs canots, ils continuaient à travers la prairie. La Vérendrye traduisait l'expression amérindienne comme Pointe du Bois-Fort, c'est-à-dire, « bois serré », ce qui indiquerait une forêt dense. De plus, le nom de pointe semblerait indiquer que l'endroit était près de l'eau. La Pointe du Bois-Fort se trouvait sur la rive gauche de la rivière du lac Rouge, au Minnesota, à peu de distance de la décharge du lac dans cette rivière, du côté sud.

Durant ces années, les fils de La Vérendrye, en parallèle avec la défense de la Nouvelle-France, continuèrent à s'occuper des postes de l'Ouest. Pierre La Vérendrye, fils, y rétablit rapidement l'autorité française, car les autochtones étaient retournés traiter à la baie d'Hudson. Ils avaient même brûlé le fort Maurepas. Mais en 1749, les opérations redevinrent normales, et ce qui aurait dû être une expédition fructueuse pour les La Vérendrye, fut brusquement interrompu par la mort de l'explorateur en décembre 1749. Nous assistons alors à un tournant dans la découverte de la mer de l'Ouest.

La Jonquière, qui devint le nouveau gouverneur de la Nouvelle-France, organisa, avec l'intendant Bigot, une vaste entreprise commerciale dans l'Ouest. Le clan des La Vérendrye fut évincé. En effet, c'est le sieur Legardeur de Saint-Pierre qui hérita de ce privilège. Le nouveau commandant de l'Ouest bénéficia de l'œuvre des La Vérendrye et mit tous les moyens de son côté pour réussir. Plus de cent engagés, dont un contingent militaire, participèrent à cette expédition lucrative.

Cependant, notons qu'à son actif Legardeur de Saint-Pierre réussit à construire le fort La Jonquière à la fourche des deux rivières Saskatchewan. Jamais les Français, hormis peut-être des coureurs des bois indépendants, n'étaient allés aussi loin dans l'Ouest. Le succès commercial associé à la recherche de la mer de l'Ouest connut sans

doute son apogée sous la houlette de Legardeur de Saint-Pierre (1750-1753), mais les ventes illégales d'eau-de-vie furent malheureusement à la base de ce succès.

PERSPECTIVE

La lettre de Louis-Joseph La Vérendrye, remplie d'émotion et de sensibilité, évoque les malheurs et la défaite d'un clan. Les La Vérendrye sont terrassés par une machination orchestrée adroitement par le gouverneur La Jonquière, l'intendant Bigot, Legardeur de Saint-Pierre et Paul Marin de la Malgue, dont les intentions étaient d'amasser des profits. Louis-Joseph, qui s'appuie avec velléité sur la justice de La Jonquière, est cependant très conscient des procédés de Legardeur de Saint-Pierre qui refuse de l'associer, lui et ses frères, à cette nouvelle expédition. Il est vrai que Legardeur de Saint-Pierre s'excusera plus tard de son manque de jugement.

Le journal de Legardeur de Saint-Pierre est important dans le sens où il représente le dernier grand témoignage sur la période de la découverte de la mer de l'Ouest. D'un point de vue littéraire, le texte de Legardeur de Saint-Pierre met en lumière une forte personnalité. Il n'est pas question de juger un homme d'une autre époque, et donc d'une autre mentalité. Son

attitude et ses réflexions envers les nations autochtones et les Anglais sont personnelles, mais s'expliquent aussi par les enjeux politiques et par les dangers des situations et des guerres féroces que se livrent divers belligérants. De fait, dans la lignée des mémoires d'épée, le récit du militaire met en valeur son héroïsme, en somme sa prudence, et c'est le discours apologétique qui ressort : dans des circonstances difficiles et désavantageuses, il a fait tout son possible pour que le plan de la découverte de la mer de l'Ouest réussisse. Son échec est donc atténué par une interprétation très personnelle des faits.

Le clan des La Vérendrye fut évincé.

During these years the sons of La Vérendrye continued to occupy the Western posts. La Vérendrye himself needed to rapidly reaffirm French authority since the Natives had returned to trading with Hudson Bay. They had even burned down Fort Maurepas. But in 1749 operations returned to normal. What should now have been a fruitful expedition for the La Vérendrye family ended suddenly with the great explorer's death in December 1749. We now see a turning point in the search for the Western Sea.

La Jonquière, who became the new Governor of New France, organized, with the intendant Bigot, a vast commercial enterprise in the West. The La Vérendrye clan was left out in the cold. In effect, Sieur Legardeur de Saint-Pierre inherited La Vérendrye's privileges. The new commandant of the West profited from the La Vérendryes' work and used all the means at his disposal to succeed. Over one hundred *engagés*, among them a contingent of soldiers, took part in this expedition.

However, in his defence, we should keep in mind that Legardeur de Saint-Pierre succeeded in constructing Fort La Jonquière on the forks of the two Saskatchewan rivers. Never had the French, with the possible exception of independent *coureurs des bois*, gone so far west. The commercial success associated with the search for the Western

Sea reached its height under the orders of Legardeur de Saint-Pierre (1750-1753) but unfortunately illegal sales of liquor were behind this success.

PERSPECTIVE

Louis-Joseph La Vérendrye's letter is filled with emotion and sensitivity as it evokes the downfall and defeat of a clan. The La Vérendryes are undone by a conspiracy cleverly orchestrated by Governor La Jonquière, Intendant Bigot, Legardeur de Saint-Pierre and Paul Martin de la Malgue, whose goal is to amass profits. Although he mistakenly relies on La Jonquière's sense of justice, Louis-Joseph is nonetheless quite aware of the steps taken by Legardeur de Saint-Pierre to exclude both him and his brothers form the new expedition.

Legardeur de Saint-Pierre will of course later apologize for his lack of judgement. Legardeur de Saint-Pierre's journal is significant in so far as it represents the last great testimonial to the period of the discovery of the Western Sea. From a literary perspective, Legardeur de Saint-Pierre's text brings to the forefront a strong personality. We will not attempt here to render judgement on a man from another era. His attitudes and thoughts on the Aboriginal

The La Vérendrye clan was left out in the cold.

peoples as well as the English are uniquely his own, but they may also be explained by the high political stakes and the dangers posed by the ferocious wars being waged by various antagonists. Following in the tradition of aristocratic memoirs, this soldier's narrative underscores his heroism and his prudence, and is an attempt to justify his actions before posterity. Amidst difficult and disadvantageous circumstances, he did his utmost to ensure the success of the plan for the discovery of the Western Sea. His failure is thus attenuated by a very personal interpretation of the facts.

POINTE DU BOIS-FORT

In his journal, La Vérendrye indicates that "Pointe du Bois-Fort" is located at approximately 50 leagues (250 km) from Fort Saint Charles. The Crees and Monsonis would reach the area by going up Rainy River and one of its tributaries (Rapid River) that flowed from the south. They would then leave their canoes and cross a Prairie. "Bois-Fort" was La Vérendrye's translation of the native name for the area. It meant "thick" or "dense" woods. Also, since it was a "Pointe" or point, it was no doubt near water. "Pointe du Bois-Fort" was on the left bank of the Red Lake River in Minnesota, near the outflow of Red Lake into the river, on the south side.

LE JOURNAL

« L'envie est encore ici plus qu'ailleurs une passion à la mode... »

Après la mort de son père, Louis-Joseph La Vérendrye aurait dû reprendre la direction des postes de l'Ouest, mais le nouveau gouverneur les remet à Legardeur de Saint-Pierre, détruisant les espoirs du clan des La Vérendrye.

Lettre de M. Louis-Joseph
La Vérendrye à M. Rouillé.
À Montréal, le 30 septembre 1750

Monseigneur,

Il ne me reste d'autre ressource que de me jeter aux pieds de Votre Grandeur et de l'importuner du récit de mes malheurs.

Je m'appelle La Vérendrye, feu mon père est connu ici et en France par la découverte de la mer de l'Ouest à laquelle il a sacrifié plus de quinze des dernières années de sa vie. Il a marché et nous a fait marcher mes frères et moi d'une façon à pouvoir toucher au but quel qu'il soit, s'il eût été plus aidé et, s'il n'eût pas été tant traversé surtout par l'envie. L'envie est encore ici plus qu'ailleurs une passion à la mode dont il n'est pas possible de se garantir, tandis que mon père avec mes frères et moi s'excédaient de fatigues et de dépenses, ses pas n'étaient représentés que comme des pas vers la découverte du castor, ses dépenses forcées n'étaient que dissipations et ses relations n'étaient que mensonges.

L'envie de ce pays n'est pas une envie à demi. Elle a pour principe de s'acharner à dire du mal, dans l'espérance que, pour peu que la moitié des mauvais discours prenne faveur, cela suffira pour nuire, et

effectivement mon père ainsi desservi a eu la douleur de retourner et de nous faire retourner plus d'une fois en arrière, faute de secours et de protection. Il a même quelquefois reçu des reproches de la cour, plus occupé de marcher que de raconter, jusqu'à ce qu'il pût raconter plus juste. Il s'endettait, il n'avait point de part aux promotions et il n'en était pas moins zélé pour son projet, persuadé que tôt ou tard ses travaux ne seraient pas sans succès et sans récompense.

Dans le temps qu'il se livrait le plus à ses bonnes dispositions, l'envie eut le dessus. Il vit passer entre les mains d'un autre des postes tout établis et son propre ouvrage. Pendant qu'il était ainsi arrêté dans sa course, le castor arrivait assez abondamment pour un autre que pour lui, mais les postes, bien loin de se multiplier, dépérissaient et la découverte ne faisait aucun progrès. C'est ce qui le désolait le plus.

Monsieur le marquis de La Galissonière arriva dans le pays sur ces entrefaites, et à travers tout ce qui se disait en bien et en mal, il jugea qu'un homme qui avait poussé de pareilles découvertes à ses frais et dépens sans qu'il en eût rien coûté au roi, et qui s'était endetté pour de bons établissements, méritait un autre sort. Beaucoup de castors de plus dans la colonie et au profit de la Compagnie des Indes, quatre et cinq postes bien établis au loin par des forts aussi bons qu'ils puissent être dans des contrées aussi éloignées, nombre de Sauvages devenus les sujets du roi et

dont quelques-uns, dans un parti que je commandais, donnèrent l'exemple à nos Sauvages domiciliés de frapper sur les Agniers, Sauvages dévoués à l'Angleterre, parurent de véritables services, indépendamment du projet commencé de la découverte et dont le succès ne pouvait être ni plus prompt ni plus efficace qu'en restant entre les mêmes mains.

C'est ainsi que monsieur le marquis de La Galissonière a bien voulu s'en expliquer, et sans doute il s'en est expliqué de même à la cour puisque mon père l'année d'ensuite qui était l'année dernière se trouva honoré de la croix de Saint-Louis et invité à continuer l'ouvrage commencé avec ses enfants. Il se disposait à partir de tout son cœur, il n'épargnait rien pour réussir, il avait déjà acheté et préparé toutes les marchandises de traite, il m'inspirait et à mes frères son ardeur lorsque la mort nous l'a enlevé le 6 du mois de décembre dernier.

Quelque grande que fût alors ma douleur, je n'aurais jamais pu imaginer ni prévoir tout ce que je perdais en perdant mon père. Succédant à ses engagements et à ses charges, j'osais espérer la succession des mêmes avantages. J'eus l'honneur d'en écrire sur-le-champ à monsieur le marquis de La Jonquière en l'informant que j'étais rétabli d'une indisposition qui m'était survenue et qui pouvait servir de prétexte à quelqu'un pour chercher de me supplanter. Il me fut répondu qu'il avait fait choix de monsieur de Saint-Pierre pour aller à la mer de l'Ouest.

The Journal

After his father's death, Louis-Joseph La Vérendrye should normally have taken over the Western posts, but the new Governor gave them instead to Legardeur de Saint-Pierre, dashing the hopes of the La Vérendrye family.

Letter of M. Louis-Joseph La Vérendrye to M. Antoine-Louis Rouillé, Montréal, September 1750.

Monseigneur,

I have no other recourse than to throw myself at the feet of Your Highness and to burden him with an account of my misfortunes.

My name is La Vérendrye, my late father is known here and in France for his discovery of the Western Sea, to which he sacrificed more than fifteen of the last years of his life. He strived, and made my brothers and me strive to achieve our goals, whatever they might be, and would have achieved them had he received more help, and above all had he not been the victim of envy. Envy, here still more than elsewhere, is still a passion which is in style and against which it is impossible to protect oneself. Whereas my father with my brothers and myself accepted great hardship and expense, his steps were only seen as steps towards the discovery of beaver, his forced expenses as wastefulness, his accounts as lies.

Envy in these lands is not a half measure. Its principle is to unrelentingly speak ill of one, in the hope that if only half of one's lies find favour that will suffice to do harm.

And, in fact, my father, thwarted in this manner, was more than once forced reluctantly to turn back, and to have us turn back, for lack of aid and protection. He was even on occasion criticized by the court, occupied as he was more with advancing than with recounting his journeys in a manner that would do them justice. He went into debt, he didn't share in promotions, and yet his enthusiasm for his project was not dampened, as he was convinced that sooner or later his work would meet with success and be rewarded.

At a time when he devoted himself the most to his good intentions, envy won the day. His good work and the posts that he had established passed into another's hands. While his progress was thus brought to a halt, beaver was in abundance but not for him, whereas the posts, far from multiplying, languished, and no progress was made in the work of discovery. This was what saddened him the most.

Monsieur le Marquis de La Galissonière came to this country in these circumstances and, seeing through all that was being said, good and bad, he found that a man who had made such discoveries at his own expense without any cost to the King, and who had gone into debt to establish such good posts, was not worthy of this fate. There were many more beaver pelts in the colony, adding to the profits of the *Compagnie des Indes* and four or five posts well established by forts, as solid as one could hope for in lands so far away, many natives now subjects of the King and some

of whom, in a party under my orders, set an example for our natives closer to home by striking the Agniers natives loyal to England, all these seemed to be true services, without mentioning the enterprise of discovery whose success could only be as rapid and as efficient if entrusted to the same person.

It is thus that Monsieur le Marquis de La Galissonière was good enough to explain the situation, and without doubt he explained it in this manner to the court, since the following year, which was last year, my father was honoured with the Cross of Saint-Louis and invited to continue, with his children, the work already begun. He was getting ready to set forth with all his heart, he was sparing nothing in his desire to succeed, he had already bought and prepared all the trade merchandise, he inspired my brothers and me with his enthusiasm when he was taken away from us on last December 6.

As great as my sadness was, I could never have imagined nor foreseen all that I had lost in losing my father. Inheriting his obligations and duties, I hoped to receive also the same advantages. I had the honour of writing immediately to Monsieur le Marquis de La Jonquière to inform him that I had recovered from an illness which had struck me and which might have given someone an excuse to try to take my place. His answer to me was that Monsieur de Saint-Pierre had been chosen to search for the Western Sea.

I left Montréal at once to go to Québec. I described the situation in which my father had left me: that there was more

> "Envy in these lands is not a half measure."

« ...monsieur de Saint-Pierre ne voulait ni de moi ni de mes frères. »

Je partis aussitôt de Montréal où j'étais pour Québec. Je représentai la situation où me laissait mon père; qu'il y avait plus d'un poste à la mer de l'Ouest; que mes frères et moi serions charmés d'être sous les ordres de monsieur de Saint-Pierre; que nous nous contenterions, s'il le fallait, d'un seul poste et du poste le plus reculé; que même nous ne demandions qu'à aller en avant; qu'en poussant les découvertes nous pourrions tirer parti des derniers achats de feu mon père et de ce qui nous restait encore dans les postes; que du moins nous aurions ainsi la consolation de faire nos plus grands efforts pour répondre aux vues de la cour.

Monsieur le marquis de La Jonquière, pressé et même, à ce qu'il m'a paru, touché de mes représentations, me dit enfin que monsieur de Saint-Pierre ne voulait ni de moi ni de mes frères. Je demandai ce que deviendraient nos crédits. Monsieur de Saint-Pierre avait parlé, il ne restait rien à obtenir.

Je retournai à Montréal avec ce consolant éclaircissement. Je mis en vente une petite terre, seul effet de la succession de feu mon père dont les deniers ont servi à satisfaire les créanciers les plus pressés.

Cependant, la saison s'avançait, il s'agissait d'aller à l'ordinaire au rendez-vous marqué de mes engagés pour leur sauver la vie et recevoir les retours, sujets sans cette précaution à être pillés et abandonnés. J'ai obtenu cette permission avec bien de la peine, malgré monsieur de Saint-Pierre et seulement à des conditions et des restric-

tions faites pour le dernier des voyageurs, encore à peine monsieur de Saint-Pierre me vit-il parti qu'il se plaignit que mon départ avant le sien lui faisait un tort de plus de dix mille francs et qu'il m'accusa sans autre cérémonie d'avoir chargé mon canot au-delà de la permission qui m'était accordée.

L'accusation fut examinée, on envoya à la poursuite de mon canot, et si on m'eût rejoint, dès lors monsieur de Saint-Pierre se serait rassuré plus tôt. Il m'a rejoint à Michillimakinac et si je dois l'en croire, il a eu tort d'en agir ainsi. Il est bien fâché de ne pas m'avoir ni mes frères avec lui. Il m'a témoigné beaucoup de regrets et m'a fait bien des compliments. Quoi qu'il en soit, tel est son procédé. Il m'est difficile d'y trouver de la bonne foi et de l'humanité. Monsieur de Saint-Pierre pouvait obtenir tout ce qu'il a obtenu, assurer ses intérêts par des avantages qui surprennent, et amener un parent avec lui, sans nous donner une entière exclusion.

Monsieur de Saint-Pierre est un officier de mérite et je n'en suis que plus à plaindre de l'avoir ainsi trouvé contre moi. Mais, avec toutes les bonnes idées qu'il a pu donner de lui dans différentes occasions, il aura de la peine à prouver qu'en cela il a eu en vue le bien de la chose, qu'en cela il s'est conformé aux intentions de la cour et a respecté les bontés dont monsieur de La Galissonière nous honore. Il faut même, pour qu'il nous soit fait un pareil tort, qu'il nous ait bien nui auprès de monsieur le marquis de La Jonquière, par lui-même toujours disposé à faire du bien. Je n'en suis pas moins ruiné. Mes retours de cette année

■ Legardeur de Saint-Pierre threatens to blow up his fort unless the invaders retreat.

◥ Legardeur de Saint-Pierre menace de mettre le feu aux poudres si les envahisseurs ne quittent pas le fort La Reine.

Collège universitaire de Saint-Boniface
Painting by/Peinture par René Lanthier

than one post on the way to the Western Sea; that my brothers and myself would be more than happy to place ourselves under the orders of Monsieur de Saint-Pierre; that we would be satisfied if necessary with only one post, even if it were the most remote; and even that we only asked to go ahead of

him; that in carrying out these discoveries we would be able to take advantage of the last purchases of my late father and of the goods which still remained in the posts; that at least we would have the consolation of doing our utmost to achieve the goals of the court.

Monsieur le Marquis de La Jonquière, having received my requests and even, it seems, having been moved by them, told me finally that Monsieur de Saint-Pierre wanted neither myself nor my brothers. I asked what would become of our credits. Monsieur de Saint-Pierre had spoken, there was nothing more to hope for.

I returned to Montréal with this comforting knowledge. I put up for sale a small piece of land, the only thing left from my late father's will, his *deniers* having served to pay off his most pressing creditors.

However the season was getting on, I had to go as usual to the rendez-vous indicated by my *engagés* to save their lives and to receive their returns, which were liable to being pillaged and abandoned without this precaution. I only obtained permission to do this with great difficulty, in spite of Monsieur de Saint-Pierre and only under conditions and with restrictions fit for the lowliest of *voyageurs*. At that, Monsieur de Saint Pierre had hardly seen me leave than he complained that my departure before his own had made him lose more than ten thousand francs, and he accused me forthwith of having loaded my canoe more than I had been allowed.

« ...les sueurs de mon père et les nôtres nous deviennent inutiles. »

recueillis à moitié et à la suite de mille inconvénients, achèvent ma ruine. Comptes arrêtés, tant du fait de mon père que du mien, je me trouve endetté de plus de vingt mille francs; je reste sans fonds ni patrimoine. Je suis simple enseigne en second, mon frère aîné n'a que le même grade que moi, et mon frère cadet n'est que cadet à l'aiguillette.

Voilà le fruit actuel de tout ce que mon père, mes frères et moi avons fait. Celui de mes frères qui fut assassiné il y a quelques années par les Sauvages, toute victime qu'il est de la mer de l'Ouest, n'est pas le plus malheureux. Son sang n'est pour nous d'aucun mérite; les sueurs de mon père et les nôtres nous deviennent inutiles. Il nous faut abandonner ce qui nous a tant coûté, à moins que monsieur de Saint-Pierre ne reprenne de meilleurs sentiments et ne les communique à monsieur le marquis de La Jonquière.

Certainement nous n'aurions point été ni ne serions point inutiles à monsieur de Saint-Pierre. Je ne lui ai rien caché de ce que j'ai cru pouvoir lui servir, mais quelque habile qu'il soit et en lui supposant la meilleure volonté, j'ose dire qu'il s'est exposé à faire bien des faux pas et à s'égarer plus d'un jour en nous excluant d'avec lui. C'est une avance que de s'être déjà égaré, et il nous semble que nous serions sûrs actuellement de la droite route pour parvenir au terme quel qu'il puisse être. Notre plus grand supplice est de nous trouver ainsi arrachés d'une sphère que nous nous proposions de terminer de tous nos efforts.

Daignez donc, Monseigneur, juger la cause de trois orphelins. Le mal, tout grand qu'il est, serait-il sans remède? Il est entre les mains de Votre Grandeur des ressources de dédommagement et de consolation, et j'ose les espérer. Nous trouver ainsi exclus de l'Ouest, ce serait nous trouver dépouillés avec la dernière cruauté d'une espèce d'héritage dont nous aurions eu toute l'amertume et dont d'autres auraient toutes les douceurs.

J'ai l'honneur d'être
avec un profond respect,
De Votre Grandeur
Le très humble et très obéissant serviteur
Chevalier de La Vérendrye.

"His blood brings no credit to us; my father's sweat and ours have been for nothing."

(Left) Intendant Bigot undermined the efforts of La Vérendrye's sons to carry on their explorations in the west.

(À gauche) L'intendant Bigot mit fin aux rêves des La Vérendrye en les évinçant des efforts d'exploration dans l'Ouest canadien.

(Top) Marquis Jacques-Pierre de La Jonquière, Governor of New France in the 1750s.

(Ci-haut) Marquis Jacques-Pierre de La Jonquière, gouverneur de la Nouvelle-France durant les années 1750.

Monsieur de Saint-Pierre is an officer of note and I am all the more to be pitied for having had him against me. But even with all the good accounts that he has been able to give of himself on various occasions, he will find it difficult to prove that in this case he has acted for the best, and that in doing so he has followed the intentions of the court and respected the generosity with which Monsieur de La Galissonière honours us. Given the wrong that has been done to us, he must indeed have spoken against us to Monsieur le Marquis de La Jonquière, who left to himself was always inclined to treat us fairly. Be that as it may, I now find myself ruined. My returns for this year have only been half collected, and only after innumerable difficulties, which has completed my ruin. When all the accounts are added up, both mine and those of my father, I find myself twenty thousand francs in debt; I have neither money nor property. I am only an ensign, second grade, and my older brother has only the same rank as me, while my younger brother is only cadet *à l'aiguillette*.

Such are the real profits from all that my father, my brothers and myself have done. My brother who was murdered by the Indians a few years ago, even though a victim of the search for the Western Sea, is not the one to be pitied most. His blood brings no credit to us; my father's sweat and ours have been for nothing. We have to give up that which has cost us so much, unless Monsieur de Saint-Pierre has a change of heart and communicates this to Monsieur le Marquis de La Jonquière.

The accusation was heard and a party was sent in pursuit of my canoe; if it had caught up with me Monsieur de Saint-Pierre would then have been reassured sooner. It did catch up with me at Michillimakinac, and if I am to believe him, he was wrong to act in this fashion. He is quite upset not to have me and my brothers with him. He has expressed to me his great regret and has paid me many compliments. Be that as it may, such are his methods. I find it difficult to believe in his good faith and his humanity. Monsieur de Saint-Pierre could have obtained everything he did obtain, protected his interests by the astonishing advantages given him, and taken a relative with him without excluding us completely.

Certainly we would not have been, nor would we be of no use to Monsieur de Saint-Pierre. I have kept nothing from him of the services I might render; but however skillful he might be and no matter how good his intentions, I dare say that he risks making many mistakes and will commit many errors by not taking us with him. It is an advantage to have already taken the wrong path, and it seems to us that we would be sure now of the right path to take to arrive at our goal, whatever it might be. Our greatest hardship is to be torn in this way from an endeavour that we wished with our utmost efforts to pursue to its conclusion.

I beg you therefore, Monseigneur, to judge the case of three orphans. Is our misfortune, no matter how great, without remedy? Your Highness has in his hands the means to console and to compensate, and I hope he will do so. To find ourselves excluded in this manner from the West would be to find ourselves robbed, with the greatest cruelty, of a sort of heritage whose bitterness would be entirely ours, and whose rewards would go to others.

I have the honour of being,
with profound respect,
Of Your Highness,
The very humble and obedient servant,
Chevalier de La Vérendrye

Mémoire ou Journal sommaire du voyage de Jacques Legardeur de Saint-Pierre, chevalier de l'ordre royal et militaire de Saint-Louis, capitaine d'une compagnie des troupes détachées de la Marine en Canada, chargé de la découverte de la mer de l'Ouest.

Dès mon arrivée en ce premier poste, j'assemblai tous les Sauvages et leur fis grandement valoir la bonté, que le roi, mon maître, a de les faire visiter et pourvoir de tous leurs besoins. Je me renfermai, à cet égard, à ce qui m'est prescrit par mon instruction. Je fus très bien reçu, et, à en juger par l'extérieur de ces Sauvages, ils étaient des mieux disposés pour les Français. Je ne tardais cependant pas à m'apercevoir que toutes ces nations en général étaient très dérangées et très impertinentes, ce qu'on ne peut attribuer qu'à la trop grande mollesse qu'on a eue pour elles, quelques présents qu'on leur fasse, elles ne sont point satisfaites, elles épuiseraient les magasins du roi.

Je leur témoignai combien Monsieur le Général, leur Père, était peiné au sujet de la guerre qu'ils ne cessaient de faire aux Sioux; que s'ils voulaient lui donner des preuves de la soumission et de l'obéissance qu'ils doivent à un bon père, il fallait qu'ils discontinuassent d'aller en parti sur les Sioux, Sakis, Puants et Renards, lesquels n'étaient pas moins chers qu'eux à Onontio*; que, pour concilier leurs esprits, leur Père

avait détaché M. Marin chez les Sioux et autres nations pour les porter également à la paix, et à la plus parfaite union.

Je leur signifiai, en même temps, de la part de leur Père, que si, malgré ses défenses, ils persistaient à faire cette guerre, comme ils avaient déjà fait, ils le mettraient dans la dure nécessité de les priver des secours, que les Français introduisaient chez eux avec bien de la peine et à gros frais. Je leur ajoutai qu'ils ne pouvaient pas raisonnablement oublier combien était affreuse leur misère avant qu'ils eussent les Français.

Je fus d'abord satisfait de la réponse de plusieurs de ces Sauvages, surtout de deux considérés dans ce poste, mais le défaut de subordination parmi eux me donna juste sujet de ne pas me fier à leur parole. L'événement ne le vérifia que trop. En effet, dans le cours de l'hiver 1751, ils se déterminèrent à continuer leur guerre. Il ne fut pas possible de les en détourner à cause du grand éloignement qu'il y avait d'eux à moi. J'étais dans ce temps-là au fort La Reine.

L'inconstance, ou, à mieux dire, l'entêtement de ces nations, livrées à leur caprice, ne cessait de m'occuper très sérieusement pour trouver quelque expédient, capable de les rendre fidèles et jaloux de leur promesse. Ce n'était cependant pas là ce qui devait le plus m'affliger, mais bien le manque de vivres, qu'on avait coutume de trouver dans les différents postes où je passais, c'est-à-dire au fort du lac des Bois et au bas de la rivière du Ouinipek [Winnipeg], ce qui me mit dans l'absolue et indispensable obligation de faire partir M. le Chevalier de

Niverville, enseigne des troupes détachées de la Marine, pour aller à la rivière Paskoya, où, ne pouvant se rendre en canot, il fut obligé de cacher dans les bois une partie de ses effets et de mener l'autre avec lui sur des traînes. Il n'est point de misère qu'il n'éprouvât. N'ayant point de vivres, il était exposé tous les jours, lui et sa troupe, à mourir de faim. Il n'eut que l'indigente ressource, pendant l'hiver, de quelques poissons : c'est ainsi qu'il se soutint jusqu'au printemps que la pêche fut plus aisée et plus abondante.

Je ne fus pas plus heureux que lui. J'éprouvais la même disette de vivres. J'envoyai une partie de mes gens dans les bois avec les Sauvages, ce qui néanmoins ne me garantit pas d'un jeûne très rigide, qui dérangea si fort ma santé, que je fus hors d'état de rien entreprendre pour remplir ma mission. Mais mes forces me l'eussent-elles permis, la guerre que toutes ses nations avaient contre les *Iatcheouilini*, les Brochets et Gros-Ventres, aurait été un obstacle insurmontable.

Je vis donc que, pour travailler fructueusement à la découverte qui m'est confiée et avoir un passage libre, il était essentiel de faire faire la paix entre ces différentes nations, à quoi je m'appliquai pendant le cours de l'hiver. Je me servis des pri-sonniers nouvellement arrivés, que je renvoyai à leur village du consentement des Cristinaux et Assiniboines, lesquels prisonniers je chargeai d'une parole de ma part pour leur nation.

Cette parole eut tout le succès que je pouvais en désirer. Les mêmes prisonniers

In 1750 Legardeur de Saint-Pierre arrives at Fort Saint-Pierre, land of the Monsonis.

Memoir or Summary Journal of the voyage of Jacques Legardeur de Saint-Pierre, Knight of the Royal and Military Order of Saint-Louis, captain of a company of the detached troops of the Marine in Canada, assigned to search for the Western Sea.

Upon my arrival at this first post I gathered all the Indians and extolled the goodness of my master, the King, in having me visit them and provide for all their needs. In this respect I limited myself to what my instructions allowed me. I was very well received, and, judging these Indians by their appearance, they were most favorably disposed towards the French. I soon noticed, however, that all these nations in general were very disorderly and irrational, which one can only attribute to us having been too soft with them; no matter how many presents one gives them, they aren't satisfied, and would empty the King's storehouses.

I let them know how much Monsieur le Général, their Father, was hurt by their constant wars with the Sioux; and that, if they wished to give him proof of the submission and obedience that they owe to a good Father, they must stop their raids against the Sioux, the Sakis, the *Puants*, and the Foxes, who were no less cherished by Onontio than they were; and that, to reconcile them, their Father had sent M. Marin to the Sioux and to other nations to promote peace amongst them equally and to bring them to the most perfect union.

I let them know at the same time, on behalf of their Father, that if, in spite of his orders to the contrary, they insisted on waging war, as they had already done, they would give him no other choice but to deprive them of the help which the French had been bringing them at great pains and at a high cost. I added that it was not reasonable for them to forget the frightful misery that had been their lot before the arrival of the French.

I was at first satisfied with the response of several of these Indians, and especially with that of two of them who were well respected in this post, but their insubordination gave me good reason not to take them at their word. What followed confirmed this only too well. In fact, during the winter of 1751 they resolved to continue their war. It was impossible to stop them from doing so, as I was so far away from them. I was, at the time, at Fort La Reine.

The fickleness or, more accurately, the stubborness of these nations, caught up in their own foolishness, continued to worry me a great deal, as I kept trying to find some way to make them keep their promise and hold them faithful to it. This, however, was not what troubled me most; rather, it was the lack of provisions, which we usually found in the various posts that I visited, namely, the fort on Lake of the Woods and the fort at the lower end of the Winnipeg River. This finally forced me to send M. le Chevalier de Niverville, an ensign of the detached troops of the Marine, to the Paskoya River. Unable to get there by canoe, he had to hide part of his supplies in the woods and take the rest with him on sleds. He endured every hardship imaginable. Without provisions, he and his troops risked starvation every day. His only recourse during the winter, and a poor one at that, was a few fish. Thus he survived until spring, when fishing became easier and more abundant.

I was no luckier than he. I was experiencing the same food shortage. I sent some of my men into the woods with the Indians. Nevertheless, this didn't save me from a very severe fast which damaged my health so much that I could no longer undertake anything to fulfil my mission. But even if I'd had the strength to do something, the war that all these nations waged against the *Iatcheouilini*, the Brochets and the *Gros-Ventres*, would have been an insurmountable obstacle.

I therefore realized that to make real progress in my mission of discovery and to be able to travel freely, it was essential to bring about peace among these various nations, a task to which I applied myself in the course of the winter. I took advantage of the recent arrival of prisoners whom I sent back to their villages with the consent of the Crees and the Assiniboines. I charged these prisoners to speak on my behalf to their nation.

My message had the results for which I'd hoped. The same prisoners returned with

« Ill fut aussi hors d'état de faire aucun progrès au sujet de la religion, parce qu'il ne savait parler aucune langue sauvage... »

revinrent avec les principaux chefs de leur nation. Je tins conseil avec eux et les autres nations. J'eus le bonheur de si bien les tourner qu'ils se jurèrent, les uns et les autres, qu'ils vivraient désormais comme de véritables frères et que leurs cœurs seraient si bien unis qu'ils n'en formeraient plus qu'un. Je ne dois pas dissimuler que cette paix doit bien moins être attribuée à mes petits talents qu'aux présents que je fus obligé de faire pour appuyer et donner de la vigueur à mes paroles.

Le Révérend Père La Morinie, de la Compagnie de Jésus, qui avait été destiné pour faire campagne avec moi, fatigué des misères dont je n'avais pas pu le mettre à l'abri, prit le parti de s'en retourner à Michillimakinac le 22 juin 1751. Son départ m'aurait été sensible, s'il m'avait été possible, ou, à mieux dire, si j'eusse pu me flatter de lui procurer une vie moins dure. Je pense qu'il n'oubliera point cette caravane et qu'il ne m'agréera pour son compagnon de voyage qu'à une meilleure enseigne. Je ne puis parler de ses travaux. Il ne prit point hauteur ni ne fit aucune remarque. Il est vrai qu'il était parti sans le moindre instrument de mathématiques, ce à quoi je ne m'attendais pas. Il fut aussi hors d'état de faire aucun progrès au sujet de la religion, parce qu'il ne savait parler aucune langue sauvage, et que, d'ailleurs, son éloquence et sa piété n'auraient point été capables d'éclairer des barbares endurcis dans leur aveuglement.

Je reviens à M. le Chevalier de Niverville. Lorsqu'il partit, je promis à toutes les nations qu'il irait faire un établissement

trois cents lieues plus haut que celui de Paskoya. Je convins avec toutes ces nations qu'elles se réuniraient à moi dans ce nouveau poste, pour, de là, m'accompagner jusqu'où il serait possible de pénétrer. Bien résolu de pousser bien avant mes découvertes, je n'avais à craindre que d'aboutir du côté de la baie d'Hudson, ce que je me proposais grandement d'éviter, en me jetant à l'Ouest pour trouver les sources de la rivière Missouri, dans l'espoir qu'elles me conduiraient à quelques rivières, qui auraient leurs cours dans la partie où je cherche à pénétrer, sans quoi je sentais bien qu'il serait impossible de pénétrer plus avant, par la difficulté du transport des munitions et vivres indispensables pour une pareille entreprise. Ce qui me fit connaître que les projets de M. de La Vérendrye n'étaient pas bien solides, n'étant pas possible de réussir par d'autre voie que celle du Missouri, par où on parviendrait à joindre quelque nation policée, mais ce ne serait jamais autre que des Espagnols, dont on n'ignore peut-être pas les établissements.

L'ordre, que j'avais donné à M. de Niverville, d'aller établir un fort, à trois cents lieues plus haut que celui de Paskoya, fut exécuté le 29 mai 1751. Il fit partir dix hommes en deux canots, lesquels remontèrent la rivière Paskoya jusqu'à la montagne de Roche, où ils firent un fort, que je nommai le fort La Jonquière, et un amas considérable de vivres, en attendant l'arrivée de M. de Niverville, qui devait partir un mois après eux, ce qu'il ne put faire à cause d'une grande maladie qu'il eut. J'appris, par les hommes revenus de son fort, qu'il n'y avait pas à

espérer qu'il se relevât de cette maladie, à quoi j'ajoutai foi, ses forces ne lui ayant pas permis de m'écrire un seul mot.

La maladie de M. de Niverville m'obligea d'aller moi-même au Grand Portage pour faire conduire avec sûreté les effets et munitions de mes postes. Je fus de retour au fort La Reine le 7 octobre 1751. Je restai jusqu'au 14 novembre à m'arranger pour rejoindre M. de Niverville, comme j'en étais convenu avec lui.

Je me mis donc en chemin pour me rendre au fort La Jonquière sur les glaces et suivre ma découverte, qui a fait, je puis le dire, mon objet essentiel. Je faisais ma route de la meilleure grâce, et tout semblait s'accorder pour favoriser mes désirs, lorsque je rencontrai deux Français avec quatre Sauvages, qui venaient m'informer de la continuation de la maladie de M. de Niverville et, par surcroît de malheur, de la trahison que les Assiniboines avaient faite aux *Iatcheoulini*, qui devaient être mes conducteurs jusqu'à chez les *Kinongeoulini*.

Voici l'effet de cette trahison : les Assiniboines, allant chez les Français, nouvellement établis à la montagne de Roche, y trouvèrent les *Iatcheoulini* au nombre de quarante à quarante-cinq cabanes. Ils renouvelèrent la paix, qu'ils s'étaient jurée l'hiver précédent et qui était le fruit de mes travaux, en se donnant réciproquement le calumet, qui en est le symbole. Pendant quinze jours ils se régalèrent entre eux, au bout duquel temps les Assiniboines, se voyant beaucoup plus nombreux que les autres, firent main basse sur eux, et il n'est pas fait mention qu'il

"He was also incapable of making progress in the area of religion, since he didn't know any Indian languages... "

France's highest decoration was bestowed on La Vérendrye just before his death.

Juste avant sa mort, La Vérendrye reçut la Croix de Saint-Louis.

the principal chiefs of their nation. I held council with them and with the other nations. I was so successful in winning them over that they swore to each other to live from then on as true brothers and to unite their hearts as one. I must admit that this peace was due less to my modest talent than to the presents that I had to give in order to back up and reinforce my words.

Reverend Father La Morinie, of the Company of Jesus, who had been assigned to this mission with me, was worn out by the hardships which I was not able to spare him, and decided to return to Michillimakinac on June 22, 1751. I would have regretted his departure had it been possible for me to make his lot easier, or if I could have flattered myself that it was in my power to do so. I think that he won't soon forget this journey and that he'll only accept me as a travel companion under more favourable conditions. I cannot speak of his work. He did not measure any heights of land or make any comments. It's true that he'd left with no mathematical instruments whatsoever, which I found rather surprising. He was also incapable of making progress in the area of religion, since he didn't know any Indian languages; besides, his eloquence and his piety would not have been able to enlighten the stubborn blindness of these barbarians.

To get back to M. le Chevalier de Niverville, when he left, I promised all the nations that he was going to establish a post three hundred miles upstream from Paskoya. I came to an agreement with all these nations that they would join me in this new post so that, from there, they could accom-

pany me as far as it was possible to penetrate. Firmly decided to make good progress in my mission of discovery, my only fear was to end up near Hudson Bay, which I resolutely intended to avoid by heading west in order to find the headwaters of the Missouri River. I hoped that these headwaters would lead me to rivers flowing through regions which I wish to explore, without which I felt it would be impossible to make further progress, given the difficulty of transporting the munitions and supplies essential to such an endeavour. This made me realize that M. de La Vérendrye's plans were not very solid, as it wasn't possible to succeed by any other route than the Missouri, through which one could succeed in making contact with some civilized nation, although this would only be the Spaniards, whose establishments are perhaps not unknown.

The order I had given M. de Niverville to establish a fort three hundred leagues upriver from Paskoya was carried out by May 29, 1751. He had ten men leave in two canoes; they went up the Paskoya River to Rock Mountain, where they built a fort, which I named Fort La Jonquière, and accumulated a considerable stock of supplies while awaiting the arrival of M. de Niverville. Although he was supposed to leave a month after their departure, he was not able to do so because he had fallen seriously ill. I learned from the men who had returned from his fort that there was little hope he would recover from this illness, which I believed, since he had not had the strength to write me a single word.

M. de Niverville's illness obliged me to go myself to Grand Portage to have the munitions and supplies for my posts safely delivered. I returned to Fort La Reine on October 7, 1751. I stayed until November 14, making arrangements to rejoin M. de Niverville, as we had agreed.

I set forth therefore to go to Fort La Jonquière over the ice, and to pursue my discoveries, which remained, if I may say so, my principal goal. I was making fine progress, and everything seemed to work in my favour, when I met two Frenchmen with four Indians who had come to inform me of the continuing illness of M. de Niverville and, as if this were not enough, of the betrayal by the Assiniboines of the *Iatcheoulini*, who were supposed to be my guides to the land of the *Kinongeoulini*.

Here is an account of this betrayal. The Assiniboines, going to visit the French who were recently established at Rock Mountain, found there forty or forty-five lodges of Iatcheoulini. They renewed the peace which they had sworn the previous winter and which was brought about by my efforts, by smoking the peace pipe together, symbol of this accord. For five days they feasted together, and at the end of this period the Assiniboines, realizing they greatly outnumbered the others, attacked them, and we have no mention of any being spared, aside from a few women and children who were taken away as prisoners. This deplorable incident completely disrupted my plans and obliged me, in spite of myself, to come to a halt. This is what one must expect — not a very comforting thought —

se soit sauvé personne que quelques femmes et enfants, qu'ils emmenèrent prisonniers. Cet événement fâcheux dérangea totalement mes projets et me contraignit, malgré moi, de relâcher. C'est ce à quoi on doit s'attendre — réflexion peu consolente — quand on est obligé de se servir de ces sortes de nations. Voilà trente-six ans que je suis parmi les Sauvages, mais je n'en ai jamais vu qui égalent en perfidie ceux en question. Les autres nations en ont même en horreur.

La méthode de Legardeur de Saint-Pierre envers les autochtones est beaucoup plus agressive que celle de La Vérendrye. Elle va contribuer à la détérioration des relations entre les Français et les nations des prairies.

Je ne dois pas laisser ignorer qu'il est très difficile de se servir des Sauvages de ces cantons-ci pour la découverte dont je suis chargé, parce que les Anglais les induisent à faire la guerre aux nations qui ne vont point en commerce chez eux, ce qui sera toujours un très grand obstacle pour pouvoir pénétrer plus loin. Je ne puis néanmoins disconvenir que ces Sauvages, qui forment un corps de cinquante mille hommes et plus, portant les armes, aiment d'inclination les Français, mais ils craignent beaucoup plus les Anglais, et ont même la légèreté d'ajouter foi à tout ce qu'ils leur prédisent de funeste. En voici une petite preuve.

Les Anglais, fâchés de n'avoir pas en quantité des pelleteries à la baie d'Hudson, envoyèrent des colliers à ces Sauvages pour leur défendre, sous peine de périr, d'en porter ailleurs que chez eux, à quoi n'ayant

pas obéi, et étant mort environ huit cents personnes d'un rhume, ils furent tous saisis de peur, et se dirent les uns aux autres que le Manitou, c'est-à-dire le diable, les avait affligés à la prière des Anglais.

Je ne manquais point de dire aux Cristinaux, qui sont les mobiles de toutes ces nations, que s'ils continuaient d'ajouter foi aux prétendus sortilèges des Anglais, M. le Général, leur Père, les abandonnerait, ne voulant pas avoir des enfants insensés, qui écoutent d'autres voix que la sienne. Quelque vives que fussent mes expressions, à cet égard, je ne m'aperçus que trop que je ne pouvais faire fond sur les promesses de ces Sauvages. En effet, ceux que j'avais dépêchés pour porter ma lettre au commandant du nouvel établissement dont j'ai parlé, ne sont plus revenus, et je n'ai même pas eu de leurs nouvelles.

J'avais eu grande attention de faire mettre dans le meilleur état tous les forts qui m'étaient confiés, et d'y placer des personnes de confiance. Au désir de mon instruction, j'avais eu le plaisir de réparer moi-même le fort La Reine, sans m'attendre à l'aventure dont je vais parler.

Le 22 février 1752, environ neuf heures du matin, je me trouvais dans ce fort avec cinq Français. J'avais envoyé le surplus de mes gens, consistant en quatorze personnes, chercher des vivres, dont je manquais depuis plusieurs jours. J'étais tranquille dans ma chambre, lorsqu'il entra dans mon fort deux cents Assiniboines, tous armés. Ces Sauvages se dispersèrent, en un instant, dans toutes les maisons; plusieurs entrèrent chez moi sans être armés, les autres restèrent dans

le fort. Mes gens vinrent m'avertir de la contenance de ces Sauvages. Je courus à eux. Je leur dis vertement qu'ils étaient bien hardis de venir en foule dans mon fort. L'un deux me répondit en cristinau qu'ils venaient pour fumer. Je leur dis que ce n'était pas de la façon dont ils devaient s'y prendre et qu'ils eussent à se retirer sur-le-champ. Je crus que la fermeté, avec laquelle je leur parlai, les avait un peu intimidés, surtout ayant mis à la porte quatre de ces Sauvages, les plus insolents, sans qu'ils eussent dit un seul mot. Je fus tout de suite chez moi; mais, dans le même instant, un soldat vint m'avertir que le corps de garde était plein de ces Sauvages, et qu'ils s'étaient rendus maître des armes. Je me hâtai de me rendre au corps de garde. Je fis demander à ces Sauvages, par un Cristinau qui me servait d'interprète, quelles étaient leurs vues, et, pendant ce temps-là, je me disposai au combat avec ma faible troupe. Mon interprète, qui me trahissait, me dit que ces Sauvages n'avaient aucun mauvais dessein, et, dans la minute, un orateur assiniboine, qui n'avait cessé de me faire de belles harangues, dit à mon interprète que, malgré lui, sa nation voulait me tuer et me piller. À peine eus-je pénétré dans leur résolution, que j'oubliai qu'il fallait prendre les armes. Je me saisis d'un tison de feu ardent. J'enfonçai la porte de la poudrière, je défonçai deux barils de poudre, sur lesquels je promenai mon tison en faisant dire à ces Sauvages, d'un ton assuré, que je ne périrais point dans leurs mains, et qu'en mourant j'aurais la gloire de leur faire subir à tous mon même sort. Ces Sauvages virent plutôt mon tison et mon baril de poudre défoncé

when one is obliged to make use of these kinds of nations. I've spent thirty-six years among the Indians but I've never seen any as treacherous as these. Even the other nations are horrified by them.

■ *The methods used by Legardeur de Saint-Pierre with the Aboriginals were much more aggressive than those of La Vérendrye. They were to contribute to the deterioration of relations between the French and the Prairie nations.*

I cannot hide from you that it is very difficult to make good use of the Indians in these territories for the exploration with which I am entrusted, because the English incite them to make war on those nations not trading with them, which will always be a great obstacle to further exploration. I cannot deny however that these Indians, who number over fifty thousand men, all bearing arms, are naturally inclined towards the French, but fear the English much more, and are even foolish enough to believe all the bad things the English predict for them. I offer a modest proof of what I say.

The English, angry at not having more peltries from Hudson Bay, sent necklaces to the Indians in order to forbid them, on pain of death, from taking the furs to anyone but them. Not having obeyed this order, when eight hundred of their number died from colds, they all became afraid, and word spread among them that the Manitou, in other words the Devil, had afflicted them at the behest of the English.

I made a point of telling the Crees, who are the motivating force of all these nations, that if they continued to believe in the so-called spells of the English, Monsieur le Général, their Father, would abandon them, since he did not wish to have children who were mad and who listened to voices other than his. No matter how forcefully I expressed myself, I saw only too well that I could not count on the promises of these Indians. In fact, the ones I had dispatched to take my letter to the commandant of the new establishment which I mentioned above didn't return, and I have not even had any news from them.

I was careful to make sure that all the forts entrusted to me were put in top condition, and to man them with trustworthy individuals. To further carry out my orders, I had the pleasure of repairing Fort La Reine myself, not foreseeing the misadventure which I am about to relate.

On February 22, 1752, at about nine in the morning, I was in the fort with five Frenchmen. I had sent the rest of my people, consisting of about fourteen individuals, to seek food supplies, which I had been lacking for several days. I was resting quietly in my room when two hundred Assiniboines, all armed, entered my fort. These Indians spread out in an instant into all the buildings; several came into my room, unarmed, while the others stayed outside in the fort. My men came to warn me of the attitude of these Indians. I ran outside to them. I told them in no uncertain terms how foolhardy they were to come in such a crowd into my fort. One of them answered in Cree that

they were coming to smoke. I told them that was not the way to go about it, and that they should withdraw immediately. I thought that the firm tone I had used had intimidated them a bit, especially since I'd thrown out four of the most insolent, without them saying a single word. I went immediately back to my room; but at that moment a soldier came to warn me that the guardroom was full of these Indians, and that they had taken over the weapons. I rushed over to the guardroom. I had a Cree who acted as my interpreter ask the Indians what their intentions were, and, during this time, made ready to do battle with my small contingent. My interpreter, betraying me, told me these Indians meant to do no harm, and within the minute, an Assiniboine orator who had not stopped making fine speeches to me, told my interpreter that, against his wishes, his nation wanted to kill me and pillage the fort. No sooner had I understood their intentions than I put taking up arms out of my mind and grabbed a burning firebrand. I kicked in the door of the gunpowder room, broke open two powder kegs, over which I waved my firebrand, and had translated to the Indians, in a tone of great assurance, that I would certainly not die by their hands, and that in dying I would have the glory of inflicting my fate on all of them. The Indians looked at my firebrand and my smashed powder keg more than they listened to my interpreter. They flew to the door of the fort, which they shook considerably, such was their hurry to leave. I quickly dropped my firebrand and wasted no time in going to close the gates of my fort.

qu'ils n'entendirent mon interprète. Ils volèrent tous à la porte du fort, qu'ils ébranlèrent considérablement, tant ils sortaient avec précipitation. J'abandonnai bien vite mon tison et n'eus rien de plus pressé que d'aller fermer la porte de mon fort.

Le péril, dont je m'étais heureusement délivré, en me mettant en danger de périr moi-même, me laissait une grande inquiétude pour les quatorze hommes que j'avais envoyés chercher des vivres. Je fis bon quart sur mes bastions. Je ne vis plus d'ennemis, et, sur le soir, mes quatorze hommes arrivèrent, sans avoir eu aucune mauvaise rencontre.

Je passai le reste de l'hiver tranquillement dans mon fort. Dès le petit printemps il arriva une bande d'Assiniboines, autres que ceux qui avaient médité ma perte, qui me prièrent instamment de les écouter, ce que je leur accordai. Ils firent de grandes et longues harangues, qui tendaient à obtenir la grâce de leurs frères. Je leur répondis que je n'étais point partie de la leur accorder, qu'ils avaient M. le Général pour Père, qui m'avait envoyé à eux, que je lui rendrais compte de tout, et qu'il verrait ce qu'il aurait à faire; qu'ils pouvaient néanmoins être assurés que, bien loin de leur faire de la peine qu'ils mériteraient, je porterais, au contraire, leur Père à leur pardonner, persuadé de la sincérité de leur repentir.

Comme j'étais sur mon départ pour le Grand Portage, et qu'après ce qui s'était passé, il n'aurait pas été prudent de laisser des

Français dans ce fort, je le recommandai à ces Sauvages, qui me promirent d'en avoir grand soin. C'est tout ce que je pus faire de mieux, eu égard à la consternation où mon aventure avait plongé mes gens dont pas un seul n'aurait voulu agréer le commandement de ce fort, eût-il été question pour lui de la fortune la plus brillante. Je me vis même à la veille d'y rester seul, tant ils étaient épouvantés.

J'arrivai heureusement au Grand Portage le 24 juillet 1752. J'en repartis tout de suite avec mes vivres et munitions, et fus de retour, le 29 septembre, au bas de la rivière Nepik, où j'eus la douleur d'apprendre par les Cristinaux que, quatre jours après mon départ du fort La Reine, les mêmes Sauvages, auxquels je l'avais recommandé, y avaient mis le feu, ce qui, joint à la disette de vivres où je me trouvai, me contraignit d'aller hiverner à la rivière Rouge, où la chasse est plus abondante.

■ *Legardeur de Saint-Pierre veut montrer à son lecteur la supériorité de sa vision politique. C'est dans la lignée de grands généraux, tels que Pierre Lemoyne d'Iberville, qu'il se dépeint.*

Les connaissances que j'ai acquises dans mon voyage, les conférences que j'ai eues avec toutes les différentes nations et ce que j'ai vu par moi-même, tout se réunit pour me faire conclure que je ne crois pas qu'il soit possible de pénétrer plus avant que je l'ai fait, à cause de la guerre que toutes les

nations de ce continent-là se font, dans laquelle les Anglais les entretiennent, ce qui leur est très aisé, en étant craints à un tel point que leurs menaces seulement sont capables de leur faire tout entreprendre. Ces menaces comme je l'ai dit déjà, consistent en des fables ou pressentiments pour l'avenir, qui n'ont pas à la vérité le sens commun, mais que, malheureusement, toutes ces nations croient avec autant de fermeté que nous croyons à tous les articles de foi de notre religion.

Il est donc évident que, tant que ces Sauvages auront commerce avec les Anglais, il n'y a pas lieu de se flatter de parvenir à la découverte de la mer de l'Ouest. Je crois même pouvoir dire, sans trop hasarder, qu'ils sont les auteurs indirects de la mauvaise volonté des Sauvages, principalement de mon aventure. S'il n'y avait point d'établissement anglais à la baie d'Hudson, tout serait aisé; mais, tant que ces établissements subsisteront, tout sera difficile. En cas de rupture entre les deux couronnes, il serait essentiel de faire la conquête de la baie d'Hudson, qui nous enlève beaucoup plus de pelleteries et de castors que tous les postes de la colonie n'en font rentrer. Si j'avais le bonheur d'être, dans la suite, chargé de cette expédition, les connaissances que j'ai me seraient d'un grand secours, et me donneraient lieu d'espérer de remplir ma mission à la satisfaction de mon général. ◗

■ The Aulneau-La Vérendrye monument in the Saint-Boniface Cathedral cemetery indicates where the remains brought back from Fort Saint-Charles are now buried.

◥ Le monument Aulneau-La Vérendrye, érigé dans le cimetière de la cathédrale de Saint-Boniface, indique l'endroit où les ossements trouvés au Fort Saint-Charles sont enterrés.

Monument:
Helen Granger Young, 1976

The danger which I had luckily escaped, by putting my own life at risk, made me quite worried about the fourteen men I had sent to look for food. I mounted a close watch on my bastions. I saw no more enemies and, by evening, my fourteen men arrived, without incident.

I spent the rest of the winter quietly in my fort. As soon as early spring arrived, we had a visit from a group of Assiniboines, other than the ones who had intended to destroy me. They insisted that I listen immediately to what they had to say, to which I agreed. They made great long speeches, the purpose of which was to obtain a pardon for their brothers. I answered that it was not up to me to grant them forgiveness, that their Father was Monsieur le Général, who had sent me to them, that I would give him an account of all that had happened, and that he would decide what was to be done. I added that they could nevertheless rest assured that, far from punishing them as they deserved, I would persuade their Father to forgive them, as I was convinced of the sincerity of their repentance.

As I was about to leave for Grand Portage, and given all that had happened, it would not have been prudent to leave any Frenchmen in the fort; I handed it over to these Indians, who promised to take good care of it. It was the best I could do, considering the dismay that the incident had caused my men, not one of whom would have accepted command of the fort, even if offered the most brilliant reward. I could even see myself in danger of being left there alone, so terrified were they.

I arrived without incident at Grand Portage on July 24, 1752. From there, I left immediately with my supplies and munitions and by September 29, I was back on the lower part of the Nepik River, where I was grieved to learn from the Crees that, four days after my departure from Fort La Reine the very Indians to whom I had handed it over had set it on fire. This, along with my shortage of food, forced me to winter at the Red River, where game is more plentiful.

Legardeur de Saint-Pierre tries to demonstrate to the reader the superiority of his political vision. He sees himself in the company of great generals, such as Pierre Lemoyne d'Iberville.

The knowledge I have acquired in my journey, the conferences I have had with all the various nations and all that I have personally seen, all this leads me to the conclusion that it is impossible to go further than I have done, because of the continual state of war among all the nations of this continent, a state of affairs which the English aid and abet. This is easy for them to do, as they are so feared that merely their threats are capable of making them undertake anything. These threats, as I've already noted, consist of tales or warnings about the future which are in truth bereft of common sense but which, unfortunately, all these nations believe as firmly as we believe in all the articles of faith of our religion.

It is therefore clear that as long as these Indians are engaged in commerce with the English we cannot delude ourselves into thinking that we will succeed in the discovery of the Western Sea. I think I may go so far as to claim, without risking too much, that they are the indirect authors of the Indians' ill will, and especially of my misadventure. Were there no English establishment on Hudson Bay, everything would be easy. But, as long as these settlements exist, everything will be difficult. In the event of a breaking off of relations between the two Crowns, conquest of Hudson Bay is essential, since it presently robs us of far more peltries and beaver skins than we gain from all the trading posts of the colony combined. If I were lucky enough to be put in charge of this expedition in the future, the knowledge I have acquired would be a great asset, and would give me reason to hope to fulfil my mission to the satisfaction of my General. ◗

Conclusion

I. L'impossible mer de l'Ouest

Durant l'occupation de l'Ouest par les La Vérendrye, l'influence française se maintint avec succès, mais le retrait de l'explorateur en 1744 marqua la fin d'une époque. Nicolas-Joseph de Noyelles ne fit aucun progrès. Legardeur de Saint-Pierre s'attacha surtout aux profits commerciaux, mais son attitude trop agressive semble avoir changé le jeu des relations entre les Français et les Amérindiens. Son successeur, Louis de La Corne, suivit sa méthode. D'après Bougainville, le nouveau commandant aurait organisé avec efficacité le commerce des fourrures dans l'Ouest, mais il utilisa aussi l'eau-de-vie comme moyen d'échange avec les autochtones.

Quoi qu'il en soit, de 1756 à 1758, Louis-Joseph de La Vérendrye reprit le commandement des postes de l'Ouest avant de le céder à Charles-René Dejordy de Villebon de 1758 à 1760. La Guerre de Sept Ans battait son plein et la Nouvelle-

France fut plus préoccupée de sa survie que de la protection de postes trop éloignés. D'ailleurs, le fort Saint-Louis fut abandonné (1757) tout comme le fort Paskoya (1759). Quant au fort Bourbon, il fut incendié (1758). Entre 1758 et 1760, les marchandises de traite n'arrivèrent plus régulièrement et les Amérindiens, sous la pression des Anglais qui s'infiltraient de nouveau à l'intérieur du pays, retournèrent du côté de la Compagnie de la baie d'Hudson afin de recevoir leurs besoins. Dès lors, la présence française fut condamnée à une disparition progressive mais inéluctable, et elle s'éteignit définitivement avec la conquête de la Nouvelle-France par l'Angleterre en 1763.

Il convient de nous attacher à certains faits qui permettront de mieux apprécier les défis auxquels les Français furent confrontés durant l'occupation des postes de l'Ouest. Tout d'abord,

Conclusion

THE IMPOSSIBLE WESTERN SEA

During the exploration of the West by the La Vérendryes, the French influence in the region was successfully maintained. But the withdrawal of the explorer in 1744 marked the end of an era. His immediate successor, Nicolas-Joseph de Noyelles, made no progress in finding the Western Sea. Legardeur de Saint-Pierre was worried more about financial gain, but his aggressive attitude seemed to have changed the tenor of relations with the Aboriginal peoples. His successor, Louis de La Corne, followed the same methods. According to Bougainville, La Corne efficiently organized the fur trade in the West, but he also used brandy to trade with Aboriginals.

In any case, from 1756 to 1758, Louis-Joseph de La Vérendrye briefly resumed command of the Western posts only to hand it over to Charles-René Dejordy de Villebon who commanded from 1758 to 1760. The Seven Years War was raging and the colony on the St. Lawrence was more preoccupied with its survival than with protection of far-flung posts. Fort Saint-Louis was abandoned (1757) as was Fort Paskoya (1759). As for Fort Bourbon, it was burned down (1758). Between 1758 and 1760 trade goods no longer arrived regularly and the First Nations, under pressure from the English who had infiltrated into the interior of the continent, returned to the Hudson's Bay Company in order to satisfy their needs. From then on the French presence was fated to disappear, gradually but inevitably. It came to a definitive end with the conquest of New France by England in 1763.

Certain facts must be closely examined in order to better understand the challenges that confronted the French during the occupation of the Western posts. The greatest difficulty was that the French

La Vérendrye et ses successeurs ne pouvaient atteindre une mer qui n'existait pas. En effet, il fallut attendre la fin du XVIIIe siècle pour admettre que l'idée de l'existence de la mer de l'Ouest et le fameux passage du Nord-Ouest entre l'Atlantique et le Pacifique s'appuyaient sur des rêves chimériques. En 1778, le capitaine James Cook, qui remonta la côte du Pacifique de l'Amérique du Nord jusqu'en Alaska, prouva qu'un passage au nord était impossible. Cette mer que les Français s'obstinaient à trouver n'était autre que l'océan Pacifique, et il aurait fallu dépasser les Rocheuses pour l'atteindre, ce que fit Alexander Mackenzie le 22 juillet 1793, un an avant le décès, à Montréal, de François La Vérendrye, le dernier des La Vérendrye.

Il est un autre point important qui joua en défaveur des Français. Les objets de traite anglais étaient moins chers et de meilleure qualité, un désavantage que les Français essayèrent de compenser de leur mieux. En effet, on tenta d'imiter, voire d'importer des marchandises d'Angleterre en France, puis au Canada, tel que le *stroud*, une étoffe appréciée par les autochtones pour sa couleur. Certes, quand la Compagnie des Indes consentit à fournir le *stroud*, comme en 1738, les recettes furent meilleures. Nous savons aussi qu'en 1750, l'année où Legardeur de Saint-Pierre s'appropria les postes de l'Ouest, cette compagnie déversa de nouveau de grandes quantités de *stroud*, ce qui pourrait expliquer une partie du succès de l'expédition dans l'Ouest de 1750 à 1753 :150 000 livres de bénéfices chaque année.

Mais le transport de cette étoffe au Canada par la Compagnie des Indes se fit trop irrégulièrement. En 1745, date à laquelle de Noyelles reprit la direction des postes de l'Ouest, on expédia de nouveau des étoffes françaises de moins bonne qualité. Il faut aussi ajouter que la guerre entre l'Angleterre et la France éclata en 1744 et fit augmenter le prix des marchandises de 40 %. Entre 1747 et 1748, l'inflation passa de 120 à 150 %. Durant la Guerre de Sept Ans (1756-1763), une pénurie des marchandises se fit sentir chez toutes les nations amérindiennes et, durant ces périodes difficiles, les autochtones des prairies canadiennes se rendirent chez les Anglais de la baie d'Hudson qui leur offraient un commerce supérieur et régulier.

Il faut souligner que le succès commercial des postes de l'Ouest sous Legardeur de Saint-Pierre et de Louis de La Corne est à attribuer à l'utilisation excessive de l'eau-de-vie comme moyen d'échange. Dans la Nouvelle-France du XVIIIe siècle, les avis étaient partagés en ce qui concerne la vente de l'eau-de-vie. L'Église s'y opposa avec véhémence prétextant les effets néfastes qu'une telle pratique pouvait avoir sur les premiers habitants, aussi bien sur le plan physique que spirituel. Par contre, les autorités de la colonie la toléraient puisqu'elle permettait de maintenir un commerce actif avec les Amérindiens. Ce style de commerce encourageait un profit rapide, mais on peut se demander si à long terme ce trafic ne détériora pas les relations entre les deux peuples. Madame Bégon, dans le journal

qu'elle adressa à son gendre, précisait que Legardeur utilisait ce trafic odieux afin de traiter avec les Amérindiens. D'ailleurs, Antony Henday, dans son journal (1754-1755), soulignait que sous La Corne, les Français, en vendant de l'eau-de-vie aux autochtones, obtenaient les meilleures fourrures. Quelle différence avec la méthode des La Vérendrye!

En effet, le trafic illégal de l'eau-de-vie semble avoir peu joué sous La Vérendrye qui, d'une manière générale, entretint de bons rapports avec les Amérindiens tout en respectant leur manière de vivre et de penser. Ce qui ressort des textes de La Vérendrye est avant tout une recherche de dialogue entre les deux peuples, et le découvreur, comme ses fils, essaya toujours d'entretenir des rapports harmonieux avec les premiers habitants. Cette méthode de se plier aux coutumes des autochtones afin de mieux participer aux affaires commerciales n'était pas nouvelle. Elle faisait partie d'une politique qui datait des premiers instants de la Nouvelle-France.

Le fleuve Saint-Laurent facilitait le voyage direct par les Grands Lacs chez les premiers habitants, alors que les Anglais, surtout situés le long de l'Atlantique et à la baie d'Hudson, ne pouvaient pas pénétrer dans les territoires intérieurs avec autant d'aisance que leurs rivaux. Au milieu du XVIIe siècle, les jésuites et les coureurs des bois s'étaient infiltrés à l'Ouest de la colonie et les premiers contacts avec les Amérindiens eurent lieu. Progressivement, la traite se fit chez les premiers habitants, et

Les objets de traite anglais étaient moins chers et de meilleure qualité, un désavantage que les Français essayèrent de compenser de leur mieux.

could not reach a sea which in fact did not exist. It is only towards the end of the 18th century that it was recognized that the concept of the Western Sea was a mere pipe dream. In 1778 Captain James Cook, who sailed up the Pacific Coast from North America to Alaska, proved that a passage to the north was impossible. The sea that the French so stubbornly tried to discover was none other than the Pacific Ocean, and they would have had to go over the Rockies to get there, as Alexander Mackenzie was to do some fifty years later.

There was another factor which disadvantaged the French in the fur trade. English trade goods were cheaper and of better quality than were the French, a disadvantage that the French tried as best they could to overcome. Indeed they even tried to import goods from England into France and from there to Canada, such as stroud, a cloth prized by First Nations for its colour. In fact, when the *Compagnie des Indes* consented once more to furnish stroud, as in 1738, its profits went up. It is known as well that in 1750, the year that Legardeur de Saint-Pierre took over the Western posts, the company again furnished large quantities of stroud, which may explain part of the success of the expedition to the West from 1750 to 1753: 150,000 pounds of profit for each year.

However, the transportation of this cloth to Canada by the *Compagnie des Indes* was too irregular. In 1745, when de Noyelles took over command of the Western posts, French cloths of lesser qual-

ity were sent. It is also worth noting that war between England and France broke out in 1744 and drove the price of the merchandise up by 40 percent. Between 1747 and 1748 inflation rose from 120 percent to 150 percent. During the Seven Years War (1756-1763) the lack of trade goods was felt by all Indian nations and during these hard times the Aboriginal peoples of the Canadian prairies went to the English on Hudson Bay who offered better and more dependable trading conditions.

One should also emphasize that the brief commercial success of the Western posts under Legardeur de Saint-Pierre and Louis de La Corne may be attributed to the excessive use of brandy in exchange for furs. In 18th century New France opinions were divided on the sale of brandy in the fur trade. The Church was vehemently opposed to the harmful effects, both physical and spiritual, that such a practice could have on Aboriginals. On the other hand, the civil authorities in the colony tolerated it since it made it possible to maintain an active trade with the First Nations. This kind of trade made for rapid profits, but one wonders if this traffic did not, in the long run, harm relations between the two peoples. Madame Bégon, in the journal that she addressed to her son-in-law, affirmed that Legardeur used this questionable means of dealing with the Indians. Moreover Anthony Henday in his journal (1754-1755) emphasizes that under La Corne the French, through the

sale of brandy to Aboriginals, obtained better quality furs. What a contrast to the methods of the La Vérendryes!

In fact, illegal trading in brandy seems not to have been a factor under La Vérendrye who, in general, entertained good relations with the First Nations by respecting their way of life. What stands out in his writings is a desire for dialogue between the two peoples. The explorer and his sons always tried to create harmonious bonds with the first inhabitants of the land. This method of respecting the customs of Aboriginals in order to better establish commercial relations was not new. In fact it was a part of a policy going back to the first days of New France.

The St. Lawrence River opened a direct route via the Great Lakes for the first French inhabitants, whereas the English, located mostly along the Atlantic seaboard and the coastline of Hudson Bay, could not penetrate into the interior as easily as their rivals. Towards the middle of the 17th century the Jesuits and *coureurs des bois* had ventured west of the colony and the first contacts with Indians of the region had taken place. Bit by bit, trade was established with the First Nations, and the French soon understood that commercial success depended on the manner of integrating with Aboriginal communities, even to the extent of adopting their customs.

In the 18th century the English showed a more enterprising spirit, not hesitating to build posts in the interior of the continent, in direct competition with the

Respecting the customs of Aboriginals in order to better establish commercial relations was a part of a policy going back to the first days of New France.

« ...traiter sur les terres des premiers habitants eut aussi comme conséquence de resserrer les liens entre les autochtones et les Français. »

les Français comprirent rapidement que le succès du commerce dépendait de la manière de s'intégrer dans les communautés autochtones, voire de s'adapter à leurs coutumes.

Au XVIIIe siècle, les Anglais se montrèrent plus entreprenants, n'hésitant pas à élever des postes à l'intérieur du continent, en concurrence directe avec la colonie. La construction du fort Oswego en 1727, sur le lac Ontario, visait à s'opposer à l'influence des Français dans l'Ouest, et d'une manière générale, le commerce anglais nuisit à la colonie, mais du côté des prairies canadiennes, la présence française permit des alliances solides avec les Monsonis, les Cris et les Assiniboines. Le fait d'aller directement traiter sur les terres des premiers habitants eut aussi comme conséquence de resserrer les liens entre les autochtones et les Français. La Vérendrye n'hésita pas à faire adopter ses fils par les Amérindiens; il participa à leurs cérémonies; il pleura les morts et chanta la guerre avec eux. Il se déplaça sur leurs terres en hiver, faisant preuve de ténacité et de continuité dans ses plans. Nous avons l'impression que les nations le respectaient, ce qui ne fut pas le cas pour Legardeur de Saint-Pierre. Il est vrai que ses expéditions rapportèrent à la colonie de nombreux esclaves, mais le découvreur avait-il le choix de s'opposer aux ordres des autorités de la Nouvelle-France? D'ailleurs, l'esclavage était malheureusement pratique courante chez la plupart des nations européennes de même que chez les Amérindiens. Mais dans l'ensemble, la

rencontre entre les deux mondes fut assez positive.

La Vérendrye eut, entre autres, une relation assez proche avec La Colle, le grand chef des Monsonis, sur qui il dut compter maintes fois. À la lumière des textes présentés, force est de reconnaître que sans la complicité de ce chef, son influence, voire son jugement, sans l'aide des nations des prairies, leur esprit d'hospitalité et leur tolérance envers les nouveaux arrivants, La Vérendrye n'aurait jamais réussi à se maintenir aussi longtemps dans l'Ouest. Il est vrai que l'attitude du découvreur vis-à-vis de ses alliés explique en partie son succès. Les textes de La Vérendrye émettent non seulement ce que fut la rencontre entre les deux mondes, mais aussi mettent en lumière d'une manière assez objective les mentalités et les qualités des premiers habitants.

Enfin, la rencontre entre les deux mondes eut une conséquence sur le plan humain : la création d'une nouvelle race. De nombreuses communautés métisses virent le jour dans la vallée du Mississippi et autour des Grands Lacs dès la fin du XVIIe siècle. Il en fut de même dans l'Ouest canadien avec la présence des coureurs des bois, et la nation métisse augmenta tout au long du XVIIIe siècle. D'ailleurs, certains engagés de La Corne et de Villebon restèrent dans l'Ouest et se mêlèrent aux autochtones, n'ayant pas l'intention de retourner dans la colonie en guerre et à la veille de la défaite. Après 1763, les coureurs des bois offrirent leur

service aux Anglais de la Compagnie de la baie d'Hudson, puis à la Compagnie du Nord-Ouest et à des compagnies américaines. En un siècle, la nation métisse grandit sur les bords de la rivière Rouge en une société distincte et unique (sans oublier toutefois les établissements des Métis autour des Grands Lacs et leur déplacement dans les prairies) : en 1875 on estimait à 11 230 le nombre des Métis vivant dans les prairies canadiennes. Il est certain que les expéditions de La Vérendrye, en

Collège universitaire de Saint-Boniface

Going directly to trade on the lands of the First Nations also had the result of creating close links between Aboriginals and the French.

■ The interior routes established by the La Vérendryes will be used by the traders and merchants of the North West Company to challenge the Hudson's Bay Company fur trade monopoly.

■ Les routes établies par les La Vérendrye seront utilisées par les traiteurs et les marchands de la Compagnie du Nord-Ouest pour miner depuis Montréal le monopole de la Compagnie de la baie d'Hudson.

colony. The construction of Fort Oswego in 1727 on Lake Ontario was meant to counter the influence of the French in the West, and generally speaking English trade hurt the colony. But in the Canadian prairies the French presence permitted solid alliances with the Monsonis, the Crees and the Assiniboines. Going directly to trade on the lands of the First Nations also had the result of creating close links between Aboriginals and the French. La Vérendrye was quite ready to have his sons adopted by local tribes; he took part in their ceremonies; he lamented the dead and chanted war songs with them. He travelled on their lands in winter, exhibiting tenacity and continuity in his plans. We have the impression that the First Nations respected him, which doesn't seem to be the case with Legardeur de Saint-Pierre. It is true that his expedition brought back many slaves to the colony, but he was not at liberty to refuse his superiors' orders. Besides slavery was, sadly, common practice in most European nations as well as with some tribes. But, on the whole, the meeting between two worlds was a rather positive one.

La Vérendrye had, for example, a rather close relationship with La Colle, the grand chief of the Monsonis, on whom he had to depend many times. In light of the texts we have presented, it has to be recognized that without the collaboration of this chief, his influence and his wisdom, without the help of these prairie nations, their spirit of hospitality and their tolerance of the newcomers, La Vérendrye would never have succeeded in establishing himself for so long on the prairies. On the other hand, the attitude of the explorer towards his allies partly explains his success. In this respect La Vérendrye's texts speak not only of what the meeting of two worlds must have been like, but also highlight in a rather objective way the mentalities and the qualities of the First Nations.

Finally, the meeting of two worlds had another human consequence: the creation of a new race. Many Métis communities came into being in the Mississippi Valley and around the Great Lakes towards the end of the 17th century. With the presence of the *coureurs des bois* it was the same in the Canadian West where the Métis nation grew throughout the 18th century. A few *engagés* of La Corne and de Villebon stayed in the West and intermarried or formed liaisons with the Aboriginals, with no intention of returning to a colony that was at war and on the brink of defeat. After 1763 the *coureurs des bois* offered their services to the English of the Hudson's Bay Company, then to the North West Company and to other American companies. In one century the Métis nation grew on the banks of the Red River into a unique and distinct society (not to discount the Métis settlements near the Great Lakes and their movement onto the Prairies): by 1875 the number of Métis living on the Canadian prairies was estimated at 11,230. Certainly the expeditions of La Vérendrye along with the presence of the *coureurs des bois* coincided with the birth of the Métis nation.

Let us take a last look at La Vérendrye, as this figure from the past, difficult to fix in time, continues to fascinate us. One can still learn much from the human qualities that were his during difficult times — the lessons of courage and perseverance in the face of adversity.

Inasmuch as it was possible, the explorer tried diligently to succeed in a

parallèle avec la présence des coureurs des bois, coïncidèrent avec les premiers instants de la nation métisse.

Terminons par un dernier regard sur La Vérendrye, car l'homme du passé, difficile à saisir dans le temps, est toujours parmi nous, du fait des qualités humaines qu'il a su déployer tout au long d'une vie difficile, et dont nous pourrions tirer des leçons : le courage et la persévérance dans l'adversité nous semblent les plus belles.

Dans la mesure du possible, le découvreur fit tout son possible pour faire réussir une entreprise qu'il mena avec honneur jusqu'au bout comme en témoigne son désir de tout recommencer en 1749, malgré les jalousies dont il fut souvent victime, et surtout malgré l'ingratitude de Maurepas. De fait, son plan fut efficace. L'emplacement judicieux de postes à des endroits stratégiques permit aux Français d'intercepter le flot de fourrures qui se déversaient à la baie d'Hudson et au fort Albany. Ce sont malheureusement ses successeurs, Legardeur de Saint-Pierre et Louis de La Corne, qui profitèrent de la chaîne des nombreux postes que l'explorateur avait difficilement mis en place de 1731 à 1744. Car il faut le souligner, La Vérendrye, de son vivant, ne profita de rien. L'expédition à l'Ouest lui coûta beaucoup plus qu'elle ne devait lui rapporter. Il mourut ruiné.

Les conditions difficiles des transports des marchandises dans un espace hostile, la rapacité des marchands-bour-geois et la situation précaire de la Nouvelle-France sous la pression militaire et commerciale des Anglais ne doivent pourtant pas minimiser l'élément de la malchance de La Vérendrye. En 1731, la mutinerie de ses engagés au Grand Portage le retarda dans son avance et lui fit perdre énormément d'argent. L'année 1736-1737 est désastreuse, surtout avec les morts de La Jemerais et de Jean-Baptiste, le manque de compétence des marchands et les guerres amérindiennes. D'autres événements pourraient expliquer les pertes de La Vérendrye : en 1737, les paquets de fourrures volés au portage de la Savane par des Amérindiens, de même que les fourrures jetées à l'eau par les Cris victimes de la petite vérole. Nous pourrions multiplier les exemples. Des circonstances malheureuses le freinèrent, mais ne l'empêchèrent pas d'accomplir son devoir, ce qu'il fit toujours avec la passion nécessaire pour ce genre d'expédition incertaine. De plus, malgré l'appui continu de Beauharnois, qui sans doute avait des intérêts financiers dans cette expédition, Maurepas s'acharna avec férocité sur le découvreur. Comment expliquer une telle mauvaise foi, ou du moins le manque d'appréciation de la part du ministre?

D'abord, il faut souligner que Maurepas ne voyait en la colonie qu'une manière pour la France de concurrencer l'Angleterre. Plus important, il semble que les informations que La Jemerais avait données en 1735 aient influencé l'opinion du ministre de la Marine. En effet, le neveu de La Vérendrye avait mentionné que les vents qui venaient en direction du lac des Bois amenaient des pluies, insinuant par là que la mer n'était pas loin. C'est sans doute la raison pour laquelle Maurepas eut de la difficulté à accepter les échecs et les retardements des La Vérendrye.

Comme tous les grands explorateurs, dont le rêve de découverte aboutit à des résultats somme toute mitigés, La Vérendrye connut divers revers de fortune, mais au-delà de la recherche de la mer de l'Ouest, des réussites et des échecs, commerciaux ou politiques, c'est cet esprit de combat bien mené pour la gloire de son nom et de son roi, cette passion pour une cause qui était celle de son clan, dont nous nous souvenons encore aujourd'hui. La Vérendrye, et nous insistons sur ce fait, malgré toutes les humiliations et les déboires qu'il eut à subir, fut toujours prêt à tout recommencer avec le même enthousiasme. Cette qualité humaine de l'espoir qui est celle de tous les découvreurs, fut aussi celle de La Vérendrye. C'est dans ce sens que le sieur Pierre Gaultier de Varennes et de La Vérendrye doit être mis au rang des grands explorateurs du Nouveau Monde. Et à cause des premiers postes qu'il éleva dans la région de Winnipeg avec le sieur Louis Damours de Louvières et avec la permission des Cris, peut-être lui rendrions-nous justice si nous le considérions comme le premier fondateur euro-canadien de la capitale du Manitoba. ☙

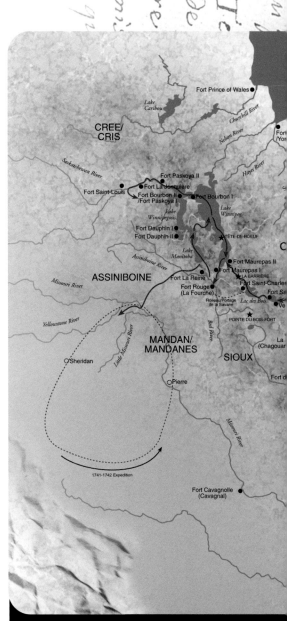

■ This map shows the full range of explorations by La Vérendrye and his family from 1731-1749.

■ Carte montrant les activités de La Vérendrye et ses fils dans l'Ouest de 1731 à 1749.

mission in spite of the envy of which he was often the victim, and especially despite the ingratitude and criticisms of Maurepas. In fact, La Vérendrye's plan was effective. The judicious location of the posts in strategic sites allowed the French to intercept the flow of furs travelling towards Hudson Bay and Fort Albany. Unfortunately his successors, Legardeur de Saint-Pierre and Louis de La Corne, were the ones who profited from the string of

forts that the explorer had established with such difficulty from 1731 to 1744. One must underscore the fact that, during his lifetime, La Vérendrye did not profit from any of this. His missions to the West cost him much more than he would ever gain from them. He died penniless.

The difficult conditions for transporting merchandise in a hostile land, the greed of the *bourgeois* merchants and the precarious situation of New France constantly under the military menace of the English should not however minimize La Vérendrye's bad luck. In 1731 his *engagés'* revolt at Grand Portage slowed his advance and made him lose a great deal of money. The year 1736-1737 was disastrous, especially with the deaths of La Jemerais and Jean-Baptiste, the incompetence of the merchants and the wars between the tribes. Other events could explain La Vérendrye's losses, such as, in 1737, the bundles of fur stolen at Savane portage, or the furs thrown into the water by the Crees, victims of an outbreak of smallpox. Unfortunate circumstances slowed him but did not stop him from doing his duty, which he did with the passion necessary to carry out this kind of risky mission. In addition, in spite of the continuing support of Beauharnois, who undoubtedly had a financial stake in the expedition, Maurepas fiercely hounded the explorer. How can one explain such bad faith or at least the minister's lack of appreciation?

To begin with, Maurepas only saw the colony as a means to compete with England. More importantly it would seem that the information that La Jemerais had given the Minister of Marine in 1735 had influenced him. In effect, La Vérendrye's nephew had mentioned that the winds blowing in the direction of the Great Lakes brought rains, thus insinuating that the sea could not be far. This is without doubt the reason why Maurepas had difficulty accepting the La Vérendryes' failures and setbacks.

Like all great explorers, whose dream of discovery leads to mixed results, La Vérendrye experienced several reversals of fortune. But beyond the search for the Western Sea, beyond the successes and the failures — both political and commercial — it was his fighting spirit, his passion for a cause which was also that of his clan, which we remember today. His legacy is felt in many ways, not the least of which is his role as the first European to establish a post at the site of what is now Winnipeg, the vibrant capital of the province of Manitoba.

One must underscore the fact that La Vérendrye, in spite of all the humiliations and misfortunes that he was to suffer, was always ready to start over with eagerness and enthusiasm. This quality of hope is found in all great explorers. It is for this reason that Sieur Pierre Gaultier de Varennes et de La Vérendrye should find his place among the ranks of the greatest explorers of the New World. 🌐

Chronologie

1665 • SEPTEMBRE • René Gaultier de Varennes, père du futur explorateur, arrive au Canada comme lieutenant dans la compagnie de Loubias du régiment de Carignan-Salières.

1667 • 26 SEPTEMBRE • René Gaultier de Varennes épouse Marie Boucher, fille de Pierre Boucher et de Jeanne Crevier. René Gaultier reçoit de Pierre Boucher la seigneurie de Varennes.

1668 • AVRIL-MAI • René Gaultier est nommé gouverneur de Trois-Rivières, en remplacement de son beau-père Pierre Boucher.

1671 • 3 AU 17 JUIN • René Gaultier accompagne M. Rémy de Courcelle, gouverneur de la Nouvelle-France dans une expédition au lac Ontario.

1685 • 17 NOVEMBRE • Naissance à Trois-Rivières de Pierre Gaultier, fils de René Gaultier et de Marie Boucher.

1689 • 4 JUIN • Décès à Trois-Rivières de René Gaultier de Varennes. Dès l'automne Marie Boucher, sa veuve, quitte Trois-Rivières pour s'établir avec sa famille sur sa terre de Varennes.

1690 • À 1692 • Henry Kelsey, parti de York Factory sur la baie d'Hudson, accompagne les Assiniboines à l'intérieur du continent.

1696 • Pierre Gaultier (La Vérendrye) est nommé cadet par le gouverneur.

1696 • La Vérendrye, sous le nom de Pierre Varennes (1696) et Pierre Boumois (1699), étudie au Petit Séminaire de Québec.

1704 • Campagne militaire de La Vérendrye en Nouvelle-Angleterre. Ce sont ses premières armes.

1705 • Campagne de La Vérendrye à Terre-Neuve.

1706 • La Vérendrye est fait enseigne en second, par le gouverneur Philippe de Rigaud de Vaudreuil.

1707 • 1er JUILLET • La Vérendrye reçoit de sa mère une partie de la Grande Île de Varennes dont il devient « seigneur ». Il prend le nom de La Vérendrye, laissé libre par la mort de son frère Louis.

1707 • 27 OCTOBRE • La Vérendrye vend à son beau-frère Christophe Dufrost de la Gemerais, époux de Marie-Renée Gaultier, sa moitié de la Grande Île de Varennes pour 800 livres afin de financer son voyage en France.

1707 • NOVEMBRE • La Vérendrye est nommé enseigne en pied par le gouverneur Philippe de Rigaud de Vaudreuil.

1707 • NOVEMBRE • La Vérendrye part pour la France.

1709 • SEPTEMBRE • La Vérendrye est fait sous-lieutenant de grenadiers au premier bataillon du régiment de Bretagne en Flandre.

1709 • 11 SEPTEMBRE • La Vérendrye, couvert de neuf blessures, est laissé pour mort sur le champ de bataille de Malplaquet, dans les Flandres.

1710 • 6 MARS • La Vérendrye, nommé lieutenant, prête serment comme tel.

1711 • DÉCEMBRE • La Vérendrye, ayant fini son engagement, décide de revenir au Canada.

1712 • JUILLET • La Vérendrye s'embarque à La Rochelle pour Québec.

1712 • 29 OCTOBRE • La Vérendrye épouse, à Notre-Dame de Québec, Marie-Anne Dandonneau Du Sablé, fille de Louis et de Jeanne Lenoir.

1713 • 11 AVRIL • Le Traité d'Utrecht donne à l'Angleterre l'Acadie, Terre-Neuve, la baie d'Hudson et le pays des Iroquois.

1713 • 3 SEPTEMBRE • Naissance de Jean-Baptiste, premier enfant de Pierre de La Vérendrye et Marie-Anne Dandonneau.

1714 • 1er DÉCEMBRE • Naissance de Pierre, deuxième enfant de La Vérendrye.

1715 • 29 NOVEMBRE • Naissance de François, troisième enfant de La Vérendrye.

1716 • 12 NOVEMBRE • Premier mémoire de Vaudreuil et Bégon, au ministre, sur la découverte de la mer de l'Ouest.

1717 • ÉTÉ • Zacharie Robutel de La Noue établit le poste de Kaministiquia, au lac Supérieur, premier d'une chaîne de postes destinés au commerce et à la découverte de la mer de l'Ouest.

1717 • 9 NOVEMBRE • Naissance de Louis-Joseph, quatrième enfant de La Vérendrye.

1717–1718 • La cour de France approuve le plan de Vaudreuil et Bégon de financer la découverte de la mer de l'Ouest, après l'établissement des trois premiers forts.

Chronology

1665 • SEPTEMBER • René Gaultier, father of the future explorer La Vérendrye, arrives in Canada as a lieutenant in the Carignan-Salières Regiment.

1667 • SEPTEMBER • René Gaultier weds Marie Boucher, daughter of Pierre Boucher and Jeanne Crevier. René Gaultier receives from Pierre Boucher the Seigneurie of Varennes.

1668 • APRIL-MAY • René Gaultier de Varennes is appointed Governor of Trois-Rivières, replacing his father-in-law Pierre Boucher.

1671 • 3 TO 17 JUNE • René Gaultier de Varennes accompanies the Governor of Canada on a short trip to Lake Ontario.

1685 • 17 NOVEMBER • Birth at Trois-Rivières of Pierre Gaultier, son of René Gaultier de Varennes and Marie Boucher. Pierre Gaultier is the future explorer of the Canadian West.

1689 • 4 JUNE • René Gaultier dies at Trois-Rivières. In the Fall, his widow, Marie Boucher, leaves Trois-Rivières and settles on the Seigneurie of Varennes with her family.

1690 TO 1692 • Henry Kelsey leaves York Factory on the Hudson's Bay and follows the Assiniboines in the Prairies.

1696 • Pierre Gaultier (La Vérendyre) is named cadet by the Governor.

1696 TO 1699 • Pierre Gaultier, under the name Pierre Varennes (1696) and Pierre Bourmois (1699) studies at the Petit Séminaire de Québec.

1704 • La Vérendrye's first military campaign in New England.

1705 • La Vérendrye's second military campaign in Newfoundland.

1706 • La Vérendrye is named second ensign by the Governor Philippe de Rigaud de Vaudreuil.

1707 • 1 JULY • La Vérendrye receives from his mother part of the Grande Île de Varennes of which he is the "Seigneur". He starts using the surname La Vérendrye, left vacant following the death of his brother Louis.

1707 • 27 OCTOBER • La Vérendrye sells his half of the Grande Île de Varennes to his brother-in-law Christophe Dufrost de la Gemerais, husband of his sister Marie-Renée Gaultier, for 800 livres to finance his trip to France.

1707 • NOVEMBER • La Vérendrye is named foot enseign by the Governor of New France. He leaves the colony for France soon after.

1709 • SEPTEMBER • La Vérendrye is named underlieutenant of the Grenadiers of the first batallion of the Bretagne Regiment.

1709 • 11 SEPTEMBER • La Vérendrye, covered with nine wounds is left for dead on the battlefield of Malplaquet.

1710 • 6 MARCH • La Vérendrye is named lieutenant.

1711 • DECEMBER • His military engagement finished, La Vérendrye decides to return to Canada.

1712 • JULY • La Vérendrye boards a ship at La Rochelle for Québec.

1712 • 29 OCTOBER • La Vérendrye weds, at Notre-Dame de Québec, Marie-Anne Dandonneau Du Sablé, daughter of Louis and Jeanne Lenoir.

1713 • 11 APRIL • The Treaty of Utrecht gives to England Acadia, Newfoundland, the Hudson's Bay and the country of the Iroquois.

1713 • 3 SEPTEMBER • Birth of Jean-Baptiste, first child of Pierre de La Vérendrye and Marie-Anne Dandonneau.

1714 • 1 DECEMBER • Birth of Pierre, La Vérendrye's second child.

1715 • 29 NOVEMBER • Birth of François, La Vérendrye's third child.

1716 • 12 NOVEMBER • First report of Vaudreuil and Bégon to the Minister about the discovery of the Western Sea.

1717 • SUMMER • Zacharie Robutel de La Noue establishes the post of Kaministiquia on Lake Superior, the first of a chain of posts destined for the fur trade and the discovery of the Western Sea.

1717 • 9 NOVEMBER • Birth of Louis-Joseph, La Vérendrye's fourth child.

1717 TO 1718 • The French Court approves the financing of the Vaudreuil and Bégon plan for the discovery of the Western Sea, once the first three forts are established.

1719 • 1 JULY • First known official mention of the Nipigon Post, south of Lake Nipigon and north of Lake Superior.

1721 • 12 JUNE • Birth of Marie-Anne, La Vérendrye's fifth child.

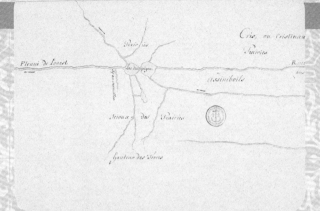

1719 • 1ᵉʳ JUILLET • Plus ancienne mention connue du poste de Nipigon, au sud du lac de ce nom et au nord du lac Supérieur.

1721 • 12 JUIN • Naissance de Marie-Anne, cinquième enfant de La Vérendrye.

1724 • 26 MAI • Baptême de Marie-Catherine, sixième et dernier enfant de La Vérendrye.

1725 –1726 • Jacques-René Gaultier de Varennes, frère aîné de La Vérendrye, est nommé comandant à Kaministiquia.

1726 • ÉTÉ • Charles, marquis de Beauharnois, succède au gouverneur Philippe de Vaudreuil.

1726–1727 • HIVER • Jacques-René Gaultier passe l'hiver à Montréal, remplacé au poste du Nord par ses associés et commis.

1727 • MARS • La Vérendrye est nommé au poste du Nord, en qualité de second commandant. La Vérendrye fait son entrée en scène dans l'entreprise de la découverte de la mer de l'Ouest.

1727–1728 • À Nipigon, durant l'hiver, La Vérendrye commence à s'informer auprès des chefs amérindiens sur la route de la mer de l'Ouest. Auchagah, chef cri, y trace une carte.

1728 • ÉTÉ ET AUTOMNE • La Vérendrye, venant du poste du Nord, rencontre à Michillimakinac le père Degonnor et, ensemble, ils rédigent le premier mémoire concernant la découverte de la mer de l'Ouest.

1728 • AUTOMNE • La Vérendrye est nommé commandant au poste du Nord à la place de son frère, Jacques-René Gaultier de Varennes.

1729 • ÉTÉ • Abandon du poste des Sioux (le fort Beauharnois), construit par René Boucher au lac Pépin sur le Mississippi et qui avait été confié provisoirement à Christophe Dufrost de La Jemerais.

1729 • 25 OCTOBRE • Suite du mémoire envoyé l'année précédente par La Vérendrye et le Père Degonnor, sur la découverte de la mer de l'Ouest.

1730 • 24 OCTOBRE • Beauharnois annonce au ministre que La Vérendrye doit partir au printemps pour établir un poste pour la traite au lac Ouinipigon (Winnipeg).

1731 • 8 JUIN • La Vérendrye part de Montréal avec son neveu La Jemerais et trois de ses fils : Jean-Baptiste, Pierre et François et une cinquantaine d'hommes pour aller établir les premiers forts au-delà de Kaministiquia.

1731 • AOÛT • De Michillimakinac, le jésuite Charles Mesaiger, accompagne La Vérendrye. C'est le premier missionnaire de l'Ouest canadien.

1731 • 27 AOÛT • Les hommes de La Vérendrye se mutinent au Grand Portage. Une vingtaine d'hommes consentent à aller de l'avant, avec La Jemerais et Jean-Baptiste La Vérendrye, qui construisent le fort Saint-Pierre, au lac à la Pluie. C'est le premier fort construit par La Vérendrye.

1732 • AUTOMNE • Parti du fort Saint-Pierre le 14 juillet 1732, La Vérendrye se rend au lac des Bois et y construit le fort Saint-Charles.

1732–1733 • HIVER • La Vérendrye hiverne au fort Saint-Charles en compagnie de La Jemerais et de ses trois fils, du missionnaire, et de la plus grande partie de ses hommes. À la fin de l'hiver, il envoie son neveu La Jemerais et son fils Jean-Baptiste construire un fort au lac Winnipeg. Les glaces les arrêtent à environ 100 km du lac, sans doute à

la Barrière-aux-Esturgeons. La Jemerais revient et se rend à Montréal. Jean-Baptiste La Vérendrye retourne au fort Saint-Charles.

1733 • PRINTEMPS • À Montréal, mort de Marie Boucher, mère de La Vérendrye (13 mars) et à Québec, mort de sa fille Marie-Anne (8 mai), pensionnaire chez les Ursulines.

1733 • 21 MAI • La Vérendrye fait semer du maïs et des pois près du fort Saint-Charles. Il obtient de quelques Amérindiens de faire de même.

1733 • 27 MAI • La Jemerais part du fort Saint-Charles pour aller rendre compte de ses progrès au gouverneur. Le Père Mesaiger, malade, retourne avec lui dans l'Est.

1733 • 1ᵉʳ OCTOBRE • La Jemerais fait dessiner une carte de l'Ouest. L'original est perdu, mais a été recopié sur des cartes plus récentes.

1733 • AUTOMNE • La Vérendrye envoie dix hommes hiverner à l'est du lac des Bois. Ils y passent l'hiver de chasse et de pêche et reviennent au fort Saint-Charles le 2 mai 1734.

1734 • 12 JANVIER • La Vérendrye se rend avec son fils Jean-Baptiste au fort Saint-Pierre apaiser les Amérindiens qui veulent aller en guerre contre les Sioux. Ils sont de retour le 14 février.

1734 • 9 MARS • La Vérendrye envoie deux hommes chercher un site pour un fort au lac Winnipeg. Ils reviennent au fort Saint-Charles le 11 mai, ayant trouvé un endroit plus favorable vers le bas de la rivière Rouge. Ils se rendent jusqu'au confluent des rivières Rouge et Assiniboine. Ils suivent aussi la route de la rivière Whiteshell et visitent la partie sud du lac Winnipeg jusqu'au détroit de la Tête-de-Bœuf (Bullhead).

1734 • 7 ET 8 MAI • Conseil des autochtones au fort Saint-Charles. Ils demandent le fils aîné de La Vérendrye pour les accompagner dans une expédition contre les Sioux des Prairies.

1734 • 11 MAI • Jean-Baptiste La Vérendrye part avec les autochtones. Il revient sans aller en guerre.

1724 • 26 MAY • Baptism of Marie-Catherine, La Vérendrye's sixth and last child.

1725 TO 1726 • Jacque-René Gaultier de Varennes, La Vérendrye's older brother, named Commander of Kaministiquia.

1726 • SUMMER • Charles, Marquis de Beauharnois, replaces Philippe de Vaudreuil as Governor.

1727 • MARCH • La Vérendrye is named to the Northern Post as second in command and begins his quest for the Western Sea.

1727 TO 1728 • During the winter at Nipigon, La Vérendrye starts gathering information from the Native chiefs about the route to the Western Sea. The Cree chief Auchagah draws him a map.

1728 • SUMMER AND FALL • La Vérendrye, coming from the Northern Post, meets at Michillimakinac Father Degonnor, and together they write the first report on the discovery of the Western Sea.

1728 • FALL • La Vérendrye is named commander of the Northern Post, replacing his brother Jacques-René Gaultier de Varennes in that capacity.

1729 • SUMMER • Fort Beauharnois, a Sioux post built by René Boucher at Lake Pépin on the Mississippi and under the responsibility of Christophe Dufrost de La Jemerais is abandoned.

1729 • 25 OCTOBER • A second memorandum on the discovery of the Western Sea is prepared by La Vérendrye and Father Degonnor.

1730 • 24 OCTOBER • Beauharnois indicates to the Minister that La Vérendrye will be leaving the following spring to establish a trading post on Lake Winnipeg.

1731 • 8 JUNE • La Vérendrye leaves Montréal with his nephew La Jemerais, his three oldest sons, Jean-Baptiste, Pierre and François, and 50 men to establish the first forts beyond Kaministiquia.

1731 • AUGUST • The Jesuit Charles Mesaiger joins La Vérendrye at Michillimakinac. Mésaiger is the first Catholic missionary in the Canadian West.

1731 • 27 AUGUST • Mutiny of La Vérendrye's men at Grand Portage. Some 20 men, lead by La Jemerais and Jean-Baptiste La Vérendrye, agree to proceed and they build Fort Saint-Pierre west of Rainy Lake. It is the first fort built by La Vérendrye.

1732 • FALL • La Vérendrye leaves Fort Saint-Pierre on 14 July 1732 for Lake of the Woods and builds Fort Saint-Charles.

1732 TO 1733 • WINTER • La Vérendrye winters at Fort Saint-Charles with La Jemerais, his three sons, the jesuit missionary and most of his men. At the end of the winter, he sends his nephew La Jemerais and his son Jean-Baptiste to Lake Winnipeg to build a fort. They cannot proceed beyond the "Barrière-aux-Esturgeons", some 100 km from Lake Winnipeg. La Jemerais and Jean-Baptiste La Vérendrye return to Fort Saint-Charles.

1733 • SPRING • Marie Boucher, La Vérendrye's mother, dies at Montréal (13 March), and in Québec, his daughter Marie-Anne dies (8 May).

1733 • 21 MAY • La Vérendrye sows some corn and peas near Fort Saint-Charles. Several Natives agree to do the same.

1733 • 27 MAY • La Jemerais leaves Fort Saint-Charles for the East to report to the Governor. Father Mésaiger returns with him due to ill health.

1733 • 1 OCTOBER • La Jemerais has a map of the West drawn. Although the original is lost, it had been recopied on later maps.

1733 • FALL • La Vérendrye sends 10 men to winter in a region East of Lake of the Woods. They pass the winter hunting and fishing, returning to Fort Saint-Charles on 2 May 1734.

1734 • 27 MAI • La Vérendrye, laissant le commandement du fort Saint-Charles à son fils Pierre, se met en route pour Montréal.

1734 • MAI-JUIN • Jean-Baptiste La Vérendrye, revenu plus tôt que prévu de son expédition chez les Sioux, se rend à la rivière Rouge et y construit le fort Maurepas, à 25 km du lac Winnipeg, à l'ouest de la rivière.

1734 • 18 JUIN • La Vérendrye rencontre à Kaministiquia le sieur Cartier et l'envoie construire le fort Maurepas, ne sachant pas que son fils s'était rendu lui aussi à la rivière Rouge.

1734 • 12 JUILLET • À Michillimakinac, La Vérendrye rencontre La Jemerais qui revient de l'Est et l'envoie prendre le commandement du fort Saint-Charles.

1734 • AUTOMNE • La Vérendrye envoie son fils Louis-Joseph à Québec étudier les mathématiques et la cartographie.

1734 • 17 OCTOBRE • Date de la carte dessinée et signée par l'ingénieur Gaspard Chaussegros de Léry, pour le territoire de l'Ouest.

1735 • 21 JUIN • La Vérendrye part pour l'Ouest avec son fils Louis-Joseph et le jésuite Jean-Pierre Aulneau, deuxième missionnaire de l'Ouest. Ils arrivent au fort Saint-Charles le 23 octobre.

1735 • AUTOMNE • L'année 1735 a produit 600 paquets de pelleteries; 400 paquets seulement se rendront à Montréal, faute de main-d'œuvre.

1736 • JANVIER • La Vérendrye apprend que son neveu La Jemerais est gravement malade au fort Maurepas. Il envoie deux de ses fils le secourir.

1736 • 27 FÉVRIER • Les fils de La Vérendrye partent du fort Saint-Charles pour secourir La Jemerais.

1736 • 10 MAI • La Jemerais, que ses cousins ramènent du fort Maurepas par la route de la rivière aux Roseaux et le portage de la Savane, meurt à la confluence de la rivière aux Roseaux et la rivière Rouge.

1736 • 2 JUIN • Les fils La Vérendrye arrivent au fort Saint-Charles, rapportant la nouvelle de la mort de La Jemerais.

1736 • 3 JUIN • Tenue d'un conseil au fort Saint-Charles. On décide d'envoyer des hommes chercher des vivres « en diligence ».

1736 • 5 JUIN • Départ de trois canots pour Kaministiquia et Michillimakinac, sous la conduite de Jean-Baptiste La Vérendrye, avec 19 hommes et le père Aulneau.

1736 • 6 JUIN • Jean-Baptiste La Vérendrye, le père Aulneau et les 19 hommes sont tués par les Sioux dans une petite île du lac des Bois.

1736 • 19 JUIN • La Vérendrye envoie aux nouvelles un sergent et des hommes qui reviennent le 22 juin avec la nouvelle du massacre de l'expédition.

1736 • 29 JUIN • La Vérendrye fait mettre le fort Saint-Charles en état d'être défendu par quatre hommes contre cent.

1736 • 14 SEPTEMBRE • La Vérendrye envoie son fils Louis-Joseph au fort Maurepas avec six hommes et des provisions. Il lui donne, pour la première fois, le titre de « Chevalier », ce qui lui donne vraisemblablement préséance sur ses frères.

1736 • 18 SEPTEMBRE • La Vérendrye fait enterrer dans la chapelle du fort Saint-Charles les restes de son fils, ceux du père Aulneau avec « toutes les têtes des Français tués ».

1736 • 22 OCTOBRE • La Vérendrye apprend que René Bourassa et Eustache Gamelin sont restés à la rivière Vermillon. Un petit fort sera construit après le 27 décembre.

1737 • 8 FÉVRIER • La Vérendrye part du fort Saint-Charles pour se rendre au fort Maurepas avec ses deux fils à travers la prairie.

1737 • 25 FÉVRIER • La Vérendrye arrive au fort Maurepas.

1737 • 4 MARS • Grand conseil entre La Vérendrye et les chefs cris et assiniboines au fort Maurepas.

1737 • 11 MARS • La Vérendrye repart pour le fort Saint-Charles par la rivière Winnipeg et y arrive le 30 mars. Le Chevalier reste avec les Cris pour explorer le nord du lac Winnipeg et y chercher un emplacement pour un fort.

1737 • 25 MAI • La Vérendrye envoie chercher les ossements des Français massacrés l'année précédente et les fait enterrer dans la chapelle du fort.

1737 • 28 MAI • Le Chevalier revient du lac Winnipeg. Une épidémie de petite vérole qui décime les Cris l'empêche de poursuivre ses explorations.

1737 • 30 MAI • Jacques Legardeur de Saint-Pierre évacue le poste des Sioux au lac Pépin.

1737 • 3 JUIN • Laissant le Chevalier pour commander au fort Saint-Charles, La Vérendrye part pour Montréal afin d'obtenir des marchandises qui lui manquent.

1737 • AUTOMNE ET HIVER • La Vérendrye installe sa famille à Montréal où il passe l'hiver.

1738 • 18 JUIN • La Vérendrye part de Montréal pour l'Ouest et le pays des Mandanes.

1738 • 22 SEPTEMBRE • La Vérendrye arrive au fort Maurepas.

1738 • 22 SEPTEMBRE • La Vérendrye arrive à la Fourche des Assiniboines, au confluent des rivières Rouge et Assiniboine.

1738 • 2 OCTOBRE • La Vérendrye arrive au portage entre l'Assiniboine et le lac des Prairies (lac Manitoba), aujourd'hui Portage la Prairie.

1734

12 January • La Vérendrye goes to Fort Saint-Pierre with his son Jean-Baptiste to disuade the Natives who want to go to war against the Sioux. They return to Fort Saint-Charles on 14 February.

1734 • 9 March • La Vérendrye sends two men to scout a site for a fort on Lake Winnipeg. They return on 11 May having found a better site on the lower Red River. They also had reached the Forks of the Red and the Assiniboine, travelled on the Whiteshell River and explored the southern part of Lake Winnipeg up to Bullhead Strait.

1734 • 7 and 8 May • A council of Natives is held at Fort Saint-Charles. They ask La Vérendrye that he allow his son Jean-Baptiste to accompany them in their expedition against the Prairie Sioux.

1734 • 11 May • Jean-Baptiste La Vérendrye leaves with the Natives. He returns without having gone to war.

1734 • 27 May • La Vérendrye leaves the command of Fort Saint-Charles to his son Pierre and starts off for Montréal.

1734 • May-June • Jean-Baptiste La Vérendrye, having returned sooner than expected from his expedition to the Sioux, goes to Red River and builds Fort Maurepas, on the West bank of the Red some 25 km from Lake Winnipeg.

1734 • 18 June • La Vérendrye meets Sieur Cartier at Kaministiquia and sends him to build Fort Maurepas, not knowing that his son Jean-Baptiste was already there.

1734 • 12 July • La Vérendrye meets his nephew La Jemerais at Michillimakinac and sends him to take command of Fort Saint-Charles.

1734 • Fall • La Vérendrye sends his youngest son Louis-Joseph to Québec City to study mathematics and cartography.

1734 • 17 October • Date of the map of the Western Territory drawn and signed by the engineer Gaspard Chaussegros de Léry.

1735

21 June • La Vérendrye leaves for the West with his son Louis-Joseph and the

Jesuit father Jean-Pierre Aulneau. They arrive at Fort Saint-Charles on 23 October.

1735 • Fall • During 1735, 600 bundles of furs were produced but only 400 are delivered to Montréal because of a shortage of men.

1735 • January-February • La Vérendrye learns that his nephew La Jemerais is gravely ill at Fort Maurepas. He sends two of his sons to help him. They leave Fort Saint-Charles on 27 February.

1736

10 May • La Jemerais dies en route back to Fort Saint-Charles near the mouth of the Roseau River. His cousins who were bringing him back by the Portage de la Savane and Roseau River route to bury him on the West bank of the Red River.

1736 • 2 June • La Vérendrye's sons arrive at Fort Saint-Charles bringing news of La Jemerais' death.

1736 • 3 June • A council is held at Fort Saint-Charles. It is decided to send some men post-haste to get food and supplies.

1736 • 5 June • Three canoes with 19 men and Father Aulneau under the direction of Jean-Baptiste La Vérendrye leave Fort Saint-Charles for Kaministiquia and Michillimakinac.

1736 • 6 June • Jean-Baptiste La Vérendrye, father Aulneau and the 19 men are killed by the Sioux on a small island in Lake of the Woods.

1736 • 19 June • La Vérendrye sends some men to enquire about the whereabouts of his son and his party. They return on 22 June with the news of the massacre.

1736 • 29 June • La Vérendrye upgrades the defences of Fort Saint-Charles so that 4 men can hold back 100 men.

1736 • 14 September • La Vérendrye sends his son Louis-Joseph to Fort Maurepas with six men and provisions. He gives his youngest son the title "Chevalier", indicating a higher ranking over his older brothers.

1736 • 18 September • La Vérendrye has the remains of his son, those of Father Aulneau and the heads of the 19 French killed by the Sioux buried in the Fort Saint-Charles chapel.

1736 • 22 October • La Vérendrye learns that René Bourassa and Eustache Gamelin have stayed at Vermilion River. A small fort will be built in that area after 27 December.

1737

8 February • La Vérendrye leaves Fort Saint-Charles with his two sons to go to Fort Maurepas by way of the Prairie.

1737 • 25 February • La Vérendrye and his sons arrive at Fort Maurepas.

1737 • 4 March • A large council between La Vérendrye and the Cree and Assiniboine chiefs is held at Fort Maurepas.

1737 • 11 March • La Vérendrye leaves for Fort Maurepas by the Winnipeg River route and arrives at Fort Saint-Charles on 30 March. Chevalier Louis-Joseph La Vérendrye stays with the Crees to explore the northern part of Lake Winnipeg for the establishment of a fort in that area.

1737 • 25 May • La Vérendrye sends some men to bring back the remains of the French massacred the previous year for burial in the chapel of Fort Saint-Charles.

1737 • 28 May • Chevalier de La Vérendrye returns from Lake Winnipeg. A small pox epidemic is decimating the Crees and prevents any further exploration in the area of Lake Winnipeg.

1738 • 3 AU 15 OCTOBRE • La Vérendrye fait construire le fort La Reine au portage de l'Assiniboine et du lac des Prairies (lac Manitoba).

1738 • OCTOBRE • La Vérendrye accorde à Louis Damours de Louvières la permission de construire un fort à la Fourche.

1738 • 18 OCTOBRE • Départ du fort La Reine pour le pays des Mandanes.

1738 • 3 DÉCEMBRE • Arrivée chez les Mandanes.

1738 • 6 DÉCEMBRE • Envoi du chevalier Louis Joseph de La Vérendrye au Missouri. Il revient le lendemain.

1738 • 13 DÉCEMBRE • La Vérendrye se met en route pour le retour du pays des Mandanes.

1739 • 15 FÉVRIER • La Vérendrye arrive au fort La Reine.

1739 • 16 AVRIL • La Vérendrye envoie le Chevalier explorer le « fond » du lac Winnipeg, en vue d'y établir un fort.

1739 • 28 MAI • La Vérendrye envoie des canots au Grand Portage pour chercher des marchandises, mais elles n'y sont pas.

1739 • 24 SEPTEMBRE • Marie-Anne Dandonneau, femme de La Vérendrye, meurt à Montréal.

1739 • 29 SEPTEMBRE • Deux Français, laissés chez les Mandanes pour apprendre la langue, reviennent au fort La Reine.

1739 • 20 OCTOBRE • Les canots de La Vérendrye reviennent au fort La Reine.

1739 DE **1740** • HIVER • Transfert du fort Maurepas de la rivière Rouge à l'embouchure de la rivière Winnipeg. La Vérendrye hiverne au fort Saint-Charles.

1740 • JUIN • La Vérendrye se rend dans l'Est pour essayer de régler ses affaires et obtenir des marchandises. Il arrive à Montréal le 25 août. À l'automne, il fait dessiner une carte de ses découvertes. Il passe l'hiver de 1740-1741 comme hôte dans la maison du gouverneur Beauharnois.

1741 • PRINTEMPS • La Vérendrye se prépare pour retourner dans l'Ouest avec le monopole des fourrures.

1741 • ÉTÉ • Pierre La Vérendrye fils se rend chez les Mandanes. Il revient avec deux chevaux, les premiers que l'histoire mentionne dans le territoire du Manitoba actuel.

1741 • ÉTÉ • François-Josué de Lacorne-Dubreuil devient premier commandant de Kaministiquia séparé du poste de l'Ouest.

1741 • 26 JUIN • La Vérendrye part de Montréal en compagnie du père Claude-Godefroy Coquart, jésuite, troisième missionnaire de l'Ouest. Le jésuite n'accompagnera pas La Vérendrye plus loin que Michillimakinac.

1741 • 16 SEPTEMBRE • La Vérendrye arrive au fort Saint-Charles.

1741 • 13 OCTOBRE • La Vérendrye arrive au fort La Reine.

1741 • AUTOMNE • Construction par des hommes de La Vérendrye du fort Bourbon sur le lac Winnipeg.

1741 • OCTOBRE • Pierre La Vérendrye, fils, construit le fort Dauphin, au sud du lac Winnipegosis.

1742 • 29 AVRIL • Le Chevalier, avec son frère François, entreprend son expédition chez les Mandanes. Il arrive le 29 mai et repart le 23 juillet, arrivant à la Montagne des Gens des Chevaux le 11 août.

1742 • La Vérendrye abandonne provisoirement les forts Maurepas et Dauphin, par manque de vivres.

1742 • **1743** • HIVER • Établissement du fort Paskoya, à l'ouest du lac des Cèdres, près de la rivière Saskatchewan, sur une petite île.

1743 • 1er JANVIER • Le chevalier Louis-Joseph de La Vérendrye aperçoit les « hautes montagnes », probablement certains pics de la chaîne des Bighorn dans le Wyoming actuel.

1743 • 12 JANVIER • Le Chevalier arrivent au pied des montagnes.

1743 • 14 FÉVRIER • Départ avec les Gens de l'Arc qui retournent dans leur pays.

1743 • 15 MARS • Arrivée dans le village des Gens de la Petite Cerise, sur les bords du Missouri, près de Pierre, capitale actuelle du Dakota du Sud.

1743 • 30 MARS • Le Chevalier pose sous une pyramide de pierres, une plaque de plomb rappelant sa prise de possession de ce territoire, au nom du roi de France. La plaque est retrouvée le 16 février 1913.

1743 • 2 AVRIL • Le Chevalier quitte les Gens de la Petite Cerise pour revenir au fort La Reine.

1743 • 18 MAI • Le Chevalier arrive chez les Mandanes, repart le 26 mai en passant au fort La Butte.

1743 • 2 JUILLET • Le chevalier Louis-Joseph La Vérendrye et son frère arrivent au fort La Reine.

1743 • AUTOMNE • La Vérendrye donne sa démission, en date de la fin de son mandat en 1744. Le Chevalier prépare son mémoire sur son expédition de 1742-1743 chez les Mandanes et aux montagnes Rocheuses.

1744 • PRINTEMPS • Début de la Guerre de la Succession d'Autriche entre la France et l'Angleterre.

1744 • 3 MAI • Nicolas-Joseph de Noyelles, nommé commandant dans l'Ouest à la place de La Vérendrye, commence à prendre des engagements pour le fort La Reine et le poste de la mer de l'Ouest.

1737 • 30 MAY • Jacques Legardeur de Saint-Pierre evacuates the Sioux Post at Lake Pépin on the Mississippi.

1737 • 3 JUNE • La Vérendrye leaves for Montréal to obtain the missing supplies, leaving Fort Saint-Charles under the command of his son "Chevalier".

1737• AUTUMN AND WINTER • La Vérendrye moves his family to Montréal where he spends the winter of 1737-1738.

1738 • 18 JUNE • La Vérendrye leaves Montréal for the West and the country of the Mandans.

1738 • 22 SEPTEMBER • La Vérendrye arrives at Fort Maurepas.

1738 • 24 SEPTEMBER • La Vérendrye arrives at the Forks of the Assiniboine and the Red.

1738 • 2 OCTOBER • La Vérendrye arrives at the portage between the Assiniboine and Lake of the Prairies (Lake Manitoba), at Portage-la-Prairie.

1738 • 3 TO 15 OCTOBER • Fort La Reine is built at Portage la Prairie.

1738 • OCTOBER • La Vérendrye gives Louis Damours de Louvières permission to build a fort at the Forks.

1738 • 18 OCTOBER • La Vérendrye leaves Fort La Reine for the country of the Mandans.

1738 • 3 DECEMBER • La Vérendrye arrives at the Mandans.

1738 • 6 DECEMBER • Chevalier de La Vérendrye is sent to the Missouri. He returns the following day.

1738 • 13 DECEMBER • La Vérendrye leaves the Mandans.

1738 • 15 FEBRUARY • La Vérendrye arrives at Fort La Reine.

1739 • 16 APRIL • La Vérendrye sends his son Chevalier to explore the northern end of Lake Winnipeg to establish a fort.

1739 • 28 MAY • La Vérendrye sends some canoes to Grand Portage to get some supplies but they have not arrived from the East.

1739 • 24 SEPTEMBER • In Montréal, death of Marie-Anne Dandonneau, wife of La Vérendrye.

1739 • 29 SEPTEMBER • Two Frenchmen, left with the Mandans to learn the language, arrive at Fort La Reine.

1739 • 20 OCTOBER • La Vérendrye's canoes return to Fort La Reine.

1739 TO 1740 • Winter. Fort Maurepas is transferred from Red River to the mouth of the Winnipeg River. La Vérendrye winters at Fort Saint-Charles.

1740 • JUNE • La Vérendrye returns to Québec to settle his financial affairs and obtain supplies. He arrives at Montréal on 25 August. In the fall, he commissions a map of his explorations and spends the winter of 1740-1741 in the house of Governor Beauharnois.

1741 • SPRING • La Vérendrye prepares to return to the West, this time with the monopoly of the fur trade.

1741 • SUMMER • Pierre La Vérendrye junior visits the Mandans. He returns with two horses, the first time that these animals are mentioned in the area of what is today Manitoba.

1741 • SUMMER • François-Josué de Lacorne-Dubreuil becomes the first commander of Kaministiquia when this fort is separated from the Western Post.

1741 • 26 JUNE • La Vérendrye leaves Montréal with the Jesuit priest Claude-Godefroy Coquart, third missionary in the West.

1741 • 16 SEPTEMBER • La Vérendrye arrives at Fort Saint-Charles.

1741 • 13 OCTOBER • La Vérendrye arrives at Fort La Reine.

1741 • FALL • Construction of Fort Bourbon, on Lake Winnipeg by La Vérendrye's men.

1741 • OCTOBER • Pierre La Vérendrye junior builds Fort Dauphin, south of Lake Winnipegosis.

1742 • 29 APRIL • Chevalier de La Vérendrye, with his brother François, organise a trip to the Mandans. They arrive on 29 May, leave on 23 July, and arrive at the "Montagne des Gens des Chevaux" on 11 August.

1742 • La Vérendrye abandons temporarily forts Maurepas and Dauphin due to a lack of food and provisions.

1742 TO 1743 • Fort Paskoya is built on a small island west of Cedar Lake, near the mouth of the Saskatchewan River.

1743 • 1 JANUARY • Chevalier Louis-Joseph La Vérendrye sees the high mountains, probably peaks of the Bighorn Mountains in Wyoming.

1743 • 12 JANUARY • Chevalier arrives at the foot of the mountains.

1743 • 14 FEBRUARY • Chevalier leaves the area with the "Gens de l'Arc".

1743 • 15 MARCH • Chevalier arrives at the village of the "Gens de la Petite Cerise", on the banks of the Missouri, near the city of Pierre, the capital of South Dakota.

1744 • ÉTÉ • La Vérendrye revient de l'Ouest. Il écrit son mémoire justificatif durant l'automne 1744 et redemande un grade de capitaine.

1745 • JUIN • Nicolas-Joseph de Noyelles part pour l'Ouest.

1745 • ÉTÉ • Pierre La Vérendrye fils revient de l'Ouest. En novembre, il se bat à Saratoga sous M. de Saint-Pierre. Revenu au Canada, il est envoyé en Nouvelle-Angleterre, où il passe l'hiver.

1746 • PRINTEMPS • De Noyelles donne sa démission, valable à la fin de son mandat en 1747.

1746 • 5 MAI • Pierre La Vérendrye fils est envoyé en Acadie sous M. de Saint-Pierre. Il revient au Canada avec les Hurons.

1746 • OCTOBRE • La Vérendrye est nommé de nouveau commandant du poste de l'Ouest. Il n'y retournera plus, mais il se fit remplacer comme commandant par son fils le Chevalier.

1747 • PRINTEMPS • Sous les ordres du chevalier de Lacorne et de Jacques Legardeur de Saint-Pierre, Pierre La Vérendrye fils combat contre les Iroquois aux Cascades près de Montréal. Puis il est détaché pour aller servir au poste de l'Ouest.

1747 • 18 MAI • Permis de Beauharnois à La Vérendrye d'envoyer dans l'Ouest 4 canots de 6 hommes chacun, sous la conduite de Pierre La Vérendrye fils et Charles de Rupallais, sieur de Gonneville qui se rend avec 2 canots au lac à la Pluie et au lac des Bois.

1747 • JUIN ET JUILLET • Pierre La Vérendrye fils se prépare à partir avec Pierre Julien Trottier-Desrivières pour les forts Maurepas et La Reine.

1747 • AOÛT-SEPTEMBRE • Pierre La Vérendrye fils, se rendant dans l'Ouest, est retenu à Michillimakinac par Nicolas-Joseph de Noyelles, à cause des hostilités dans le pays. Il continue sa route à l'automne.

1747 • 13 AOÛT • Nicolas-Joseph de Noyelles arrive de Michillimakinac avec le chevalier de La Vérendrye. On apprend que deux canots français se rendant dans l'Ouest ont été attaqués par les Sauteux et que l'équipage de l'un d'eux a été tué, à La Cloche, sur le lac Huron.

1747 • 15 AOÛT • Le gouverneur et l'intendant renvoient le chevalier de La Vérendrye à Michillimakinac avec des dépêches concernant la guerre dans cette région.

1747 • 19 SEPTEMBRE • La Galissonière, successeur à Beauharnois, arrive à Québec. Beauharnois retourne en France le 14 octobre.

1747 • 14 OCTOBRE • De Michillimakinac, le chevalier de La Vérendrye écrit au gouverneur qu'il a trouvé le poste tranquille.

1748 • FÉVRIER-MARS • Le chevalier de La Vérendrye se bat avec un « parti » d'Amérindiens, vers Corlar (Schenectady) et Saratoga, en Nouvelle-Angleterre, contre les Agniers et les Flamands, alliés des Anglais.

1748 • PRINTEMPS-AUTOMNE • Pierre La Vérendrye fils confie le poste de l'Ouest à son frère François et se rend à Michillimakinac. Puis il retourne dans l'Ouest rétablir le fort La Reine et le fort Maurepas, brûlés par les Amérindiens.

1748 • 30 AVRIL • Traité d'Aix-la-Chapelle, qui met fin à la Guerre de la Succession d'Autriche, entre l'Angleterre et la France.

1748 • 10 JUIN • Le chevalier de La Vérendrye reçoit le permis de partir avec quatre canots pour l'Ouest.

1748 • 14 AU 30 JUIN • Départ du chevalier de La Vérendrye pour l'Ouest.

1748 • 26 AOÛT • François Bigot arrive à Québec, comme intendant, succédant à Gilles Hocquart.

1749 • La Vérendrye père fréquente les salons de Montréal en compagnie du gouverneur général. Il est nommé chevalier de Saint-Louis le 1er mai 1749. Ses fils Pierre et Louis-Joseph sont nommés enseignes en second.

1749 • 4 MAI • Rouillé, qui a remplacé Maurepas comme ministre de la Marine et des Colonies, invite La Vérendrye à reprendre personnellement la découverte.

1749 • 17 SEPTEMBRE • Lettre de La Vérendrye au ministre exposant ses plans d'exploration pour l'année 1750. Il y annexe une carte de l'Ouest et un mémoire explicatif.

1749 • AUTOMNE • Le chevalier de La Vérendrye revient de l'Ouest.

1749 • 5 DÉCEMBRE • À Montréal, mort de La Vérendrye qui est enseveli le dimanche 7 décembre, dans la chapelle Sainte-Anne de Notre-Dame.

1750 • FÉVRIER • Jacques Legardeur de Saint-Pierre reçoit le commandement du poste de l'Ouest.

1750 • 17 AVRIL • Le chevalier de La Vérendrye reçoit un permis pour Michillimakinac et le Grand Portage avec un canot pour lui permettre d'aller chercher ses effets restés dans l'Ouest.

1750 • 5 JUIN • Départ de Legardeur de Saint-Pierre pour l'Ouest. Il amène avec lui le père Jean-Baptiste de la Morinie, jésuite.

1750 • 30 SEPTEMBRE • Mémoire du chevalier de La Vérendrye au ministre.

1750 • AUTOMNE • Legardeur de Saint-Pierre envoie le chevalier de Niverville du fort La Reine à la rivière Paskoya.

1750 • Transfert probable du fort Bourbon du lac Winnipeg au lac des Cèdres par le chevalier de Niverville sous les ordres de Legardeur de Saint-Pierre. 🌑

1743 • 30 MARCH • Chevalier leaves a lead plaque under a cairn of stones marking a claim of possession of the territory in the name of the King of France. The plaque is found on 16 February 1913.

1743 • 2 APRIL • Chevalier leaves the "Gens de la Petite Cerise".

1743 • 18 MAY • Chevalier arrives at the Mandans, leaving on 26 May and passes by Fort "La Butte".

1743 • 2 JULY • Chevalier and his brother arrive at Fort La Reine.

1743 • FALL • La Vérendrye tenders his resignation effective at the end of 1744. Chevalier prepares a report on his 1742-1743 expedition to the Mandans and the Rocky Mountains.

1744 • SPRING • Beginning of the War of the Austrian Succession between France and England.

1744 • 3 MAY • Nicolas-Joseph de Noyelles, named commander of the Western Post as La Vérendrye's replacement, starts recruiting men for Fort La Reine and the Posts of the Western Sea.

1744 • SUMMER • La Vérendrye returns from the West and starts writing a report justifying his activities. He asks again to be appointed Captain.

1745 • Nicolas-Joseph de Noyelles leaves for the West.

1745 • SUMMER • Pierre La Vérendrye junior returns from the West. In November, he fights at Saratoga, after which he is sent to the border of New-England where he spends the winter.

1746 • SPRING • De Noyelles tenders his resignation as commander, effective at the end of his term in 1747.

1746 • 5 MAY • Pierre La Vérendrye junior is sent to Acadia. He returns to Canada with the Hurons.

1746 • OCTOBER • La Vérendrye is again named commander of the Western Post. He will never return in the West. His son Chevalier will replace him as commander.

1747 • SPRING • Under the command of Chevalier de Lacorne and Jacques Legardeur de Saint-Pierre, Pierre La Vérendrye junior fights the Iroquois at the Cascades near Montréal. He is then sent to the Western Post.

1747 • 18 MAY • Beauharnois authorises La Vérendrye to send 4 canoes with 6 men each to the West under the command of his son Pierre La Vérendrye junior.

1747 • JUNE AND JULY • Pierre La Vérendrye junior prepares his voyage to forts Maurepas and La Reine with Pierre Julien Trottier-Desrivières.

1747 • AUGUST • The Governor and Intendant send Chevalier de La Vérendrye to Michillimakinac with news of hostilities in that area.

1747 • AUGUST • Nicolas-Joseph de Noyelles arrives at Michillimakinac with Chevalier de La Vérendrye. Two French canoes going to the West were attacked by the Sauteux. and the crew of one of the canoes was killed at La Cloche on Lake Huron.

1747 • AUGUST-SEPTEMBER • Pierre La Vérendrye junior is stopped at Michillimakinac by Nicolas-Joseph de Noyelles, because of the hostilities in the country. He will continue his trip in the Fall.

1747 • 19 SEPTEMBER • La Galissonière replaces Beauharnois as Governor. Beauharnois returns to France on 14 October.

1747 • 14 OCTOBER • Chevalier de La Vérendrye writes to the Governor telling him that all was quiet in the area.

1748 • FEBRUARY-MARCH • Chevalier de La Vérendrye goes to war with a party of Natives near Corlar and Saratoga in New England against the Agniers and the Flemish, allies of the English.

1748 • SPRING-FALL • Pierre La Vérendrye junior gives the command of the Western Post to his brother François and goes to Michillimakinac. He then returns in the West to reestablish forts La Reine and Maurepas burnt by the Natives.

1748 • 30 APRIL • Treaty of Aix-la-Chapelle ending the hostilities between France and England.

1748 • 10 JUNE • Chevalier de La Vérendrye receives permission to leave for the West with four canoes.

1748 • 26 AUGUST • François Bigot arrives at Québec as the new Intendant, replacing Gilles Hocquart.

1749 • La Vérendrye is seen in the various salons in Montréal in the company of the Governor. He is named Chevalier de Saint-Louis on 1 May 1749. His sons, Pierre and Louis-Joseph are named ensigns.

1749 • ECEMBER • At Montréal, death of La Vérendrye who is buried on Sunday 7 December in the Chapel of Sainte-Anne de Notre-Dame.

1750 • FEBRUARY • Jacques Legardeur de Saint-Pierre is named commander of the Western Post.

1750 • 17 APRIL • Chevalier de La Vérendrye is authorized to go to Michillimakinac and Grand Portage with one canoe to get his effects left in the West.

1750 • 5 JUNE • Legardeur de Saint-Pierre departs for the West bringing with him the Jesuit Jean-Baptiste de la Morinie.

1750 • 30 SEPTEMBER • Memorendum of Chevalier de La Vérendrye to the Minister.

1750 • FALL • Legardeur de Saint-Pierre sends Chevalier de Niverville from Fort La Reine to the "Paskoya River".

1750 • Probable date of transfer of Fort Bourbon from Lake Winnipeg to Cedar Lake by Chevalier de Niverville under the command of Legardeur de Saint-Pierre.

Glossary/Glossaire

ARPENT: Old French measurement equal to 180 French feet or 58.46 metres. A French league was divided into 84 arpents.

BOURGEOIS: Another name for merchants.

BRASSE (MARINE TERM): A measurement taken with both arms extended; the equivalent of six English feet or 1.83 m. Tobacco, for example, was rolled up like a thick rope and was distributed by the inch, by the foot, or by the brasse.

CADET-À-L'AIGUILLETTE: A cadet-gentilhomme who wore a blue and white ribbon or an aiguillette. This distinction meant that the cadet belonged to a company of the Marine.

CADET-GENTILHOMME: The son of an officer of the Compagnies franches de la Marine, whose goal was to obtain his own officer's brevet or license.

COMPAGNIES FRANCHES DE LA MARINE: Responsible for the defense of the overseas colonies. In Europe, regular ground forces were in charge of the defense of the kingdom.

COUREUR DES BOIS: Unlike the engagés and the voyageurs, the coureur des bois was a renegade fur trader who dealt outside the bounds of the laws governing New France.

ENGAGÉ: An individual having obtained permission to deal in the fur trade.

LEAGUE: The French lieue or league measured in the 18th century 16,119 English feet, 3.05 anglo-american miles or 4.9 km.

LIVRE: A French livre (or franc) equaled 20 sols, and a sol equaled 12 deniers (in New France a livre was worth approximately $10 U.S. today).

MINOT: Old French measurement which equaled approximately 39 litres.

ONONTIO: Name given by the Hurons to Montmagny, the governor of New France. This name was later used to refer to all the governors of New France.

PAYS D'EN HAUT: The Great Lakes region.

RASSADES: Glass or enamel pearls used by the Natives to decorate their clothing.

SOCIÉTÉ: A fur trade société (1715-1760) was made up of officers and merchant-voyageurs. The commandant of the posts gave the société permission to trade. The merchant-voyageurs managed the business. The merchant-équipeurs provided the trade goods.

VOYAGEUR: In the 18th century, the voyageur guided the canoe. There was also the habitant-voyageur who traveled in the Pays d'en haut. There were also the interpreter-voyageurs and the sergeant-voyageurs. The voyageur was well seasoned in trading expeditions. He benefited from a special trade permit. He could either work on his own or be part of a société along with other merchants. He might also have engagés working for him. Later on the term became more general, referring to all those who dealt in the fur trade in the Pays d'en haut.

À LÈGE : Vide; une expression utilisée par les Canadiens. Elle vient du verbe alléger.

À NOUS DU JOUR : De jour en jour.

AFFERMER : Louer ou céder par affermage des postes de traite. L'officier ne s'occupe plus de la traite des fourrures, laissant cette responsabilité aux marchands qui lui remettent chaque année une redevance forfaitaire, soit un pourcentage de la recette de la vente des fourrures à Montréal. En somme les commandants baillent leurs postes à des marchands-voyageurs en échange d'argent ou d'autres considérations.

ALÈNE : Pointe d'acier emmanchée qui sert à percer ou à coudre le cuir.

APLANIR LES TERRES : Maintenir la paix ou pacifier les nations.

ARPENT : Ancienne mesure française, équivalant 180 pieds français ou 58,46 mètres. La lieue était divisée en 84 arpents.

ASSOCIÉ : Chacun des marchands et des officiers qui forment une société pour le commerce des fourrures.

ASTROLABE : Instrument qui permet d'observer la hauteur, la grandeur, le mouvement et la distance des astres.

BATTE-FEUX : Briquet.

BATTURES : Endroits où l'eau est peu profonde.

BLÉ D'INDE : Maïs ou blé de Turquie.

BŒUF SAUVAGE : Le bison d'Amérique, parfois appelé buffalo.

BOURGEOIS : Autre nom pour les marchands.

BRASSE (TERME MARITIME) : Mesure que l'on prend avec les deux bras étendus et qui correspond à 6 pieds anglais ou 1,83 m. Le tabac, par exemple, était enroulé comme une grosse corde et on le distribuait au pouce, au pied ou à la brasse.

BRAYET : Une sorte de pagne recouvrant le corps, de la ceinture jusqu'aux genoux.

CABANÉ : Vivant dans une cabane de bois ou de terre.

CADET-À-L'AIGUILLETTE : Un cadet-gentilhomme qui portait sur l'épaule un cordon bleu et blanc ou l'aiguillette. Cette distinction signifiait que le cadet appartenait à une compagnie de la Marine.

CADET-GENTILHOMME : Un fils d'officier des Compagnies franches de la Marine, dont le but est d'obtenir à son tour son brevet d'officier.

CASSE-TÊTE : Le tomahawk amérindien dont une extrémité du manche se terminait en assommoir ou en une hache de métal.

CHAUDIÈRE : Une marmite ou un chaudron de cuivre que l'on échangeait contre les fourrures.

COLLIER : Le wampum ou une large ceinture recouverte de coquillages assemblés les uns aux autres. Il a souvent une fonction symbolique et diplomatique. C'est un porte-parole, ou un contrat, qui a la même vertu que celui que l'on ferait devant un notaire. On accompagne une alliance ou un traité de l'offre d'un collier.

COMPAGNIE DES INDES : Compagnie commerciale qui s'occupait du commerce en Nouvelle-France. En 1721, elle succéda à la Compagnie d'Occident.

COMPAGNIES FRANCHES DE LA MARINE : Les Compagnies franches de la Marine étaient vouées à la défense des colonies d'outre-mer. En Europe, c'est l'armée de terre régulière qui défendait le royaume.

CONGÉ : Un permis de traite émis par le gouverneur de la Nouvelle-France afin de contrôler le nombre de voyageurs qui vont faire le commerce de la traite des fourrures.

COTON : La tige de la plante. Cette expression est utilisée par les Canadiens.

COUREUR DES BOIS : Une personne qui, contrairement aux engagés et voyageurs, pratiquait illégalement la traite des fourrures.

COUTEAUX-À-BOUCHERONS : Un long couteau particulièrement apprécier par les Amérindiens.

EN PEU : Sous peu, en peu de temps.

ENGAGÉ : Une personne qui a obtenu l'autorisation de faire la traite des fourrures.

ESPRIT : Il s'agit dans la plupart des cas de la sagesse mais aussi de la prudence, voire de la civilité. Souvent il est question de la connaissance d'une technique, d'un savoir-faire, et donc d'une intelligence pratique. Par exemple, chasser le castor correctement et donc amasser un grand nombre de peaux est la preuve que l'on a de l'esprit.

FOLLE-AVOINE : Riz sauvage.

GRAND MARCHÉ : À bon prix.

GROULÉ : Du mot gruau, une bouillie faite avec de l'eau et de la farine.

HAUTEUR DES TERRES : La ligne de partage des eaux entre deux bassins hydrographiques.

INTÉRESSÉS : Les personnes qui appartiennent à une société commerciale composée des marchands et des officiers des postes.

LIEUE : La lieue de France valait au XVIIIe siècle 16 118 pieds anglais, 3,05 milles anglo-américains ou 4,9 km.

LIVRE : La livre (ou le franc) était divisée en 20 sols, et le sol en 12 deniers (la livre de la Nouvelle-France correspondait en gros à 10 $ américains actuels).

MANGER EN VERT : Manger des grains avant qu'ils soient mûrs.

MARCHAND : Un marchand de Montréal qui faisait partie d'une société commerciale. Les marchands-voyageurs s'occupaient de la gestion du commerce et ils assuraient la continuité des opérations, alors que les marchands-équipeurs fournissaient le matériel et surveillaient de loin les opérations.

MAROTTE : Tour que l'on joue à quelqu'un.

MÉNAGER LES TROUPES : Prendre soin des troupes.

MINOT : Ancienne mesure de grain qui correspondait à environ 39 litres.

MITASSES : Pièce de tissu ou de peau assemblée par des lanières ou des franges, qui enveloppe les jambes et qui les protège du froid.

OBÉRÉ : S'endetter, engager son bien.

ONONTIO : Surnom donné par les Hurons à Montmagny, gouverneur de la Nouvelle-France. Cette appellation signifiera par la suite tous les gouverneurs de la Nouvelle-France.

OUVRAGES : Broderies et autres travaux de ce genre.

PAROLES : Une proposition, une offre, un accommodement. On porte une ou plusieurs paroles.

PASSÉES : Tannées et préparées avec soins.

PAYS D'EN HAUT : Région des Grands Lacs.

PAYS PLATS : Région des postes du Nord-Ouest de Kaministiquia (Thunder Bay).

PICHOUX : Nom amérindien pour le lynx, appelé aussi en Europe loup-cervier.

PIQÛRES : Tatouages.

POILS : Des aiguilles de porc-épic qui servaient à la décoration.

POINTE : Pointe de terrain située entre les méandres d'une rivière ou sur la rive d'un lac.

PRENDRE HAUTEUR : Se servir de l'astrolabe afin de mesurer la hauteur des terres.

RASSADES : Perles de verre et d'émail utilisées par les Amérindiens pour la décoration de leurs habits.

RELÂCHER : Terme de mer qui signifie faire escale pour se mettre à l'abri. Il s'agit donc de s'arrêter pour un certain temps.

RETOURS : Bénéfices obtenus de la vente des fourrures ou autres affaires commerciales.

RUMB DE VENT (TERME DE LA MARINE) : Une ligne qui représente sur le globe terrestre, sur la boussole et sur les cartes maritimes un des trente-deux vents qui servent à conduire un vaisseau.

SAUVAGE : Expression générale pour représenter les Amérindiens.

SEIGNEURIE : En Nouvelle-France, un territoire délimité où le propriétaire, le seigneur, s'adonne, entre autres, à l'agriculture, à l'élevage et d'autres tâches.

SOCIÉTÉ : Une société de commerces des fourrures (1715-1760) était composée des officiers et des marchands-voyageurs. Le commandant des postes accordait à la société le droit de faire la traite. Les marchands-voyageurs se chargeaient de la gestion des affaires. Les marchands-équipeurs fournissaient le matériel de traite.

TRAITEUR : Un commerçant de fourrures.

VOITURE : Terme général signifiant un ou plusieurs canots utilisés pour transporter des bagages, voire des personnes.

VOYAGEUR : Au XVIIIe siècle, le voyageur était l'homme qui conduisait un canot. Il s'agit aussi de l'habitant-voyageur, c'est-à-dire l'homme qui voyage dans les Pays d'en haut. Parmi les voyageurs nous trouvons les catégories suivantes : les interprètes-voyageurs et les sergents-voyageurs. C'est aussi un marchand expérimenté dans les expéditions de traite. Il bénéficie d'un congé. Il peut être à s on propre compte ou faire partie d'une société commerciale avec d'autres marchands. Il peut avoir des engagés à son service. Plus tard le terme devient plus général et signifie ceux qui s'adonnent à la traite des fourrures dans les Pays d'en haut.

Bibliographie/Bibliography

Allaire, Gratien. « Officier et marchands : les sociétés de commerce des fourrures, 1715-1760 », *Revue d'histoire de l'Amérique française*, vol. 40, n° 3, 1987, p. 409-428.

Arpin, Roland. *Rencontre de deux mondes*, Québec : Musée de la civilisation, 1992.

Bacqueville de La Potherie, Claude-Charles Le Roy. *Histoire de l'Amérique septentrionale, qui contient l'Histoire des Iroquois, leurs Coûtumes, leur Gouvernement, leurs intérêts avec les Anglais, leurs Alliés, tous les mouvements de guerre depuis 1689, jusqu'à 1701*, Rouen : J. L. Nion et F. Didot, 1722, 4 vol.

Burpee, L.J. *Journals and letters of Pierre Gaultier de Varennes de La Vérendrye and his sons*, Toronto: The Champlain Society, 1927.

Champagne, Antoine. *Les La Vérendrye et le poste de l'Ouest*, Québec : Presses de l'Université Laval, 1968.

Champagne, Antoine. *Nouvelles études sur La Vérendrye et le poste de l'Ouest*, Québec : Presses de l'Université Laval, 1971.

Chaput, Donald. « Legardeur de Saint-Pierre, Jacques », *Dictionnaire biographique du Canada*, vol. III, Sainte-Foy : Presses de l'Université Laval, 1974, p. 404-406.

Chartrand René. *Le patrimoine militaire canadien : d'hier à aujourd'hui*. (tome 1 : 1000-1754), Montréal : Art Global, 1993.

Dechêne, Louise. *Habitants et marchands de Montréal au XVIIe siècle*, Montréal : Boréal, 1988.

Delâge, Denys. *Le pays renversé : Amérindiens et Européens en Amérique du Nord-Est, 1600-1664*, Montréal : Boréal Express, 1985.

Doiron, Normand. « La Réplique du monde », *Études françaises*, 21-2, 1985, p. 61-89.

Eccles, W. J. *The Canadian Frontier, 1534-1760* [revised ed.], Albuquerque: University of New Mexico Press, 1983.

Ewers, John C. *Plains Indian history and culture: essays on continuity and change*, Norman: University of Oklahoma Press, 1997.

Furetière, Antoine. *Le dictionnaire universel d'Antoine Furetière* [*Dictionnaire universel, contenant généralement tous les mots françois, tant vieux que modernes, & les termes des sciences et des arts*, réimpression de l'édition de 1690, publiée par A. & R. Leers, La Haye et Rotterdam], Paris : Robert, 1978.

Gagnon, François-Marc. *Ces hommes dits sauvages : l'histoire fascinante d'un préjugé qui remonte aux premiers découvreurs du Canada*, Montréal : Libre Expression, 1984.

Innis, Harold Adams. *The Fur Trade in Canada: an introduction to Canadian economic history*, New Haven; London: Oxford University Press, 1930.

Jacquin, Philippe. *Les Indiens blancs, Français et Indiens en Amérique du Nord (XVIe-XVIIe siècles)*, Paris : Fayot, 1987.

Litalien, Raymonde. *Les explorateurs de l'Amérique du Nord (1492-1795)*, Sillery, Québec : Septentrion, 1993.

Margry, Pierre. *Mémoires et documents pour servir à l'histoire des origines françaises des pays d'outre-mer : découvertes et établissements des Français dans l'ouest et dans le sud de l'Amérique septentrionale (1614-1754)*, vol. VI, Paris : Maisonneuve et Leclerc, 1888.

Nish, Cameron. *Les bourgeois-gentilshommes de la Nouvelle-France (1729-1748)*, Montréal; Paris : Fides, 1968.

Peyser, Joseph L. *Jacques Legardeur de Saint-Pierre: officer, gentleman, entrepreneur*, East Lansing : Michigan State University Press, 1996.

Ray, Arthur. J. *Indians in the fur trade: their role as hunters, trappers and middlemen in the lands southwest of Hudson Bay (1660-1870)*, Toronto; Buffalo: University of Toronto Press, 1998.

Smith, G. Hubert. *The exploration of the La Vérendryes in the Northern Plains, 1738-1743*, Lincoln: University of Nebraska Press, 1980.

Trudel, Marcel. *Initiation à la Nouvelle-France : histoire et institutions*, Montréal : Les Éditions HRW, 1971.

Trudel, Marcel. *L'esclavage au Canada français : histoire et condition de l'esclavage*, Québec : Les Presses de l'Université Laval, 1960.

Warkentin, John and Ruggles, Richard I. *Historical Atlas of Manitoba: a selection of fascimile maps, plans and sketches from 1620 to 1969*, Winnipeg: The Historical and Scientific Society of Manitoba, 1970.

Zoltvany, Yves F. « Gaultier de Varennes et de La Vérendrye, Pierre », *Dictionnaire biographique du Canada*, vol. III, Sainte-Foy : Presses de l'Université Laval, 1974, p. 264-273.

Index/Index

AU SERVICE DE LA COMMUNAUTÉ
DEPUIS 80 ANS

L'année 2001 souligne le 80ᵉ anniversaire de la Winnipeg Foundation, la plus ancienne fondation communautaire du Canada. La Winnipeg Foundation comprend aujourd'hui plus de 1 300 fonds de dotation établis par des gens de milieux divers qui ont en commun un même amour de leur ville. Notre vision : « Winnipeg, une ville où l'esprit de communauté est bien vivant ». La Winnipeg Foundation est la réalisation du rêve de Winnipégois généreux qui ont à cœur de construire un avenir meilleur pour tous leurs concitoyens.

La Winnipeg Foundation distribue les revenus annuels générés par les fonds de dotation à un grand éventail d'organismes de bienfaisance. Chaque année, elle subventionne environ 300 projets destinés aux jeunes, aux personnes âgées, aux activités de quartier, aux arts, à l'éducation, à la recherche médicale et à l'environnement. En faisant appel à la collaboration des gens et en établissant des partenariats, la Fondation s'emploie à améliorer la qualité de vie de notre communauté.

La Winnipeg Foundation a été fondée par William F. Alloway, banquier très en vue, philanthrope et membre de l'expédition Wolseley. Il est arrivé à Winnipeg en 1870, année où le Manitoba est entré dans la Confédération canadienne.

Au moment de créer la Fondation, il lui fit don de 100 000 $. Il écrivait alors : « Depuis que je suis arrivé à Winnipeg il y a 51 années, je me suis toujours senti chez moi ici. Winnipeg m'a donné plus que je ne saurais jamais lui remettre. Je dois tout aux gens de cette ville et j'estime qu'elle mérite bien une partie de ce que j'ai pu accumuler au fil des années. »

Étant donné que la Fondation est bien enracinée dans la vie communautaire de Winnipeg, il n'est pas surprenant que nous nous soyons montrés intéressés lorsque le Collège universitaire de Saint-Boniface nous a soumis un projet se rapportant aux journaux de La Vérendrye. Les discussions entamées il y a deux ans ont abouti à la publication du présent ouvrage. Le Collège universitaire de Saint-Boniface, dont les débuts remontent à 1818, joue depuis près de 200 ans, un rôle de premier plan dans le milieu de l'éducation au Manitoba. En tant que principale université de langue française de l'Ouest canadien, le Collège s'est avéré le partenaire idéal pour nous aider à réaliser ce projet de publication.

Dans la foulée de cette collaboration, le Collège universitaire de Saint-Boniface a décidé de créer une bourse d'études à l'intention des étudiants en histoire canadienne et d'instituer le fonds de bourses La Vérendrye

à cette fin. Les profits de la vente de ce livre, ainsi que des dons provenant du grand public, serviront à financer cette bourse d'études. La Winnipeg Foundation estime que la publication de *À la recherche de la mer de l'Ouest* et la création du fonds La Vérendrye soulignent de façon fort appropriée le 80ᵉ anniversaire de sa fondation.

Nos remerciements les plus sincères au professeur Denis Combet pour l'enthousiasme et l'érudition dont il a fait preuve dans l'édition de cet ouvrage, à Alan MacDonell, Constance Cartmill, Emmanuel Hérique et Lise Gaboury-Diallo qui l'ont adapté en français contemporain, puis en anglais, à Gregg Shilliday, de la maison d'édition Great Plains, et à Lucien Chaput, des Éditions du Blé, pour les efforts constants qu'ils ont déployés afin de mener à bien ce projet, à René Lanthier pour les peintures qui illustrent de façon magnifique le récit de La Vérendrye et, enfin, à David Dandeneau, du CUSB, et à Richard Frost, de la Fondation, qui ont conçu ce projet et qui l'ont conduit jusqu'à son achèvement.

■ W.F. Al[…]

The Winnipeg Foundation
Established in 1921

80 YEARS
OF COMMUNITY SERVICE

The year 2001 marks the 80th anniversary of Canada's first community foundation. The Winnipeg Foundation now consists of over 1,300 endowment funds created by people from all walks of life who share a common belief in their city. Our vision is: "A Winnipeg where community life flourishes". The Winnipeg Foundation is a legacy of dreams generously donated by caring Winnipeggers willing to invest in a better future.

The Winnipeg Foundation grants the annual income generated by its endowment funds to a wide variety of charitable organizations. Every year, our funding supports about 300 projects for youth, seniors, neighbourhoods, the arts, education, medical research and the environment. Through collaboration and partnerships, The Winnipeg Foundation endeavours to improve the quality of life in our community.

Our founder was William F. Alloway a prominent banker and philanthropist who came to Winnipeg in 1870 as part of the Wolseley Expedition when Manitoba entered Canadian Confederation. In making his initial gift of $100,000 to create The Winnipeg Foundation, Mr. Alloway wrote: "Since I first set foot in Winnipeg 51 years ago, Winnipeg has been my home and has done more for me than it may ever be in my power to repay. I owe everything to this community and feel that it should receive some of the benefit from what I have been able to accumulate."

Given that our roots run so deep in this community, it is not surprising that we were attracted to a proposal by the Collège universitaire de Saint-Boniface relating to La Vérendrye's Journals. Those discussions that began over two years ago have resulted in the publication of this book. The Collège de Saint-Boniface, whose origins date back to 1818, has played for almost two centuries now a leading role in French language education in Manitoba. As Western Canada's foremost French language university level institution, the College proved to be the perfect partner in making this project a reality.

In order to create a legacy from this effort, the Collège universitaire de Saint-Boniface is establishing a scholarship for the study of Canadian History called the La Vérendrye scholarship Fund. This endowment will be capitalized by proceeds generated from the sale of this book and other gifts from the general public. The Winnipeg Foundation believes that the publication of *In Search of the Western Sea* and the creation of the La Vérendrye Scholarship Fund are fitting ways to celebrate its 80th anniversary.

Special thanks are extended to Denis Combet for his scholarly enthusiasm in editing the text, to Alan MacDonell, Constance Cartmill, Emmanuel Hérique and Lise Gaboury-Diallo for their compilation first to modern French and then to English, to Gregg Shilliday of Great Plains Publications and Lucien Chaput of Les Éditions du Blé for their tireless effort to make the project a reality, to René Lanthier for creating original paintings wonderfully illustrating the story and finally to David Dandeneau of the Collège universitaire de Saint-Boniface and Richard Frost of The Winnipeg Foundation for conceptualizing the project and guiding it to completion.

Baie d' Hudson Bay

CREE/
CRIS

Lake
Caribou

Fort Prince of Wales

Churchill River

Nelson River

Fort Bourbon
/York Factory

Fort Severn
/Fort Sainte-Thérèse

CREE/
CRIS

Jan
Ba

Saskatchewan River

Hayes River

Severn River

Fort Paskoya II

Fort La Jonquière

Fort Saint-Louis

Fort Bourbon II
/Fort Paskoya I

Fort Bourbon I

Lake
Winnipegosis

Lake
Winnipeg

Fort Albany
/Fort Sainte-Anne

Moose Factory
/Fort Saint-Louis

Fort Dauphin I

Fort Dauphin II

TÊTE-DE-BOEUF

OJIBWA

Lake
Manitoba

Assiniboine River

Lake
Nipigon

ASSINIBOINE

Fort Maurepas II

Fort Maurepas I

Nipigon

Missouri River

Fort La Reine

LA BARRIÈRE

Fort Saint-Charles

Fort Rouge
(La Fourche)

Fort Saint-Pierre

Fort Kaministiquia

Roseau/Portage
de la Savane

Lac des Bois

Vermillion

Grand Portage

Fort Michipi

Lake Superior

Yellowstone River

Little Missouri River

Red River

POINTE DU BOIS-FORT

Sault-S

MANDAN/
MANDANES

SIOUX

La Pointe
(Chagouamigon)

Lake Michigan

Fort
Michillimacki

Sheridan

Fort
Michillimacki

Pierre

Fort de la Baie-des-Puants
(Saint-Antoine)

Fort Pontchartr
(Détroit)

Missouri River

Fort des Miamis I

Fort Sand

1741-1742 Expedition

Fort Crèvecoeur

Illinois River

Fort

Fort Cavagnolle
(Cavagnal)

Wabash River

Le

Fort Vincennes
(Saint-Anne)

Ohio

Kaskaskia

Fort de Chartres

Tennessee River

Mississippi River